"Você preferiria receber conselhos sobre o campo de batalhas de um analista que aparece na TV ou de um general de campo que se encontra atrás das trincheiras? Penso o mesmo. Compre este livro, leia-o e aprenda com ele. Você certamente se tornará um estrategista em mídias sociais bem mais eficiente."

—Jason Falls, CEO da Social Media Explorer e autor de *No Bullshit Social Media: The All-Business, No-Hype Guide To Social Media Marketing* (*Mídias Sociais sem Conversa-Fiada: Um Guia Abrangente e sem Exageros sobre o Marketing nas Mídias Sociais*)

"Ao longo de vários anos, centenas de livros sobre as maneiras pelas quais os empreendimentos podem se valer do poder das mídias sociais têm surgido no mercado. Algumas dessas obras são úteis, porém, muitas delas se mostram ineficientes pelo simples fato de seus autores jamais terem trabalhado na área em que supostamente seriam especialistas e sobre a qual decidiram escrever. Finalmente podemos contar com um livro escrito por alguém que conhece tanto a área de negócios como as mídias sociais."

—Aaron Strout, chefe do departamento de *marketing* da WCG e coautor de *Location-Based Marketing For Dummies* (*Marketing Orientado para a Localização para Iniciantes*)

"Este livro é leitura obrigatória para qualquer um que queira implementar mídias sociais em grandes organizações – você aprenderá lições verdadeiras e valiosíssimas com alguém que já trabalhou diretamente na área e aprendeu da maneira mais difícil."

—Maddie Grant, chefe de planejamento estratégico em mídias sociais na SocialFish e coautora do livro *Humanize: How People-Centric Organizations Succeed In A Social World* (*Humanização: Como Organizações Centradas no Indivíduo são Bem-Sucedidas em um Mundo Social*)

"Finalmente um livro sobre mídias sociais voltado para a área de comunicações corporativas. Christopher Barger é um pioneiro nas mídias sociais empresariais e, neste livro, compartilha conhecimentos que jamais poderiam ser obtidos de pessoas de fora do setor. Trata-se de leitura obrigatória para qualquer um que trabalhe na área de comunicações corporativas, independentemente de o objetivo ser lançar uma nova presença na mídia social ou de a pessoa já estar bem estabelecida nesse ambiente."

—Dan Bedore, diretor de comunicações de produto na Nissan da América do Norte. Antigo gerente de relações públicas e diretor criativo de mídias sociais na Hyundai Motor America

"Não há um profissional mais adequado que Christopher Barger para nos ensinar como construir um programa bem-sucedido de mídias sociais de dentro para fora na empresa. Ele não somente foi um dos primeiros a adotar esse tipo de sistema, mas aplicou exatamente os preceitos contidos no livro *O Estrategista em Mídias Sociais* dentro de uma das maiores empresas do mundo. Ele oferece aos leitores não apenas a teoria, mas também conceitos filosóficos e experiência real no setor – uma combinação rara no mundo digital em que vivemos atualmente."

—Gini Dietrich, CEO da Arment Dietrich e autor de *Spin Sucks* (*Essa Ideia de Relações Públicas é Irritante*)

O ESTRATEGISTA EM MÍDIAS SOCIAIS

CHRISTOPHER BARGER

DESENVOLVA UM PROGRAMA BEM-SUCEDIDO TRABALHANDO DE DENTRO PARA FORA EM SUA EMPRESA

DVS Editora Ltda
São Paulo, 2013

O ESTRATEGISTA EM MÍDIAS SOCIAIS
DVS Editora 2013 - Todos os direitos para a língua portuguesa reservados pela editora.

THE SOCIAL MEDIA STRATEGIST
Build a Successful Program from Inside Out
Original edition copyright © 2012 by Christopher Barger. All rights reserved.
Portuguese edition copyright © by 2013 DVS Editora Ltda. All rights reserved.

Nenhuma parte deste livro poderá ser reproduzida, armazenada em sistema de recuperação, ou transmitida por qualquer meio, seja na forma eletrônica, mecânica, fotocopiada, gravada ou qualquer outra, sem a autorização por escrito do autor.

Tradução: Sieben Gruppe
Diagramação: Konsept Design e Projetos

Dados Internacionais de Catalogação na Publicação (CIP)
(Câmara Brasileira do Livro, SP, Brasil)

Barger, Christopher
 O estrategista em mídias sociais : desenvolva um programa bem-sucedido trabalhando de dentro para fora em sua empresa / Christopher Barger ; [tradução Sieben Gruppe]. -- São Paulo : DVS Editora, 2013.

 Título original: The social media strategist : build a successful program from the inside out.
 ISBN 978-85-88329-88-1

 1. Mídia social - Aspectos econômicos 2. Redes sociais online - Aspectos econômicos 3. Serviços ao cliente I. Título.

13-04059
CDD-302.23068

Índices para catálogo sistemático:

1. Empresas : Midias sociais : Estratégia
   302.23068

CHRISTOPHER BARGER

O ESTRATEGISTA EM MÍDIAS SOCIAIS

DESENVOLVA UM PROGRAMA BEM-SUCEDIDO
TRABALHANDO DE DENTRO PARA FORA
EM SUA EMPRESA

DVS Editora Ltda

*Para os meus pais
e para Holly*

SUMÁRIO

Prefácio — xiii

Agradecimentos — xvii

Introdução — xxi

Capítulo 1
A situação atual — 1

Capítulo 2
O executivo patrocinador — 19

Capítulo 3
Dominando as mídias sociais — 33

Capítulo 4
O EVANGELISTA DAS MÍDIAS SOCIAIS   55

Capítulo 5
FIM DA RELAÇÃO   77

Capítulo 6
O ROI E AS MÉTRICAS   93

Capítulo 7
A PRIMEIRA COISA A SE FAZER É TRABALHAR COM OS
ADVOGADOS   115

Capítulo 8
UMA SÓLIDA POLÍTICA DE MÍDIAS SOCIAIS   129

Capítulo 9
ENSINANDO A ORGANIZAÇÃO A "PESCAR"   151

Capítulo 10
TRABALHANDO COM BLOGUEIROS   173

Capítuo 11
MONEYBALL: INDO DEVAGAR E LUCRANDO MUITO 203

SUMÁRIO

Capítulo 12
Quando nos encontramos em meio ao fogo cruzado   225

Capítulo 13
Three Mile Island: a crise provocada pela concordata da General Motors (GM)   267

POSFÁCIO   289

NOTAS DO AUTOR   301

ÍNDICE REMISSIVO   309

PREFÁCIO

"Eu trabalhei com Jack Kennedy; eu conheci Jack Kennedy; Jack Kennedy foi um bom amigo. Senador, o senhor não é Jack Kennedy."

– Senador Lloyd Bentsen
Debate entre candidatos à vice-presidência norte-americana de outubro de 1988

Esta resposta um tanto mordaz pode até ter se perdido ao longo do tempo, mas, seu significado permanecerá para sempre na memória daqueles que tiveram a oportunidade de testemunhá-la. Basicamente ela passou a significar o seguinte: **"Você é um reclamante indevido ao trono."**

Quando, no final de 2007, me foi dada a chance de comandar os esforços da Ford Motor no setor de mídias sociais, fiquei impressionado com o grau de responsabilidade que a assunção de tal cargo representaria. Tendo trabalhado com grandes marcas como consultor e representante de agência, já conhecia muito bem alguns dos desafios que teria de enfrentar. Porém, de maneira essencial, também sabia que haveria situações que somente poderiam ser compreendidas por alguém que estivesse na outra extremidade da relação cliente-agência.

Foi nessa ocasião que decidi procurar Christopher Barger, a quem conhecera há alguns anos enquanto trabalhava para uma agência que dava suporte à IBM. Na época testemunhei as primeiras investidas da

Gigante Azul[i] naquilo que passaria a se chamar "mídia social." Meu contato mais recente com Christopher Barger ocorreu durante a conferência anual Sociedade pela Pesquisa de Novas Comunicações, da qual ele participou como diretor de mídias sociais da General Motors (GM). Meu respeito por ele – um homem que implementara novas formas de comunicação em duas das maiores empresas do mundo – sempre foi profundo, portanto, quando deparei com a possibilidade de assumir uma posição dentro de uma organização igualmente importante – a Ford – resolvi pedir-lhe alguns conselhos.

(Isto, aliás, é algo que se repete no campo das mídias sociais – embora muitos de nós sejamos verdadeiros desbravadores em nossos caminhos, percebemos que os **"lobos solitários"** de fato não produzem tanto ao trabalhar de maneira isolada. Mesmo em ambientes super competitivos, todos nós precisamos contar uns com os outros no que se refere a treinamento, direcionamento e encorajamento.)

Lembro-me de aguardar ansiosamente pela resposta do *e-mail* que enviara a Christopher, em que lhe perguntara sobre o ambiente dentro de uma grande companhia, sobre o funcionamento interno de um time matricial, o que o havia levado a se mudar de Nova York para o Michigan etc. Quando recebi a resposta, percebi que se tratava de um texto longo e bastante detalhado, e pesava cuidadosamente os prós e contras. O fato de ele ter respondido durante o Salão Internacional de Automóveis dos Estados Unidos da América (EUA) tornou a resposta ainda mais significativa.

Ainda hoje guardo aquele *e-mail*, e, atualmente, seus principais pontos são tão relevantes e acertados como no passado:

1. Certifique-se de que as lideranças de nível sênior do setor de comunicações apoiem a direção que você decidir tomar – não apenas da boca para fora, mas demonstrando grande comprometimento com as mídias sociais;
2. Tenha a certeza de que está se reportando ao setor de comunicação, não o de *marketing*;
3. Assegure-se de que a gerência compreenda que as medições funcionam de maneira diferente nas mídias sociais.

---

i   Apelido da IBM. (N.T.)

PREFÁCIO

Todos estes pontos são absolutamente lógicos e sensatos, mas somente poderiam ter surgido na mente de alguém que já tivesse trabalhado dentro de uma empresa, não simplesmente oferecido a ela um serviço de consultoria.

Com base nesses sólidos conselhos, mudei-me juntamente com minha família e assumi uma nova posição ao lado do time de comunicações da Ford, com o objetivo de aprimorar a reputação da empresa e levar o público-alvo a considerar a marca como opção de compra por meio de um segmento em constante crescimento – a **mídia social**. Para alguns, esta foi uma história de sucesso.

O fato de possuir um amigo e colega trabalhando dentro de uma rival do setor tornou a empreitada ainda mais interessante. Christopher e eu conseguimos nos divertir ao longo do processo, discutindo publicamente como verdadeiros **"aminimigos"**, mas sempre compartilhando experiências e incentivando um ao outro por trás das cortinas. Quando ele deixou a GM senti-me, ao mesmo tempo, desapontado, aliviado e otimista – desapontado por já não mais poder contar com alguém nos bastidores que ocupasse a mesma posição; aliviado em saber que a concorrência já não possuía tão grande talento; e otimista em relação ao próprio Christopher e a Voce Communications.

Hoje a Voce possuiu um patrimônio estratégico – assim como este que você tem em suas mãos. Ela ostenta o benefício do conhecimento, a paixão e a liderança de alguém que colocou em prática tudo aquilo o que ensina aos seus clientes. Temos muita sorte pelo fato de Christopher ter decidido transformar em uma obra escrita todo o seu considerável talento, oferecendo-nos alguns elementos para que consigamos fazer com que as mídias sociais funcionem dentro de grandes organizações.

Todavia, para aqueles que tentam nos dizer que sabem exatamente como ajudá-lo a agir, a despeito da falta de experiência pessoal na área, eu digo:

"Eu trabalhei com Christopher Barger; eu conheci Christopher Barger; Christopher Barger foi um bom amigo. Senador, o senhor não é Christopher Barger."

– Scott Monty
Global Digital Communications
Ford Motor Company

AGRADECIMENTOS

Qualquer pessoa que já tenha escrito um livro terá uma eterna dívida de gratidão com aqueles que a ajudaram a percorrer o longo caminho entre a concepção de uma boa ideia, sua transposição para o papel e, finalmente, a busca por uma editora que concorde em publicá-la. Em geral, essa lista de colaboradores é bem mais longa que o próprio espaço com o qual o autor pode contar para referir-se a eles, e devo dizer que não sou uma exceção a essa regra. Tenho certeza de que não incluí todos que impactaram minha trajetória e ajudaram em minha carreira, por isso, desde já peço desculpas por não tê-los mencionado.

Dito isso, é importante ressaltar que existem inúmeras pessoas que contribuíram de modo fundamental para o meu sucesso pessoal e profissional, e eu seria negligente se não as incluísse aqui. Em primeiro lugar, gostaria de agradecer aos meus pais, Murray e Helen Barger, que me ensinaram ao longo dos anos que **sou capaz de fazer qualquer coisa**, e cujas contribuições para minha criação certamente preencheriam outro livro. Quero agradecer ainda a minha esposa Holly e a meu enteado, Anthony, que, exceto pelo DNA, é meu filho legítimo em todos os demais aspectos: se meus pais me ensinaram a ser um homem, Holly e Anthony me mostraram a razão para sê-lo e toda a alegria em formar uma família.

Não poderia me esquecer de agradecer a meus editores, Niki Papadopoulos e Donya Dickerson, que me conduziram ao longo de todo o processo, desde a consideração de que alguém deveria escrever um livro como este até o ponto em que você, leitor, o carrega em suas mãos. Tampouco poderia deixar de mencionar Julia Baxter e sua equipe, no departamento de publicidade da McGraw-Hill, e também a Andy Sernovits, da GasPedal, que certa noite, durante todo o trajeto entre o restaurante Salt Lick Bar-B-Que e Austin, pacientemente escutou meu discurso enfático sobre o tema e concluiu que eu deveria escrever um livro sobre o assunto. Faço questão de lembrar também de Kim Moldofsky, do *blog* Hormone-Colored Days, que na mesma época fez uma postagem reforçando a mesma mensagem. Agradeço a todos vocês pela grande inspiração.

Meu grande amigo Mike Maney, da Alcatel-Lucent, que também foi meu chefe na IBM e, na primavera de 2003, sugeriu tantas vezes que eu me daria bem escrevendo um *blog* que acabou me convencendo a fazê-lo. O fato é que eu não apenas gostei de escrever, mas aquele *blog* me abriu as portas para tudo o que fiz e que aconteceu em minha vida desde então.

Mike e sua esposa, Jenn, faziam parte do meu círculo de amigos em Nova York. Quero agradecer a eles e a todos os que participavam desse grupo – Tim e Donna Blair, Clint e Janet Roswell, Ed e Jane Barbini – por sua grande amizade e por tornarem meus dias em Nova York mais felizes. Ed Barbini, também da IBM, merece um duplo obrigado por ter se transformado em um mentor profissional; aprendi mais com ele sobre ser um verdadeiro profissional que com qualquer outra pessoa – e espero um dia me tornar metade do líder que ele é.

Dentro do mundo das mídias sociais, Aaron Strout, Allen Mireles, Amber Naslund, Audrey Walker, Bandon Chesnutt, Brian Carter, Brian Simpson, C.C. Chapman, Casey Mullins, Chris Brogan, Chris Moody, Chris Theisen, Danielle Brigida, Danny Brown, Dave Murray, David Armano, David Meerman Scott, Doug Haslam, Ekaterina Walter, Emily Thompson, Erin Kane, Geoff Livingston, Gini Dietrich, Henry Balanon, Jason Falls, Jason Keath, Jessica Randazza, Joseph Jaffe, Josh Hallett, Justin Levy, Kami Watson Huyse, Kristin Brandt, Kristin Hammond, Lucretia Pruitt, Matt Dickman, Mike Manuel, Mitch Joel, Nicole D'Alonzo, Olivier Blanchard, Ramon

DeLeon, Richard Brewer-Hay, Ryan Boyles, Shauna Causey, Shel Holtz, Shelly Kramer, Summer Boone, Wayne Sutton e os Punks (eles sabem quem são): estas são pessoas que me inspiraram de diferentes maneiras a quebrar barreiras, e que me ensinaram que nem mesmo o céu deve ser visto como um limite. Por essa razão elas merecem todo o meu reconhecimento.

Devo ressaltar que Lindsay Lebresco, da Lilly Pulitzer (e da Graco, no passado), David Puner, da Havas Digital (e da Dunkin' Donuts, anteriormente), Zena Weist, da H&R Block, Mike Wing, da IBM e Richard Binhammer, da Dell foram incrivelmente altruístas em relação ao próprio tempo e se dispuseram a discutir cada *e-mail* e sentar para cada entrevista telefônica na preparação deste livro. Agradeço a todos vocês pela perspectiva e também por me ajudarem a chegar tão perto da perfeição.

Ninguém alcança o sucesso sozinho e isso se aplica perfeitamente a mim. Todos que já trabalharam comigo na GM são parcialmente responsáveis pelo que alcançamos juntos. Len Marsico (que me recrutou para trabalhar em Detroit e jamais aceitou um não como resposta), Steve Harris, Chris Preuss, Edd Snyder, Mary Henige, Lori Arpin, Natalie Johnson, Rick Crooks, Adam Denison, Lesley Hettinger, Robyn Henderson, Wendy Clark, Connie Burke, Annalisa Bluhm, Nuria Baldello-Sole, Mike Morrissey, Phil Colley, Chris Vary, Chris Perry, Laurie Mayers, Jud Branam, Chris Poterala, Gayle Weiswasser, Lisa Bader, Andy Scheneman, Lish Dorset, John Cortez, Bobby Hoppey, Patrick Hernandez, Kameya Shows, Nicole Carriere, Rob Peterson, Jason Laird, Joe LaMuraglia, Lisa Gilpin, Deb Ochs, Jennie Ecclestone, Donna McLallen, Dave Barthmuss, Otie McKinley, Jordana Strosberg, Lauren Indiveri, Ryan Zemmin, Danielle Ciotti, Whitney Drake, Nick Twork, George Jones, Patrick Rewes, Janet Keller, Suzanne Johnson e Arianna Kughn: obrigada a todos vocês por me ajudarem a me sair bem.

Por último: quero expressar toda minha apreciação, meu agradecimento e meu amor à equipe que se sentou ao meu lado na "sala de guerra" em 1º de junho de 2009, e ao longo de toda a semana seguinte. A menos que se estivesse lá, trabalhando 21 h por dia, suportando todo o estresse de representar a GM nas redes sociais durante a semana em que a empresa se veria enquadrada nas leis do Capítulo 11[i] da legislação norte-americana que regulamenta falências e concordatas, é impossível saber o que essas pessoas tiveram de enfrentar e conseguiram superar de maneira admirável. De certo modo, aqueles sete dias foram os mais importantes de minha carreira, e todos que estiveram ao meu lado na empreitada sempre ocuparão um lugar especial em meu coração. Wendy, Connie, Annalisa, Nuria, Mike, Robyn, Adam, Otie, Mary, Andy, Potsie e Lish: vocês são um grupo muito especial, portanto sempre me sentirei absolutamente grato pelo trabalho realizado naquela semana.

---

[i] Neste caso, as empresas optam pela concordata porque suas receitas de longo prazo serão maiores do que o valor de liquidação dos próprios ativos. Assim, os credores podem conseguir mais dinheiro de volta ao permitirem que a empresa devedora se reorganize e elabore um plano de pagamento. A empresa então se torna uma "devedora em posse," mantendo o controle de seus ativos e dando continuidade às suas operações regulares. Neste caso, geralmente um interventor não é necessário. (Fonte: http://empresasefinancas.hsw.uol.com.br/falencia-eua1.htm) (N.T.)

INTRODUÇÃO

Se há algo que realmente podemos prever em nossa vida é o efeito **"Maria vai com as outras"**. É possível observá-lo em todos os lugares, e em praticamente todos os aspectos culturais. Na televisão, sempre que um canal descobre uma série de sucesso, podemos contar em uma só mão o número de semanas que levará até que outra emissora surja com um programa similar. (Aliás, o número de *reality shows* na TV é um ótimo exemplo disso.) No futebol americano, sempre que um time vence o Superbowl apresentando um estilo de jogo diferenciado, podemos ter certeza de que na próxima temporada outra equipe copiará seu posicionamento e suas jogadas. O mesmo ocorre em muitos outros esportes. Você já percebeu como um time passa a ter um número maior de torcedores quando uma equipe consegue uma sequência de vitórias? Ou até mesmo quem nunca assisti a corridas de Formula 1 torce desesperadamente pelo piloto do próprio país quando este passa a ter boas chances no campeonato? Essas pessoas se transformam em fãs de carteirinha e adquirem bonés, bandeirolas e até réplicas dos velozes automóveis.

Quando esse tipo de fenômeno se instala dentro do mundo dos negócios, em geral isso resulta em uma corrida por parte das empresas, que tentam 1º) repetir o sucesso alcançado por outras utilizando-se de um processo ou conceito específico; 2º) mostrar-se "inovadoras" ao lançar mão das mais modernas ferramentas, ideias e tecnologias do mercado. Do Seis *Sigma*[i] até a Gestão de Qualidade Total (GQT) e a Gestão de Conhecimento (GC), a história dos negócios está repleta de novos conceitos que estimularam o desenvolvimento de indústrias artesanais (ou indústrias caseiras) valendo-se de um verdadeiro esquadrão de consultores cujo objetivo é ajudá-las a adotar os mais novos modelos e as mais inovadoras práticas.

O mesmo ocorre em relação às mídias sociais. Nos últimos cinco anos, novas plataformas e redes de comunicação surgiram e o número de indivíduos que as adotaram supera de maneira avassaladora aquele dos que utilizavam dispositivos anteriores – e a velocidade com a qual tais redes e plataformas emergem é capaz de assustar a maioria dos departamentos de *marketing* e comunicações. Na medida em que o Facebook, o YouTube, o Twitter e o Foursquare[ii] atraem milhões de novos usuários, e toda a atenção da mídia, empresas que ainda lutam para se ajustar ou reagir ao surgimento dos *blogs* se sentem ainda mais perplexas diante da rapidez, do tamanho e da magnitude das mudanças provocadas pelas mídias sociais. Isso é completamente aterrador para muitos de nós – em especial quando percebemos que os clientes agora esperam que não apenas estejamos presentes dentro da rede social, mas também que nos mostremos conscientes, engajados e ágeis em nossas respostas.

A constante sensação de mudança iminente, a realidade em que os consumidores assumem cada vez mais o controle de nossas marcas e de nossa reputação, assim como o medo de sermos vistos como obsoletos transformaram a "estratégia de mídia social" em uma das mais

---

i Trata-se de um conjunto de práticas originalmente desenvolvidas pela Motorola (*Six Sigma*) para aprimorar de maneira sistemática todos os processos, erradicando quaisquer defeitos. Diferentemente de outras formas de gerenciamento de processos, o Seis *Sigma* prioriza a obtenção de resultados, atuando de maneira clara e planejada. (N.T.)

ii Trata-se de uma rede de *microblogging* que permite que seus usuários indiquem sua localização e procurem contatos que estejam nas imediações. O serviço apresenta também dicas de restaurantes, casas noturnas etc. Já é comum que empresas do setor de entretenimento façam suas promoções nas redes sociais com base no serviço de geolocalização. No Brasil o uso de celulares inteligentes tem aumentado o número de usuários. (N.T.)

importantes especialidades dentro dos setores de *marketing* e de comunicações. De modo previsível, os **"especialistas"** em mídias sociais começaram a surgir como cogumelos na floresta. Centenas de agências e consultores batem às portas de empresas e organizações em todo o mundo, propondo novos programas e enfatizando a urgência de se desenvolver uma sólida estratégia para o uso de mídias sociais.

Vale ressaltar que existem atualmente vários profissionais muito competentes nesta área. Particularmente, sou um grande fã de Geoff Livingston, Valeria Maltoni, Jeremiah Owyang, David Meerman Scott, Mitch Joel, Olivier Blanchard, Shel Holtz, Jason Falls, Amber Naslund e Chris Brogan, entre outros. Na verdade, considero vários deles bons amigos e aprendo muito com todos, lendo frequentemente seus *blogs*.

Contudo, dizer a uma empresa como ela deve agir a partir de uma perspectiva externa é uma coisa; fazer com que as coisas realmente aconteçam trabalhando internamente é outra.

Ao longo dos últimos sete anos tive a sorte de estar à frente dos esforços no setor de mídias sociais, tanto na GM como na IBM. Dentro da Gigante Azul, construímos um sistema de *blogs* e *podcasting* (forma de publicação de arquivos de mídia digital) que, na época em que saí da organização, já incluía três mil funcionários – isso em um tempo em que o Facebook era restrito a universitários, o Twitter ainda nem existia e a maioria das grandes empresas – e da própria mídia – estereotipava a figura do blogueiro, descrevendo-o **como "um indivíduo sentado em sua própria sala de estar, vestindo pijamas e escrevendo o dia todo."**[1] Na GM, não apenas tive a chance de construir o programa de mídias sociais da companhia, a partir do zero, mas de liderar os esforços no sentido de manter a presença da organização nas redes sociais ao longo de todo o tumultuado declínio enfrentado e, finalmente, de seu ressurgimento após o pedido de concordata. Em ambas as empresas, os programas por mim liderados foram premiados dentro de seus respectivos setores. Os dois receberam grande reconhecimento das mídias especializadas em Relações Públicas (RP), *marketing* e administração, sendo considerados como os melhores usos da mídia social em termos empresariais.

A partir dessas experiências, e também das conversas com amigos e colegas da área em outras grandes companhias, compreendi que pode ocorrer enorme frustração quando alguns "especialistas" em mídias sociais discorrem sobre os conceitos de transparência e engajamento sem perceber algumas das barreiras que seus próprios clientes corporativos poderão enfrentar. Em relação à aplicação de muitas estratégias de mídia social, há no mercado alguma exasperação sobre o quão frequentemente somos testados por indivíduos que simplesmente não percebem os verdadeiros custos de sua execução nem as agruras que, enquanto clientes, teremos de enfrentar ao tentar obter apoio para as tais medidas dentro da empresa. Se você tem como responsabilidade gerenciar ou desenvolver um programa dessa natureza em uma grande organização, tudo isso pode soar bastante familiar.

Infelizmente, as amplas mudanças necessárias para o sucesso das redes sociais, tanto em termos de táticas como de mentalidade, são, em geral, enfraquecidas pela própria resistência institucional e cultural das empresas. A conformidade legal, as mudanças de política, a adesão do departamento de Recursos Humanos (RH) e as relações geralmente conturbadas entre os setores de *marketing* e de RP dentro da organização representam obstáculos que precisam ser superados. Todavia, se você ainda não esteve dentro de uma empresa ou organização – se desconhece a cultura e a burocracia corporativas ou não possui qualquer experiência em trafegar por esse território, que, aliás, representa um verdadeiro campo minado –, certamente não sabe como fazer com que as mídias sociais funcionem dentro delas. Neste caso, não importa quantos seguidores você possui no Twitter, quantos visitantes visitam e leem seu *blog* ou o quanto suas ideias são interessantes.

A razão pela qual escrevi este livro

Há duas coisas que preciso dizer a você, leitor, se você decidiu **adquirir** esta obra. A primeira delas é simplesmente **"obrigado"**. Acredito muito na importância de expressarmos nossa gratidão, mas não acho que as pessoas de modo geral estejam acostumadas a ouvir agradecimentos com a devida frequência.

Em segundo lugar, quero que você saiba que estou partindo do pressuposto de que sei algo não apenas sobre você, mas sobre o motivo pelo qual este livro lhe pareceu interessante entre todos os demais

INTRODUÇÃO

sobre mídias sociais (ou "redes sociais", "rede em tempo real", ou até mesmo – e Deus nos proteja – "*Web 2.0*".[iii] Na verdade, existem tantos nomes para isso quanto para designar refrigerantes gaseificados). Sendo assim, acredito que você:

- Seja um líder na área de comunicações ou de *marketing* dentro de uma grande organização – talvez até em uma empresa listada pela *Fortune 500* – e queira aprimorar a presença e os programas de mídia social de sua companhia.
- Seja apenas um funcionário comum dentro do departamento de comunicações ou de *marketing* de uma grande empresa; você é um dos "operários" e também um dos "pensadores" e sua liderança o tem pressionado para que você desenvolva uma estratégia de mídias sociais para a companhia.
- Esteja considerando uma proposta de emprego em outra organização, onde você se tornará responsável pelo desenvolvimento de um programa de mídias sociais; ou simplesmente esteja prestes a receber tal atribuição na empresa em que trabalha atualmente. Talvez você conheça bem o assunto ou esteja apenas vagamente familiarizado com qualquer outra plataforma que não seja o Facebook – de qualquer maneira, você já está tentando definir como irá desenvolver esse programa para sua organização.
- Trabalhe para uma agência de RP ou especializada em *marketing* e possua grandes clientes corporativos. Talvez essa agência tenha oferecido a eles campanhas de mídias sociais, mas estas tenham sido rejeitadas ou sofrido algum tipo de resistência em sua implantação. Pode ser que os clientes estejam eles próprios solicitando grandes ideias na área de mídias sociais; todavia, também é possível que alguém esteja lendo sua sorte na borra do seu café e prevendo que você certamente precisará incluir ideias sobre mídias sociais em suas apresentações. Seja qual for o caso, você já começou a raciocinar sobre:

---

iii O termo *Web 2.0* surgiu em 2004. Foi criado pela empresa norte-americana O'Reilly Media para designar uma segunda geração de comunidades e serviços na rede (Internet). (N.T.)

1º) os tipos de programas que seus clientes irão apreciar e aceitar; 2º) a razão pela qual algumas de suas ideias aparentemente fantásticas não são aprovadas ou não funcionam bem nas empresas que contrataram sua agência; e 3º) o que precisa ser incluído dentro de seus projetos para que você consiga a adesão dos clientes.

Se você se encaixa em uma das descrições anteriores, as realidades que permeiam sua visão de mídias sociais são completamente diferentes daquelas vislumbradas por um praticante ou consultor individual. Para você, ser um vencedor na implantação de mídias sociais não tem a ver com a ideia de ser o primeiro a adotar o mais novo dispositivo do mercado nem de surgir com alguma nova ideia mirabolante e fantástica, tampouco em se mostrar transparente e humano. Fazer um bom trabalho significa ter uma participação boa o suficiente no Jogo das Políticas Internas, o que lhe garantirá a possibilidade de tirar vantagens de todos os momentos de grande inspiração que vivenciar e também de todas as grandes ideias que lhe forem apresentadas por especialistas, consultores ou agências. Para você, vencer significa jogar o jogo corporativo, arrebanhar novos apoiadores nos momentos certos e construir a infraestrutura adequada **dentro** da organização. Seu trabalho exigirá que você reconheça que as demandas e expectativas de grandes companhias – e até mesmo as leis que governam o comportamento dessas empresas – diferem daquelas constituídas por alguns indivíduos e os pequenos empreendimentos.

Minha esperança em relação a este livro é no sentido de que ele seja capaz de ajudá-lo a navegar por entre tais exigências e expectativas – fazendo com que você compreenda os mecanismos por trás das redes sociais corporativas e consiga desenvolver uma estratégia que funcione para todos os *stakeholders*[iv] de uma grande organização. Toda a experiência que consegui amealhar nas duas empresas listadas na ***Fortune 20*** em que trabalhei, poderá ajudá-lo a garantir o sucesso antes mesmo de começar. Nos últimos sete anos aprendi bastante

---

iv Termo geralmente utilizado em inglês. Refere-se a todas as pessoas que afetam ou são afetadas pelas atividades de uma empresa. Tal grupo deve ser cuidadosamente considerado como elemento fundamental no planejamento estratégico de qualquer organização. (N.T.)

sobre como representar de modo pessoal uma grande marca dentro das redes sociais, e devo ressaltar que a maior parte desse **conhecimento** foi **obtida por meio de tentativas e erros**; todas essas lições estão reunidas nesta obra. Você certamente não encontrará nas páginas a seguir teorias, análises externas ou divagações utópicas sobre como as coisas deveriam funcionar em um mundo ideal; o conteúdo engloba conselhos de alguém que já trabalhou na área – mais que uma vez – e que se tornou bem-sucedido ao solucionar os mesmos problemas com os quais você se depara neste momento, considerando o fato de estar lendo este livro.

É importante que você saiba desde já que não oferecei qualquer fórmula mágica e testada sobre a melhor maneira de se desenvolver uma campanha perfeita de mídias sociais, afinal, cada empresa é diferente e exige um processo distinto: do mesmo modo como seria impraticável copiar a campanha de lançamento de um novo modelo de automóvel e utilizá-la para lançar no mercado um novo tipo de salgadinhos, também seria absolutamente impossível plagiar os planos estratégicos de implantação de mídias sociais em uma empresa automotiva e aplicá-lo, sem alterações, em qualquer outro setor. Não há uma receita específica para se alcançar o sucesso nas mídias sociais, do mesmo modo como não existem soluções genéricas para se obter êxito nos programas tradicionais de *marketing*. Segundo as palavras inesquecíveis de Westley, o protagonista do romance *O Noivo da Princesa* (Marco Zero, 1987), *"Qualquer um que disser algo diferente, está vendendo alguma coisa."*[v]

Nesse novo ambiente em que vivemos, uma nova rede social, plataforma ou tecnologia parece surgir a cada mês. Aquilo que parece ser a mais nova estratégia de mercado rapidamente se transforma em prática padrão. Em 2008, estar presente no Twitter com sua marca o colocava em uma posição de liderança; em 2009, o fato de não estar

---

[v] Trecho da frase original do romance de William Goldman, *The Princess Bride*, de 1973: *"Life is pain, your highness. Anyone who says differently is selling something"* ("A vida é dolorosa, alteza. Qualquer um que lhe diga o contrário está tentando lhe vender alguma coisa.") (N.T.)

lá já o colocava em desvantagem. Utilizar Códigos QRc[vi] em 2010 era algo inovador, mas, em 2011, todos já o fizeram, portanto, discorrer sobre sua novíssima campanha baseada nesse tipo de serviço provavelmente fará com que todos ao seu redor fiquem entediados ou riam de você. Se quiser manter-se na liderança em termos de mídias sociais, precisará se sentir confortável em trabalhar constantemente no sentido de aprimorar suas táticas, jamais se valendo de estratégias e instruções gravadas em ferro e fogo.

Entretanto, existem alguns **passos** e **princípios** gerais que podem ser adotados para elevar suas chances de sucesso. Particularmente, tive a sorte de conhecer muitas das pessoas responsáveis por criar programas líderes de mídias sociais em outras empresas – Richard Binhammer e Manish Mehta, na Dell; Zena Weist, na H&R Block; Ekaterina Walter, na Intel; Scott Monty, na Ford; Paula Berg (que desenvolveu o programa da Southwest Airlines), Michael Donnelly, na Coca-Cola; e muitos outros. Muitos de nós costumamos conversar uns com os outros durante conferências, via *e-mail* ou pelo Facebook, compartilhando os conhecimentos, os desafios e as recompensas inerentes à posição de liderança que ocupamos com a presença social das nossas marcas – e, a partir dessas experiências coletivas, surgiu um **padrão interessante**.

Sete, o número da sorte: sete elementos que compõem um ótimo programa de mídias sociais

Há alguns anos, quando as primeiras empresas começaram a fazer seus experimentos com as mídias sociais, não existia um modelo ou um esquema para garantir uma presença vitoriosa nas redes. Indivíduos como Frank Eliason, que na época trabalhava na Comcast, conseguiam estabelecer uma ótima reputação para suas empresas valendo-se apenas de sua participação nos diálogos *on-line* e nas redes

---

vi Trata-se de um código de barras em 2D que pode ser escaneado pela maioria dos aparelhos celulares dotados de câmera fotográfica. Após a decodificação, esse código criado pela empresa japonesa Denso Wave, em 1994, passa a ser um trecho de texto ou um *link* capaz de redirecionar o acesso ao conteúdo publicado em algum *site*. (N.T.)

sociais – de fato, as histórias dessas pessoas deram origem ao mito do **visionário solitário**, que, armado unicamente com o próprio teclado, postando comentários em *blogs*, engajando-se por meio do Twitter e participando de discussões no Facebook, era capaz de, sozinho, inserir a empresa em que trabalhava no século XXI, tanto em termos de *marketing* quanto de comunicações.

Não tenho certeza de que essa lenda em torno do visionário solitário seja de fato precisa, todavia, se assim o fosse, essa época certamente já passou. A rede social amadureceu e se tornou grande demais – hoje, a simples presença das empresas dentro dela já não significa muita coisa!

Programas de mídia social de cunho organizacional já não são uma simples experiência, mas parte integrante da estratégia de mercado de qualquer companhia que se preze. E, considerando-se o fato de eles terem se tornado algo absolutamente básico para a mídia e até mesmo uma estratégia de RP, não é possível desenvolvê-los às pressas – é preciso cobrir todas as etapas, organizar-se e agir de modo estratégico em relação ao desenvolvimento de capacitação adequada dentro da empresa.

Pela minha experiência, existem **sete elementos** que compõem um ótimo programa **corporativo** ou **organizacional** de mídias sociais – todos vitais para o desenvolvimento de uma iniciativa estratégica de longo prazo, capaz de promover não apenas campanhas vitoriosas, mas de sucesso prolongado:

1º) Um importante executivo (ou "campeão") dentro da organização que, embora possa não estar diretamente envolvido na execução de programas de mídia social, **apoia totalmente** a participação da empresa e oferece suporte interno não somente para o programa propriamente dito, mas para seu líder;
2º) **Compreensão** e **consenso** dentro da empresa quanto ao setor da organização (comunicações, *marketing*, desenvolvimento de rede etc) que será o **responsável** pelas mídias sociais e por estabelecer as estratégias do programa de mídias sociais;
3º) Um **poderoso "evangelista"** das mídias sociais que lidere a execução diária e estratégica de todas as iniciativas da empresa nessa área; alguém que não seja apenas um especialista em mídias sociais, mas que detenha o poder e os recursos necessários para desenvol-

ver e executar programas e também para criar e estabelecer estratégias gerais;

4º) Um **conjunto de métricas claro**, capaz de definir o significado de **sucesso**, as expectativas e os objetivos da empresa, e também de medir os avanços e progressos alcançados, assim como a eficácia do programa;

5º) Uma **parceria tranquila** entre a equipe de mídias sociais e o departamento legal da organização; uma relação profissional em que nenhum dos lados veja os colegas como "inimigos" e todos sejam capazes de trabalhar juntos no uso dos programas e para alcançar seus objetivos;

6º) Uma **política de mídia social** bem articulada e totalmente divulgada a todos os funcionários da empresa, e que possa ser inclusive extensiva a clientes e observadores;

7º) Um **abrangente programa educativo** capaz de preparar todos os funcionários da empresa; algo que não esteja restrito às políticas de mídia social, mas englobe também explicações sobre 1º) tecnologias e plataformas de rede social; 2º) as melhores maneiras de se lidar com situações específicas dentro das redes sociais e 3º) as expectativas de ambos os públicos – chefes e empregados – e também da própria empresa em relação à participação de todos nas mídias sociais.

Nos próximos capítulos, todos esses elementos serão abordados em mais detalhes.

Cada programa é diferente, e a maior parte do sucesso depende de fatores únicos dentro de cada organização: o produto que se tenta comercializar; a marca que se busca imprimir na mente dos clientes; e a personalidade dos indivíduos que executam cada programa. Porém, a despeito da existência de inúmeras variáveis que afetam o sucesso no uso de mídias sociais, estes sete elementos são constantes e servem de base para os programas mais bem-sucedidos que já pude observar. Incorpore todos eles e terá os ingredientes necessários para estabelecer um **ótimo programa** em sua empresa; negligencie qualquer um dos aspectos mencionados e o projeto se mostrará **defeituoso** desde o início, impedindo-o de alcançar todo o seu potencial, na melhor das hipóteses, ou, na pior, levando-o ao **completo fracasso**.

INTRODUÇÃO

A partir do Capítulo 10, e até o de número 13, identificarei alguns aspectos que você precisará conhecer – orientações que deveriam nortear toda e qualquer campanha ou esforço assumido: como trabalhar de modo eficiente com blogueiros; como alcançar sucesso com as mídias sociais mesmo sem contar com um grande orçamento; e o que fazer quando as coisas saem erradas. Isso é tão fundamental para o sucesso quando da construção da infraestrutura adequada dentro da organização.

Consideremos o processo de preparar uma delícia gastronômica. Talvez você seja uma pessoa talentosa na cozinha, mas se não tiver os **ingredientes necessários**, não será capaz de produzir um delicioso bife *Wellington*. Do mesmo modo, se não souber a diferença entre sal e açúcar, o fato de possuir em sua dispensa todos os ingredientes para o prato – inclusive os cogumelos *Paris* frescos e o presunto *Parma* – não irá ajudá-lo em sua empreitada. Também é preciso compreender os princípios básicos da arte de cozinhar – que temperos e acompanhamentos combinam mais; que sabores agradam ao paladar, ou não; e a ordem de preparo de cada acompanhamento, para que tudo esteja pronto no momento adequado.

Isso se aplica perfeitamente à iniciativa no **campo de mídias sociais**. Para se tornar bem-sucedido, você precisará tanto dos elementos corretos como da percepção adequada para realizar várias tarefas em um curto espaço de tempo. O que tentamos fazer neste livro é prepará-lo para criar sua própria delícia gastronômica dentro das mídias sociais. Os **sete elementos** funcionarão como os ingredientes; sem eles, você não conseguirá preparar a receita desejada. As orientações são os seus princípios; compreendê-los o ajudará a improvisar quando necessário, a criar sabores diferenciados em seu programa e a lidar com eventuais problemas que surgirem.

Mantendo a analogia culinária, será preciso que você tenha a coragem de realizar experiências contínuas, mostrando-se sempre confiante – mas que, acima de tudo, esteja preparado para obter alguns resultados um tanto desagradáveis. Essa é a única maneira de se aprender. **Foi o modo como eu aprendi!** Quando estava à frente dos esforços na área de mídias sociais na IBM e na GM, eu não possuía toda a confiança e todo o conhecimento para desenvolver os programas nos quais trabalhava. Na verdade, várias recomendações incluídas neste livro **jamais foram testadas** na GM, quando tive a oportunidade de estabelecer um processo desde o início. E é justamente por isso que posso dizer com segurança que elas **devem ser aplicadas**!

As mídias sociais não têm sequer 10 anos de vida. Ainda estamos aprendendo e acrescentado informações importantes ao nosso repertório. Ninguém, nem mesmo aqueles entre nós que já trabalham na área há muitos anos, pode alegar total conhecimento sobre o assunto, a ponto de já não haver nada mais a ser aprendido.

É bom lembrar que até mesmos as jornadas mais longas começam com os primeiros passos. É chegada a hora de seguir para a sala de reuniões – seu chefe o está esperando, seus clientes o estão aguardando e ainda há um longo caminho a ser percorrido antes de descansar!

CAPÍTULO 1

A SITUAÇÃO ATUAL

O mundo das mídias sociais e das comunidades na Internet já foi tachado tantas vezes de **"velho oeste"**, e por tantos observadores (em geral por aqueles que não estão diretamente envolvidos com esse tipo de plataforma, diga-se de passagem), que, de certo modo, isso já se tornou uma verdade. Embora eu particularmente não considere tal analogia 100 % adequada, ela é tão utilizada que prefiro mantê-la, traçando alguns paralelos para provar meu ponto de vista.

Para sobreviver em uma cidade do velho oeste, o mais importante era reconhecer claramente a **"situação atual"** de sua região. O xerife de qualquer cidadezinha do "oeste selvagem" – pelo menos a figura que habita o imaginário popular – tinha de conhecer como a palma de sua mão cada metro quadrado de seu território e compreender todas as regras não escritas de uma **sociedade** que supostamente não **possuía qualquer regra**. Se isso ocorresse, ele conseguiria manter alguma ordem. Talvez ele não **controlasse** tudo, mas pelo menos havia uma sensação de que as leis estavam sendo obedecidas e as pessoas de bom caráter da cidade não precisariam temer gangues de criminosos.

Essa analogia se aplica ao moderno oeste selvagem que representa as mídias sociais: se você conhece bem a situação atual e compreende todas as suas características e pormenores, assim como suas regras não escritas, será capaz de dominar alguns de seus elementos e manter certa ordem.

Portanto, antes de qualquer outra coisa, é fundamental que você conheça a situação atual das mídias sociais. Neste capítulo, você aprenderá sobre esse novo ambiente e também sobe as regras básicas para conseguir sobreviver dentro dele. Depois que já estiver confortável com tais informações, seguiremos em frente e abordaremos os itens necessários para a construção de um bem-sucedido programa de mídias sociais.

O conceito de mídia social diz respeito a pessoas, não a tecnologia

Pode até parecer que o mundo das mídias sociais somente existe por causa do desenvolvimento de ferramentas de edição baratas (ou gratuitas), como o WordPress, por exemplo, ou pelo surgimento do Facebook e do Twitter. A **"gurusfera"** das mídias sociais e as grandes empresas e marcas costumam desenvolver um enorme fascínio pela última novidade do mercado – sejam os serviços baseados em geolocalização do Foursquare ou do Gowalla,[i] as ferramentas para a medição de influência, como o Klout[ii] ou comunidades emergentes como Quora[iii] ou Google+ –, e então se apressar para identificar qual a melhor estratégia na utilização de cada instrumento. O problema em concentrar-se demais em novas tecnologias e plataformas é que, ao fazê-lo, perde-se o foco principal. O fenômeno que muitas pessoas consideram como "mídias sociais" é meramente facilitado pela tecnologia, não criado por ela.

A **"mídia social"** é um ambiente no qual as barreiras para a publicação de dados desapareceram, transformando qualquer pessoa que possua uma boa conexão de Internet em um editor em potencial e, por conseguinte, em uma fonte confiável de informações. Seja ela vol-

---

i Trata-se de um concorrente menos popular do Foursquare, que foi recentemente adquirido pelo Facebook. (N.T.)

ii Trata-se de um instrumento de medição de influência *on-line*. A pontuação vai de 0 a 100 e quanto mais elevada, maior a influência do indivíduo. (N.T.)

iii Trata-se de uma rede social baseada em perguntas e respostas fundada em 2009. O objetivo é publicar perguntas levantadas pelos próprios usuários e encorajar outros participantes a respondê-las, criando assim uma comunidade dinâmica de discussões. Para acessá-la é preciso ser convidado por outro usuário. (N.T.)

tada para eventos ou produtos, trata-se de um ambiente em que fontes tradicionais de informação – a **"mídia tradicional"**, o governo e até mesmo empresas e organizações – se mostram menos confiáveis ou são vistas com mais ceticismo e até desprezo. Alguns dos meus mais antigos colegas no setor de relações públicas (RP) ainda se surpreendem com o fato de que as pessoas, de modo geral, considerem as informações contidas no *blog* de um desconhecido tão confiáveis quanto as divulgadas por grandes publicações, e sejam fidedignas ao fornecer informações sobre empresas quanto as próprias instituições. Porém, em vários casos, é exatamente isso o que acontece. Menosprezar tal realidade, ou reclamar que as coisas não deveriam ser assim, não tornará o ambiente menos aberto.

No ambiente das mídias sociais, conexões reais com pessoas reais não são apenas possíveis, mas, em muitos casos, são ainda mais valorizadas que o acesso à representação oficial de uma empresa. A voz organizacional (por exemplo, "A empresa X anunciou hoje que...") tem se tornado cada vez menos valorizada e menos importante, enquanto a de um indivíduo de carne e osso – mesmo de alguém que esteja representando uma marca – ganha cada vez mais peso. Nesse ambiente, o público deseja se conectar com um ser humano, não com um logotipo. O que se diz ainda é importante, mas **quem o faz** é, pelo menos, igualmente fundamental. Isso significa que, dentro dessa realidade, a mensagem de uma marca é tão confiável quanto o indivíduo responsável por comunicá-la em nome da empresa. O conceito de **"social"** sempre será mais importante que o de **"mídia"**, e isso jamais mudará. Plataformas como o Facebook, o Twitter, o YouTube, assim como os *blogs* e *podcasts*, podem até fortalecer tal dinâmica, mas não são responsáveis por provocá-la. Se construir um programa de mídias sociais imaginando que somente terá de focar sua atenção nessas novas plataformas, sem alterar suas táticas e abordagens, **irá fracassar**. Somente um pequeno número de pessoas aceita ser tratado como meros consumidores de produtos nesses canais, pelo menos no sentido tradicional. A maioria busca interação – com **pessoas reais** que, por acaso, representam uma marca – e deseja **ser ouvida**. Quando um indivíduo visita a página de uma empresa no Twitter, no Facebook, ou seu *blog*, ele não quer apenas receber as informações que a companhia deseja lhe fornecer. Ele deseja obter respostas para suas perguntas e explanações e soluções para suas reclamações e comentários; ele quer ter certeza de que sua própria voz foi ouvida e escutada. Essa dinâmica de mão dupla é o aspecto mais importante das mídias sociais. Se isso não estiver claro em sua mente, não importará o tipo de plataforma que estiver utilizando nem a rapidez com a qual passou a usá-la. Cada vez mais as pessoas valorizam e recompensam as marcas e organizações que se estabelecem nas redes sociais para **falar com** elas. Ao mesmo tempo, cada vez mais esse público passa a ignorar aquelas que estão lá apenas para **falar sobre si mesmas**, sem qualquer intenção de escutá-lo.

Para empresas que se utilizam de mídias sociais, esses mecanismos são apenas instrumentos comerciais

Empresas e organizações não devem utilizar os instrumentos de mídia social do mesmo modo como os usuários **"pessoa física"** – e as comunidades que formam as mídias sociais precisam entender isso. A mídia social organizacional é feita com um propósito definido e para um fim específico.

As conexões individuais e os relacionamentos criados dentro de redes sociais em nome de empresas e marcas não visam torná-las mais próximas ou humanas. Esse é apenas um agradável efeito colateral. Mas, independentemente do quão frio isso possa parecer, não se engane, empresas e organizações aderem às mídias sociais pelas seguintes razões: elas querem 1º) arrebanhar mais clientes (ou clientes em potencial) para adquirir seus produtos; 2º) fazer com que esses clientes se sintam melhor pelo fato de terem comprado seus produtos; 3º) ter certeza de que eventuais problemas com suas mercadorias serão resolvidos de maneira rápida e eficiente; e, finalmente, 4º) compreender exatamente o que tornaria seus clientes ainda mais dispostos a comprar aqueles produtos no futuro. O "diálogo" e o "engajamento" são apenas meios para se alcançar um fim. As empresas sem fins lucrativos deveriam ter objetivos similares: o envolvimento com as mídias sociais é um modo de 1º) divulgar informações e conscientizar as pessoas em relação às causas defendidas; 2º) aumentar o número de membros; 3º) estimular ações específicas dos integrantes; e/ou 4º) levantar fundos.

A SITUAÇÃO ATUAL

Antes de dar início a um programa de mídias sociais, é preciso saber o que exatamente sua organização deseja conseguir. Como qualquer outra iniciativa comercial, seu programa de mídias sociais deve conter **metas ou objetivos identificáveis**, portanto, construa-os de maneira clara em vez de engajar-se em "atividades de mídia social" completamente desvairadas.

É muito fácil se deixar levar por toda essa conversa de "desenvolver o diálogo" entre as pessoas e "manter um bom relacionamento." Porém, em um contexto comercial, tais conversações e relações têm objetivos definidos. Richard Binhammer, um dos principais responsáveis pelo sucesso da Dell em termos de mídias sociais, explica a situação da seguinte maneira: "Nenhuma empresa pode se dar ao luxo de não se manter próxima de seus clientes; o uso das mídias sociais é um instrumento viável e valioso dentro do arsenal das organizações, independentemente de sua abordagem ser do tipo B2B ou B2C."[iv]

Embora a natureza conversacional e às vezes descontrolada dessas mídias possa parecer estranha ou frívola, em geral há sempre um valor comercial até mesmo nas interações mais casuais. Até um diálogo trivial no Twitter, uma postagem ocasional em um *blog* ou uma troca de mensagens instantâneas pode significar um passo do cliente na direção esperada pelas organizações.

As mídias sociais não alteram seu produto, tampouco funcionam como panaceia para todos os males que o afetam

As mídias sociais funcionam como um instrumento perfeito para a construção de um bom relacionamento com públicos-alvo e clientes. Elas aprimoram o serviço de atendimento ao consumidor, conscientizam clientes sobre produtos e serviços e, às vezes até mesmo ajudam a comercializá-los. Contudo, elas não são como varinhas mágicas capa-

---

iv B2B: sigla para a expressão *business-to-business* (empresa para empresa). Refere-se às transações comerciais (transferências financeiras, distribuição de produtos e serviços, mobilização de cadeias de suprimento etc) que utilizam a internet como veículo; B2C: sigla para *business-to-consumer* (empresa para cliente). Refere-se às transações entre uma empresa e o consumidor final, por meio da Internet. (N.T.)

zes de transformar fezes em ouro: **se o seu produto não for satisfatório** para os consumidores, nem mesmo o melhor programa de mídias sociais do planeta será capaz de alterar tal realidade.

Na verdade, as mídias sociais somente servirão para amplificar ainda mais as falhas já existentes no produto ou serviço. Se em sua empresa o serviço de atendimento ao consumidor limita as ações dos seus próprios agentes internos no sentido de ajudar os clientes, então, colocar alguns de seus funcionários da central de atendimento – ou até mesmo toda a equipe – no Facebook ou no Twitter não ajudará em nada a melhorar as avaliações fornecidas pelos clientes. Pelo contrário, isso apenas dará aos usuários mais um ponto de acesso a um péssimo serviço de atendimento, que os deixará absolutamente frustrados e com a nítida sensação de que ninguém liga para suas necessidades e opiniões.

As mídias sociais também não são um elixir poderoso, capaz de mudar a cultura de sua empresa da noite para o dia. O fato de objetos como martelo e pregos estarem amplamente disponíveis não significa que os menos inclinados para a realização de serviços manuais (como eu!) sairão por aí construindo coisas e consertando tudo o que veem pela frente; se você não tem a inspiração dentro de si, um objeto inanimado certamente não impingirá esse desejo em você. Se a cultura de sua empresa já **não é predisposta** ao diálogo, tampouco está aberta a genuinamente escutar o que seus clientes ou público-alvo têm a dizer, o Facebook e o Twitter não transformarão sua companhia em uma Zappos;[v] neste caso, essas mídias sociais lhe serão tão úteis quanto um martelo para um cavalo. Como costuma dizer Richard Binhammer: "Se você não dispuser de uma cultura que realmente queira ouvir atentamente o que os outros têm a dizer, as mídias sociais não mudarão essa situação."[2]

Minha primeira experiência com mídias sociais em grandes organizações ocorreu na IBM, em meados do ano 2000. Recebemos bastante crédito – merecidamente, acredito eu – pelo entusiasmo com o qual a IBM abraçou o surgimento de *blogs* e autorizou seus funcionários a se envolverem com eles. Mas isso não aconteceu de maneira isolada. Mike Wing, vice-presidente da empresa no setor de comunicações

---

[v] Uma das maiores lojas *on-line* de calçados, roupas e acessórios do mundo, adquirida pela Amazon em 2009. (N.T.)

executivas e estratégicas, é rápido em apontar que todo esse entusiasmo da IBM em relação à abertura do programa de *blogs* foi consistente com um processo interno de evolução cultural de longo prazo. Considerando desde o aparecimento de um sistema de comunicações Intranet, impulsionado e totalmente alimentado pelos funcionários, até as sessões de *brainstorming* (direcionadas, focadas e totalmente abertas a novas ideias e críticas) conduzidas pela IBM nos anos anteriores ao lançamento dos *blogs*, recorda Mike, a empresa já encarava um processo progressivo rumo ao estabelecimento de uma cultura de diálogo aberto e do empoderamento dos funcionários. "O modo como uma organização irá abraçar as mídias sociais dependerá do quanto ela estiver preparada para fazê-lo", completa Binhammer.[3] Não se trata, portanto, de as mídias sociais terem mudado a cultura da IBM e representado um movimento revolucionário para a empresa; foi a cultura da IBM que tornou a adoção das mídias sociais – e as iniciativas que resultaram desse processo e pelas quais fomos tão aclamados – tão mais fácil e permeável ao sucesso.

Mike também alerta que tecnologias e plataformas raramente são complicadas demais para que possam ser adotadas por uma grande organização. Segundo ele, o ponto-chave não é a complexidade do sistema, mas a **atitude da gerência** em relação a ele; de acordo com Mike, a mais importante plataforma de mídia social é o nível de conforto e de confiança que a equipe gerencial demonstra em relação a seus funcionários.[4] Em outras palavras, se a liderança de sua organização se mostra desconfortável com a ideia de outorgar algum controle aos seus públicos interno e externo, é bem provável que o programa de mídias sociais enfrente grandes dificuldades para decolar nessa empresa. Em contrapartida, se a gerência e a cultura da empresa estiverem abertas a mudanças e também para aceitar a colaboração de funcionários e clientes, em termos de sugestões e ideias, as mídias sociais se tornarão apenas uma extensão dessa abordagem e não se mostrarão completamente perturbadoras.

Por causa de toda a publicidade em torno das mídias sociais, tem se criado um conjunto de expectativas um tanto irrealistas sobre o que essas plataformas são ou não realmente capazes de fazer por uma empresa. Em última análise, elas conseguem ampliar os programas de *marketing* e de comunicações de uma empresa, e aprofundar suas relações com os clientes, mas não podem transformar sua organização em algo que ela não é ou que sua própria cultura não permite que seja. Portanto, um programa eficiente de mídias sociais deve parecer uma extensão natural no processo de desenvolvimento de uma grande organização – e isso ocorrerá também de maneira espontânea. Se a cultura corporativa for rígida e controlada, e seus produtos não apresentarem ótima qualidade, seu programa de mídias sociais provavelmente será rígido, controlador e falso, e não alcançará o sucesso desejado. O melhor neste caso seria tentar consertar a cultura da empresa antes de se preocupar em implementar e lançar um programa de mídias sociais.

O controle já não está em suas mãos – acostume-se com isso

A ideia de permitir que seu público defina as direções ou os tópicos das discussões é assustadora o bastante para fazer com que algumas empresas questionem se, de fato, desejam se envolver plenamente com as mídias sociais. O Twitter, por exemplo, com a sua natureza aberta, seu ritmo frenético em tempo real e sua aparente aleatoriedade em termos de assuntos discutidos, pode parecer algo desprovido de qualquer controle e aberto a qualquer indivíduo para um executivo nervoso e desacostumado a receber críticas dos outros. A ideia de permitir que conteúdos gerados por usuários apareçam na página de uma empresa no Facebook ou em seu *site* em geral provocam alertas de vários pontos da organização. Como disse certa vez o representante do departamento de RP de uma grande marca norte-americana: "Nossos executivos sabem que as críticas estão na rede; apenas não acham que devemos oferecer às pessoas uma plataforma para que elas possam nos criticar." A empresa desse colega não está sozinha. Desde dúvidas de caráter legal sobre a eventual responsabilidade da empresa por algo que seus clientes possam publicar no *site* dela, até preocupações com o impacto que comentários depreciativos poderiam causar sobre sua marca ao aparecerem em uma página criada supostamente para vender mais, o desejo de assegurar o controle sobre os diálogos relativos a marca é algo absolutamente familiar para a maioria dos evangelistas das mídias sociais dentro das empresas.

A SITUAÇÃO ATUAL

Nas mídias sociais, o público direciona o diálogo e as informações fornecidas por clientes do dia a dia são, frequentemente, consideradas tão confiáveis quanto as prestadas pela própria marca (ou até mais). Quando uma empresa tenta assumir o controle sobre um diálogo *on-line*, seus esforços são geralmente recebidos com escárnio, raiva ou até mesmo com declarações dizendo que ela **"simplesmente não está entendendo a situação."**

Considerando tudo isso, por que um executivo em pleno juízo mental iria querer que sua marca se engajasse nas mídias sociais? Por que se envolver se é impossível controlar o conteúdo e os diálogos que ocorrem sobre o seu próprio produto? Porque esse controle já foi perdido há muito tempo – sobre as conversas a respeito de sua marca; sobre o modo como suas mensagens são recebidas pelo público; e sobre a maneira como sua marca é percebida. A capacidade que todos têm de publicar a própria opinião – isso sem mencionar o enorme colapso da autoridade e da confiança que assola a sociedade ocidental, em especial na América do Norte – significa que, de modo geral, o público já deixou de acatar suas palavras quanto à qualidade do seu produto e os princípios defendidos por sua empresa há muito tempo, e já não se importa mais em saber se as novidades publicadas pela organização são verídicas ou não.

Essas pessoas também já pararam de dar tanto crédito àquilo que a mídia tradicional tem a dizer sobre você ou seus produtos. Você participou recentemente de alguma pesquisa sobre **"confiança nas instituições"**? Os únicos que aparecem abaixo da categoria "América corporativa" são os **políticos** e a **mídia**. Nós que trabalhamos nos setores de *marketing* e comunicações nos esforçamos tanto para influenciar a mídia tradicional que às vezes esquecemos que o público já não presta tanta atenção a ela quanto nós.

A questão é simples: já faz muito tempo que as pessoas falam sobre as empresas, desconfiam delas e refutam suas mensagens; a rede social apenas incrementou esse diálogo e tornou ainda mais fácil para elas compartilharem suas percepções. O fato é que os marqueteiros estão redondamente enganados se acreditam que conseguirão retornar aos velhos tempos – quando eram considerados como a fonte de informações mais confiável em relação às marcas e empresas que representavam; um tempo em que bastava ter um bom relacionamento com alguns jornalistas e importantes veículos de informação para garantir o controle sobre o modo como a marca era apresentada e percebida pelo público. Esses dias ficaram no passado; é hora de seguir em frente.

A boa notícia é que, embora não se possa controlar o diálogo *on-line*, **é possível** influenciá-lo. Quando **mais** você se **envolver, mais relacionamentos construirá**; quanto mais respostas você oferecer de maneira tranquila, e quanto mais vezes você se dispuser a escutar as críticas, mais pessoas o verão como alguém igual a elas, como um parceiro valioso na comunidade, e mais estarão dispostos a lhe oferecer o benefício da dúvida e ouvir sua posição ou lado nas discussões. Além disso, suas respostas acabam aparecendo nas pesquisas sobre os tópicos; se você não estiver lá para se defender de declarações falsas ou incorretas sobre si mesmo ou a marca que representa, as únicas coisas que o Google e o Bing mostrarão são as próprias críticas. Há um interessante ditado que diz: "Não deixe que o perfeito seja inimigo do que é bom"; nas mídias sociais, você não deveria permitir que o **controle** seja **inimigo da influência**. Evitar a presença nas mídias sociais a menos (ou até) que você possa controlá-la é uma ideia ilusória e faz com que você perca uma ótima oportunidade de influenciar as pessoas para que sigam na direção que você deseja.

Sua organização se transformou em um veículo de informação

Com tanto estardalhaço e tanta fascinação envolvidos no surgimento de blogueiros como figuras influentes ou de algum novo instrumento, novo canal ou nova plataforma que atraia um grande número de usuários, às vezes nos concentramos tanto em definir em qual desses veículos queremos ser mencionados que acabamos negligenciando um dos benefícios primordiais das redes sociais para as grandes empresas: a habilidade de desenvolver e publicar conteúdo, assim como todo o mundo já faz.

O fato é que todas essas ferramentas oferecem às grandes marcas as mesmas oportunidades já aproveitadas por indivíduos comuns para publicar conteúdos e opiniões de maneira barata. No passado, para que uma empresa conseguisse emplacar um *hit* publicitário, sua equipe de relações com a mídia teria de defender suas ideias diante das grandes publicações e torcer para que algo despertasse o interesse delas. Depois do surgimento da Internet, esses profissionais da mídia começaram a colocar seus anúncios em *sites* populares, de acordo com os conteúdos já disponibilizados nas páginas. Porém, independentemente de o clipe publicitário aparecer na mídia impressa, na TV ou na rede, a organização tinha de confiar na interpretação que seria dada pelo veículo de comunicação ou pelo profissional encarregado de transmitir a notícia, o anúncio ou a mensagem.

Atualmente, nenhuma empresa precisa depender da interpretação de ninguém; se você desenvolver um conteúdo criativo, interessante e capaz de atrair a atenção das pessoas, conseguirá se comunicar diretamente com seu público-alvo – não haverá limitações de tempo ou espaço, tampouco o produto ficará sujeito a qualquer tipo de preconceito por parte dos que veiculam sua mensagem. Neste caso, em vez de tentar obter cliques nos *sites* de outras pessoas, a empresa passa a **competir** diretamente com esses mesmos *sites* por cliques. Você deseja que o público clique **no seu** conteúdo, não naquele gerado pela "mídia", por blogueiros ou por qualquer outro indivíduo. Ao contrário de acessar um vídeo desenvolvido pelo *USA Today*[vi] e publicado no *site* do jornal, as pessoas poderão assistir vídeos criados **por você** mesmo. Em vez de ler o que o *The Wall Street Journal* tem a dizer sobre seu mais recente anúncio, seu público pode ler as postagens que você insere em seu próprio *blog*. O truque neste caso está em criar conteúdo que seja bom o suficiente para desviar os acessos feitos à mídia tradicional. Com frequência as marcas esquecem que suas "mensagens" nem sempre são atraentes para indivíduos que não trabalham na empresa.

Pense em uma empresa que não pertence ao mesmo setor e que, portanto, não pode ser vista como uma concorrente – uma pela qual você não tenha qualquer interesse, e com a qual mantém apenas uma relação empresa/consumidor. Você assistiria a um vídeo de 3 min sobre o novo sistema de embalagens totalmente ecológico ou a respeito do lançamento da levemente modificada versão 3.1.1 do principal produto produzido por essa companhia? Você encaminharia um des-

---

vi Trata-se de um dos jornais de maior circulação nos EUA, com cerca de 2,2 milhões de exemplares diariamente. (N.T.)

ses vídeos para seus amigos ou o postaria em sua página do Facebook? Pense agora no tipo de conteúdo que você **realmente** compartilha. Que tipo de vídeos você costuma publicar? O que torna uma história, uma postagem ou um *podcast* interessante o suficiente para que você decida enviar o *link* para seus amigos? Portanto, quando estiver desenvolvendo um conteúdo na expectativa de que ele se espalhe rapidamente por toda a rede, coloque-se no lugar de seus clientes. Dê a eles boas razões para que escolham o seu material em vez de outros – seja fazendo com eles fiquem entretidos ou oferecendo-lhes informações que não conseguirão obter em outros lugares – e não assuma que seu público se mostrará interessado apenas porque você assim o deseja.

Contudo, mesmo que você esteja tentando obter cliques para o seu **conteúdo**, eles não precisam necessariamente acontecer em seu próprio *site*. Quando uma organização investe recursos significativos na criação de *microsites*, plataformas de conteúdo *on-line* ou algo similar, está negligenciando um dos aspectos mais poderosos das mídias sociais: se você criar bom conteúdo, a própria rede social fará o trabalho em seu lugar. Em vez de gastar elevadas somas tentando levar indivíduos ao seu *site*, por que não concentrar esses recursos na criação de conteúdos que outras pessoas queiram compartilhar e na construção de uma rede que também distribua esse material? É extremamente fácil tornar o conteúdo de seus vídeos compartilháveis – em geral, clicando em um botão ou copiando uma linha de código, outros blogueiros e outras mídias *on-line* conseguirão copiar e compartilhar seu conteúdo, postando-os em seus *sites* ou *blogs*.

Todavia, independentemente de as pessoas visitarem seu *site*, *blog* ou canal no YouTube, de encontrarem o conteúdo por você publicado em sua página do Facebook ou terem o primeiro contato com seu produto acessando uma página que nada tem a ver com o seu setor, a questão principal é: as ferramentas da rede social transformam sua organização em uma **"publicadora de conteúdos"** – um **veículo midiático** –, assim como a todos que estão ao seu lado. E essa é uma oportunidade que você não pode se dar ao luxo de perder.

As mídias sociais são instrumentos de mão dupla

Dentro da realidade em que vivemos, é fácil pensar em competir com a mídia em relação ao modo como sua mensagem é transmitida ao público. Também é extremamente normal começar a sentir água na boca simplesmente ao pensar nos 900 milhões de consumidores no mundo que navegam pelo Facebook e nos quase 250 milhões que utilizam o Twitter, todos prontinhos para ouvir sua mensagem. Porém, ao fazê-lo nos esquecemos de um ponto crucial: essas pessoas não estão ali para serem bombardeadas por suas propagandas, mas para interagir com outros indivíduos – e todos esperam que você conheça essa etiqueta no uso de plataformas. Se você espera que elas prestem atenção no que tem a lhes dizer, saiba que elas também esperam que você interaja com elas. Esse é um ponto frequentemente negligenciado pelas pessoas que são novas dentro das mídias sociais ou que veem as redes como um oceano de consumidores em potencial. Entretanto, se você utilizar somente as ferramentas de promoção/produção das mídias sociais, é bem provável que você não tenha compreendido seus reais apelos. Quando você era criança, alguma vez teve a oportunidade de brincar com um *walkie-talkie*?[vii] Quão divertido era brincar sozinho? Obviamente você poderia apertar o botão, dizer alguma coisa e então esperar que alguém do outro lado o escutasse e respondesse. Teoricamente isso poderia acontecer, é claro, mas o jogo somente se tornava divertido quando havia outra pessoa do outro lado interagindo com você.

Seja o Facebook, o Twitter, o YouTube, os *blogs* ou qualquer outra plataforma de mídia social, o fato é que as pessoas estão lá por causa da natureza interativa que cada uma delas ostenta. Elas querem trocar informações no Twitter, fazer comentários nas páginas do Facebook e nos *blogs*, ter sua presença reconhecida, obter respostas para suas publicações, se envolver em debates saudáveis (ou totalmente sem propósito) e criar e publicar vídeos uns para os outros no YouTube. A interação e a resposta formam a base das redes sociais, portanto, se a sua organização deseja se envolver, seu público certamente irá esperar que

---

vii Neste caso, o autor se refere a um brinquedo popular que funciona como transmissor e receptor portátil. (N.T.)

você não apenas use tais plataformas para transmitir suas mensagens, **mas que também esteja disposto a ouvi-lo.**

Mas eu não sou o único profissional da área a compartilhar este mesmo conselho; muitos dos mais bem-sucedidos líderes no campo de mídias sociais corporativas que foram entrevistados justamente para que esta obra pudesse ser escrita consideram o fator **"escutar"** como o mais importante para o seu sucesso. No sentido de ajudar a qualquer um que esteja tentando desenvolver um programa de mídias sociais a partir do zero, Richard Binhammer diz o seguinte: "Comece escutando o que as pessoas têm a dizer; descubra o que o seu público está fazendo e o que ele quer. Você precisa primeiramente compreender a oportunidade que se apresenta."[5] David Puner, responsável pela presença social da Dunkin' Donuts, acrescenta que "estar presente nas mídias sociais não significa apenas ter uma página no Facebook, mas conhecer bem seu público, sua marca e o quê se encaixa, ou não. Escutar o que as pessoas dizem é fundamental para se alcançar o sucesso."[6] Zena Weist, da H&R Block, alerta que o mais importante elemento em um programa de mídias sociais é: "Certificar-se de que, enquanto você desenvolve o programa, seus clientes reais e potenciais saibam que você já ouviu o que eles disseram, continua escutando e está incorporando suas sugestões."[7] Richard também afirma que: "Essencialmente, o trabalho dos marqueteiros é **compreender** os clientes – depende de nós entender as expectativas e necessidades de nossos clientes dentro das mídias sociais, não combatê-las. Não se trata, portanto, de apenas enviar-lhes mensagens corporativas e ponto final!"[8] Tenho certeza de que se tivesse conversado com mais uma dúzia de profissionais reconhecidos no setor de mídias sociais, pelo menos onze deles teriam mencionado a importância de **escutar** seu público.

Vale ressaltar que o ato de escutar assume diferentes formas dependendo da ocasião. Às vezes significa responder *on-line* as reclamações de seus próprios clientes sobre os produtos que você comercializa; em outras situações, responder perguntas sobre sua marca postadas pelo público em geral – ou até mesmo perguntas gerais sobre produtos similares àqueles que sua empresa também fabrica. (Enquanto eu estava na GM, por exemplo, se um blogueiro dissesse que estava pensando em adquirir um novo automóvel, eu não tentava simplesmente empurrar-lhe um Chevrolet, apenas lhe perguntava o que ele estava procurando em um carro, o quanto pretendia investir etc.) Em outros casos, basta fazer com que um blogueiro saiba que você leu um artigo por ele publicado, mesmo que o assunto não tivesse qualquer relação com sua marca. O fato é que, independentemente da forma assumida, o ato de escutar é o aspecto mais crítico de sua atividade social – **escutar** e **interagir** lhe garantem **credibilidade**. Falamos há pouco sobre a importância de construirmos uma rede de indivíduos que estejam dispostos a compartilhar e a propagar nossos conteúdos. Na verdade, as pessoas se sentem muito mais inclinadas a fazê-lo depois de terem a oportunidade de dialogar *on-line* com os representantes de uma marca, de os terem conhecido e de sentirem uma afinidade maior com a marca. Lembre-se: isso não ocorrerá por causa de suas "mensagens", mas pelo fato de você ter interagido e escutado. Assim como na vida real, escutar o que outra pessoa tem a dizer faz com que ela se torne mais desejosa de ouvir o que você tem a falar; em contrapartida, não escutá-lo provocará o efeito inverso.

Ouvir e interagir com diferentes públicos nas mídias sociais não é uma perda de tempo nem "um mal necessário", tampouco uma distração para sua mensagem; é uma parte vital e indispensável de sua estratégia. E isso é algo que, culturalmente, toda e qualquer empresa deve aceitar e abraçar – não apenas superficial, mas espiritualmente – antes de embarcar em um programa de mídias sociais. Se uma empresa apenas segue a rotina ou finge estar aberta a *feedbacks* quando isso de fato não ocorre, o público logo perceberá esse tipo de engodo, afinal, não é possível esconder sua verdadeira natureza por muito tempo.

Se o seu programa de mídias sociais, ou as pessoas por trás dele, se concentram demais nas próprias mensagens enviadas e enfatizam o desenvolvimento de conteúdo ou de "calendários editoriais" não dando a devida atenção para escutar seus clientes e utilizar um sistema de interação genuíno, honesto e não estruturado, receio que sua empresa ainda esteja olhando para os canais sociais como um instrumento de mão única em vez de se aproveitar das características intrínsecas e únicas desses meios de comunicação. Vale lembrar que existe uma grande diferença entre as mídias digital e social: a **primeira** se dá em um só sentido – se você não está interagindo nem ouvindo seu público, certamente não está engajado nas mídias sociais, apenas nas digitais.

Tudo gira em torno de transparência, não de "autenticidade"

Algumas "estrelas da mídia social" lhe dirão que o sucesso nas mídias sociais demanda **autenticidade** e **transparência**. Particularmente eu diria que ninguém é realmente capaz de prescrever o real significado de "autenticidade" – o que poderia ser absolutamente autêntico em minha personalidade talvez soasse forçado em você, ou vice-versa. Em contrapartida, a transparência não é um conceito tão subjetivo. Você não deveria, por exemplo, iniciar um *blog* falso fingindo ser um cliente que ama o produto fabricado por sua própria empresa sem dizer quem realmente é, tampouco seus empregados deveriam participar de conversações sobre sua marca em *blogs* alheios sem informar sua real ligação com a empresa. "A não divulgação da identidade verdadeira é algo repulsivo", diz Zena Weist, da H&R Block. Ela completa: "Isso ainda ocorre com frequência. Tento corrigir o problema sempre que possível. Todas as empresas precisam tomar providências sobre a não divulgação de identidade sempre que perceberem isso na rede."[9]

A transparência não é apenas uma estratégia inteligente – é absolutamente obrigatória. Se você não estiver 100% comprometido com a transparência em seus esforços de mídias sociais, enfrentará consequências não apenas com seu público *on-line*, mas também a Federal Trade Commission (FTC).[viii] Em outubro de 2009, essa instituição norte-americana promulgou as primeiras instruções sobre o modo como as marcas interagem com influenciadores de mídias sociais e blogueiros – ou, de modo mais preciso, os tipos de dados que precisam aparecer sempre que um blogueiro escreve um endosso ou proclama seu apoio a um produto ou marca.[10]

Enquanto essas instruções continuam a ser atualizadas e aprimoradas e prevaleçam algumas dúvidas sobre a maneira como elas serão aplicadas, um fato é inegável: a FTC está de olho. Marcas e blogueiros devem estar conscientes não apenas das próprias instruções, mas também dos sentimentos que estão por trás delas. Há um forte desejo

---

viii Trata-se da Comissão Federal de Comércio, uma agência independente do governo norte-americano cuja missão é proteger o consumidor e eliminar e/ou prevenir práticas consideradas prejudiciais, como o monopólio, por exemplo. (N.T.)

de garantir a divulgação de qualquer relação entre marcas e blogueiros, assim como qualquer tipo de favorecimento (produtos gratuitos, acesso a eventos etc), e para promover atitudes **transparentes** por parte das marcas dentro das mídias sociais.

A questão é bem simples: seja quem você diz que é; certifique-se de que qualquer um que receba qualquer coisa de você divulgue a relação existente; e não tente **"passar a perna"** em ninguém dentro das redes sociais.

Grandes marcas são capazes de inovar e de se mostrar criativas nas mídias sociais

O estereótipo das grandes empresas e organizações é o seguinte: elas são colossais, enfadonhas em sua natureza e, por conta de toda a burocracia e dos processos internos, demasiadamente pesadas e lentas para se mover de maneira rápida e inovadora. Vale ressaltar que essa visão não é a prevalente nas mídias sociais – tal perspectiva é geralmente compartilhada por vários setores, além de ser abraçada e até promovida por alguns empreendedores que alegam que a **"cultura das empresas iniciantes"** (*start-ups*) é superior àquela dentro de grandes organizações, além de mais conducentes à inovação – mas certamente possui seguidores dentro de seu espaço. Já ouvi alguns consultores na área de mídias sociais dizerem que jamais trabalhariam em uma grande empresa, sugerindo que o excesso de segurança e arrogância e a inércia organizacionais impediriam a empresa de adotar qualquer estratégia pioneira ou revolucionária. Qualquer exemplo de fracasso por parte de grandes empresas em termos de mídias sociais é frequentemente visto como uma ocorrência emblemática.

Este, no entanto, é um argumento tolo. Para começar, ele ignora o fato de que muitos dos maiores sucessos dentro das mídias sociais – Dell, Southwest Airlines, ComcastCares, Dunkin' Donuts, H&R Block, IBM, Graco, Best Buy, Disney, Coca-Cola, Pepsi, Starbucks, o programa SXSW da Chevrolet e o Movimento Ford Fiesta, da Ford, entre outros – foram alcançados por grandes organizações. Além disso, também desconsidera o fato de que as grandes empresas carregam consigo muitas vantagens intrínsecas – reconhecimento do nome; disponibilidade de recursos financeiros, em geral; equipes de *marketing* e RP para ajudá-las a elevar o nível de consciência do público-alvo e grupos mais amplos de defensores e fãs dentro da comunidade *on-line* – o que contribuiu para o seu sucesso nas mídias sociais.

Sem dúvida as organizações maiores são mais burocráticas, e é claro que pode existir dentro delas uma inércia organizacional e o medo de assumir riscos. Contudo, os pequenos empreendedores, as empresas iniciantes e de pequeno porte também enfrentam seus próprios desafios – conseguir o dinheiro necessário para desenvolver uma boa campanha de mídias sociais e, ao mesmo tempo, garantir que um número suficiente de pessoas esteja atento para acompanhar tal campanha. A verdade é que quando o assunto é conhecimento e sucesso dentro das mídias sociais, o **tamanho não importa**. Grandes marcas surgem com campanhas fantásticas; pequenas marcas e empreendedores criam ótimos usos para as ferramentas sociais. O sucesso advém da criatividade, e tal qualidade não está necessariamente presente nas pequenas empresas e ausente das grandes. Portanto, não se preocupe se "o público" acha que você deveria estar presente como uma marca maior. Se desenvolver um bom conteúdo, investir tempo na interação com a comunidade que espera influenciar, entregar-se aos seus instintos mais criativos e permanecer transparente (e lá vem essa palavra novamente!), as pessoas certamente começarão a respeitá-lo e a apreciar o que está fazendo. Eles até poderão perdoá-lo por eventuais erros cometidos.

Agora que já estabelecemos algumas regras básicas e compreendemos melhor a situação em que se encontram as mídias sociais, espero que você não apenas ainda esteja convencido de que precisa se envolver com as mídias sociais, mas que, em termos de conhecimento, se sinta um pouco mais confortável em relação ao ambiente no qual está prestes a adentrar. A partir de agora discutiremos os elementos que precisarão estar funcionando bem antes do lançamento de um programa de mídias sociais.

CAPÍTULO 2

O EXECUTIVO PATROCINADOR

O sucesso nas mídias sociais exige o esforço coletivo de muitas pessoas dentro da organização. Todos nos departamentos de *marketing*, comunicações, RP e atendimento ao cliente, assim como os indivíduos que trabalham nas áreas de desenvolvimento de produtos, os gerentes de linha de produção e até mesmo as lideranças empresariais desempenham papéis importantes na formatação e na execução do programa da organização, de maneira tranquila e bem-sucedida. Todavia, entre todos os envolvidos, dois ostentam posições críticas dentro do processo.

O primeiro é o **evangelista das mídias sociais** – o indivíduo que terá como tarefa construir a estratégia e o programa, e representar a marca dentro das redes sociais. A maioria do foco e da atenção do público recairá sobre essa pessoa: o **especialista em mídias sociais** que, doravante, será o rosto da organização. Discutiremos essa figura em mais detalhes no Capítulo 4.

Para demonstrar a natureza e a importância da segunda pessoa, utilizarei como exemplo um personagem retirado de um dos melhores e mais adorados filmes sobre esporte do final do século XX – pelo menos, é claro, para os fãs de beisebol (como eu) – *Sorte no Amor*.[i]

---
i Título original *Bull Durham*, lançado nos EUA em 1988.

Na história, a plateia é levada em uma viagem pelas peculiaridades e pela cultura das ligas menores do beisebol dos EUA enquanto acompanha o desenrolar do relacionamento entre Crash Davis, um técnico veterano e viajado, e seu arremessador de grande potencial, Ebby Calvin "Nuke" LaLoosh, que, apesar do talento natural, é arrogante, excêntrico e ingênuo. O fato é que a relação entre Davis e LaLoosh ao longo da temporada se transformou em uma das histórias mais belas e adoradas sobre o convívio entre treinador e discípulo.

Porém, se você já conhece o filme, sabe que nada teria acontecido sem a ajuda do gerente da equipe, Joe Riggins – o homem responsável pela contratação de Davis para treinar o jovem arremessador da equipe e torná-lo um vencedor. Na verdade, enquanto Davis se concentra em aprimorar cada vez mais as qualidades do jovem jogador, Riggins está mais voltado para o sucesso do time como um todo, mantendo-se sempre disponível para ajudar Davis em caso de necessidade. Riggins sabe que o melhor a fazer é: 1º) permitir que Davis trabalhe por conta própria, outorgando-lhe poderes para desempenhar bem seu papel; e 2º) realizar bem seu próprio trabalho, fazendo com que a equipe se torne bem-sucedida na temporada.

Quando o assunto é implantar um programa de mídias sociais dentro de uma organização de grande porte, é fundamental que se tenha à disposição ambas as figuras; assim, cada Crash Davis precisa de seu próprio Joe Riggins – um indivíduo em posição de liderança capaz de levar o grupo ao sucesso e também de outorgar poderes suficientes a um bom evangelista de mídias sociais, a quem caberá não apenas desenvolver um programa eficiente de redes sociais, mas também, agregar todos os funcionários para que estes caminhem em um mesmo sentido.

Dentro das empresas, o indivíduo que desempenha esse papel de liderança é denominado "**executivo patrocinador**" na área de mídias sociais. Ele pode ser encontrado em diferentes cargos, dependendo da organização. Em geral, o papel é desempenhado pelo chefe de comunicações ou pelo RP da empresa, mas às vezes a posição pode ser ocupada por um indivíduo de nível sênior do departamento de *marketing* ou por alguém que apresente características progressistas dentro da liderança da empresa. Vale ressaltar que o executivo patrocinador não se envolve diretamente no desenvolvimento de estratégias ou na execução de iniciativas ou campanhas de mídia social, mas, na construção de um programa eficiente e eficaz, ele é tão fundamental para a empresa quanto o próprio evangelista. O executivo patrocinador é aquele que **abre caminho** para que as mídias sociais alcancem seu lugar ao sol dentro da organização e se mantenham em uma posição segura. Trata-se de um elemento crítico para o sucesso das mídias: um executivo patrocinador vigoroso poderá levar ao sucesso até mesmo um evangelista mais fraco; já a falta de um profissional dessa natureza no cargo (ou a ocupação deste por um executivo fraco ou que não apoie suficientemente o programa de mídias sociais da companhia), poderá fazer com que até mesmo o evangelista mais experiente encontre dificuldades em gerar interesse pelo programa dentro da empresa e em fazer com que os funcionários o adotem.

David Puner, que, como arquiteto da presença social da Dunkin' Donuts, se tornou proeminente na rede como "Dunkin' Dave", nos explica o seguinte: "A menos que você tenha alguém em posição-chave na empresa apoiando o programa de mídias sociais – alguém de nível sênior disposto a dar um verdadeiro salto de fé e dizer "vamos em frente, vamos tentar" – é bem difícil estabelecer um programa que disponha recursos e apoio suficientes."[1] Zena Weist, que lidera o programa de mídias sociais da H&R Block desde janeiro de 2010, é igualmente direta: "É preciso ter um líder que transforme o programa de mídias sociais em uma prioridade dentro da organização", diz ela. "Do contrário, não se obtém os recursos necessários e, sem dinheiro será impossível construir uma base sólida para o seu programa", complementou Zena Weist.[2]

Características de um executivo patrocinador

Em primeiro lugar, para que um executivo patrocinador seja eficiente em suas atribuições, não é necessário que ele conheça ou entenda tudo sobre mídias sociais ou que se mantenha imerso nas redes dia e noite. Tive muita sorte em trabalhar com dois desses profissionais ao longo de minha carreira corporativa – Jon Iwata, na IBM, e Steve Harris, na GM. Nenhum deles era intensamente ativo nas redes sociais e, a menos que você trabalhe no campo de comunicações, na IBM ou na

GM, talvez você nem saiba quem eles são. Mas, sem eles, nenhuma das duas empresas teria um programa de mídias sociais tão extenso e conceituado.

O executivo patrocinador não é, portanto, a pessoa responsável por cuidar das postagens no Twitter, atualizar a página da empresa no Facebook, aparecer em *tweetups*[ii] ou decidir em quais eventos de mídia social participará ou atuará como patrocinador. No entanto, ele tem, pelo menos, uma ideia da grande importância das mídias sociais para a empresa, assim como um compromisso em relação a elas. Quando Jon me convidou para assumir a posição de chefe do departamento de *blogs* da IBM, no início de 2005, ele foi claro em relação ao que esperava de mim. "Haverá uma aplicação comercial para os *blogs*", disse ele, "e queremos que você nos ajude a descobrir qual será essa aplicação e que faça da IBM uma líder nos *blogs* corporativos." (Isso aconteceu antes do surgimento do Twitter, antes de o Facebook abrir suas portas para o público não universitário, antes mesmo do MySpace; na época, "mídias sociais" consistiam basicamente de *blogs* e *podcasts*.) Quando ainda estava em dúvida se devia ou não ir para a GM, Steve Harris conseguiu me convencer durante nossa entrevista ao me dizer que o que ele mais queria era que eu o surpreendesse regularmente com minhas atitudes – retirando a empresa de sua zona de conforto e promovendo ações completamente novas e jamais tentadas até então, e demonstrando para o mundo que a GM levava sua presença nas mídias sociais muito à sério. Nem Iwata nem Harris eram especialistas no campo de redes sociais – justamente por isso estavam contratando indivíduos que o fossem – mas ambos compreendiam bem o suficiente, e de maneira instintiva, o cenário das comunicações e das mídias para reconhecer a importância de se construir uma presença sólida e um programa eficaz e eficiente; ambos estavam comprometidos com a premissa de que suas marcas se tornariam líderes naquele ambiente. Eles não desejavam apenas que suas empresas fossem ativas no reino das mídias *on-line*, mas que se mantivessem à frente das demais.

---

ii Trata-se de uma plataforma de publicidade que permitirá que empresas anunciem seus textos do Twitter nos resultados de busca. Fonte: http://br.wwwhatsnew.com/2010/04/tweetup-um-adsense-para-twitter/ (N.T.)

O EXECUTIVO PATROCINADOR

É possível que sua organização não tenha o porte nem disponha do fôlego de uma empresa como a IBM ou a GM, mas, em relação às mídias sociais, certamente precisará de alguém em posição de liderança que compartilhe tanto a visão quanto o comprometimento demonstrados por Iwata e Harris. Um bom executivo patrocinador precisará ter poder e experiência suficientes para:

- **Contratar alguém que assuma a posição de líder em mídias sociais (e até mesmo montar uma equipe completa, caso a organização seja grande o bastante para exigi-lo).** Na época, tanto Iwata quanto Harris ocupavam a posição de vice-presidente de comunicações dentro de suas respectivas empresas. Entretanto, dependendo da organização, esse indivíduo também poderia ser alguém do *marketing*, de comunicações ou até mesmo do serviço de atendimento ao cliente, e não necessariamente um vice-presidente sênior – porém, a despeito do departamento, a empresa precisará de alguém que detenha autoridade suficiente para efetuar esse tipo de contratação ou criar esse tipo de cargo.
- **Estabelecer propriedade e autoridade sobre o espaço social.** Se um executivo patrocinador decidir que seu departamento irá contratar uma pessoa (ou equipe) para lidar com mídias sociais ou irá liderar a execução de programas dessa natureza, mas não dispuser de poder ou credibilidade suficientes para exercer tal liderança, este será o prenúncio de sérios confrontos internos. Além disso, se vários departamentos ou líderes se proclamarem "donos" do programa de mídias sociais, o desastre será inevitável e estará bem próximo. O executivo patrocinador precisa de *gravitas*[iii] e de respaldo suficientes para que, no momento em que disser "meu departamento estará à frente das iniciativas", o restante da organização reconheça tal liderança.

---

iii Trata-se de um termo latino que representa uma das virtudes mais prezadas pela Roma antiga, além de *dignitas* (merecimento, valor), *pietas* (dever/devoção) e *iustitia* (justiça). A palavra, que deu origem ao termo gravidade, significa literalmente "peso", mas passou a definir uma personalidade ética, apegada à honra e ao dever. (N.T.)

- **Mediar disputas com a devida autoridade.** Por causa do enorme crescimento das mídias sociais, em geral, grandes organizações possuem múltiplos departamentos, equipes e representantes de submarcas desejosos de executar algum tipo de programa ou alguma iniciativa nessa área. De modo ideal, esses grupos trabalharão juntos e concordarão a respeito do curso correto das ações. Porém, quando diferenças de opinião ou de rumo não podem ser resolvidas ou quando as disputas não são adequadamente solucionadas em um nível profissional, o executivo patrocinador precisará demonstrar, ao mesmo tempo, a sabedoria para mediar a disputa e tomar sua decisão, e o conhecimento e a experiência dentro do cargo para fazer com que tal decisão seja aceita e respeitada. Se ao executivo patrocinador de uma empresa são oferecidas duas opções em termos de curso de ação e ele se decide por "A" em detrimento de "B", todas as partes envolvidas deverão reconhecer sua autoridade e respeitar sua resolução, sem jamais sair pela empresa dizendo algo do tipo: "Bem, o 'fulano' nos orientou para que fizéssemos 'A', mas não precisamos dar ouvidos ao que ele diz."

Vale ressaltar que para alcançar tal nível de autoridade não basta que o indivíduo ocupe uma posição de chefia ou ostente em seu crachá um cargo elevado na empresa. Um executivo patrocinador que proclame sua própria liderança no setor de mídias sociais sem demonstrar bons resultados e boas razões para ser ouvido e considerado por seus colegas não se mostrará digno de credibilidade. Essa pessoa também precisará ser alguém competente em termos organizacionais e ágil o suficiente para sustentar seu clamor pela liderança e pela assunção da responsabilidade pelo programa de mídias sociais. Esse profissional precisará fazer o seguinte:

- **"Vender" o conceito de mídia social para os níveis mais elevados da liderança.** Em algum momento, o nível C da organização terá de ser pelo menos informado sobre os planos relativos a mídias sociais dentro da empresa. Afinal, se uma companhia pretende investir dinheiro em algum programa ou até mesmo na contratação ou promoção de alguém para liderar seus esforços organizacionais nessa área, o apoio dos níveis hierárquicos mais elevados será fundamental. Caberá ao executivo patrocinador demonstrar aos altos executivos da empresa a importância do espaço social e a razão pela qual os recursos alocados nessa área estão sendo bem investidos.

- **Levar sua visão ao resto da empresa, demonstrando alta credibilidade.** Nesse ponto, as mídias sociais certamente já se mostraram importantes o suficiente – e têm sido comentadas o bastante – para que os funcionários da empresa compreendam seu valor. Todavia, se essas pessoas considerarem que a iniciativa da empresa não está à altura ou não se encaixa com as estratégias já adotadas pelos departamentos de comunicação, *marketing* ou atendimento ao cliente, certamente se revoltarão contra ela. Neste caso, o executivo patrocinador precisará não apenas demonstrar uma liderança digna de credibilidade mas também manter seus colegas convencidos sobre a validade do programa e a correção dos caminhos escolhidos. Um executivo patrocinador fortalecido também dará a devida atenção às ideias e preocupações levantadas pelos colegas, mantendo-os incluídos no processo e desencorajando assim o eventual surgimento de programas paralelos.

Manish Mehta ocupou a posição de executivo patrocinador na Dell ao longo dos últimos quatro anos. Pelo menos para a maioria das pessoas, ele não representava o "rosto *on-line*" da empresa (esse papel recai de maneira mais proeminente nos ombros de Richard Binhammer ou Lionel Menchaca), mas, por trás das cortinas, ele tem estado sempre envolvido no programa. "Lionel é responsável pela maioria das postagens de *blog*, e é certamente um dos nomes mais conhecidos pelo público", afirma Richard, "mas o fato é que não cabe a ele participar das batalhas internas – essa é uma responsabilidade de Manish."[3] Portanto, ainda que Mehta não seja o membro mais conhecido da equipe Dell – embora tendo sido o primeiro a escrever uma postagem no *blog* da empresa (o Direct2Dell) –, ele certamente representava o apoio interno de que Richard, Lionel e o resto do grupo tanto precisavam.

Estilo de liderança e necessidades de um executivo patrocinador

Uma vez que a propriedade do programa de mídias sociais já tenha sido estabelecida e um orçamento já esteja definido, que estilo de liderança deveria ter um executivo patrocinador? Embora seja verdade que esse profissional não precisa estar diretamente envolvido com as redes sociais, é importante que ele demonstre interesse pelo assunto. Para que possa se mostrar eficiente em suas funções, é fundamental que o executivo patrocinador seja, pelo menos de maneira ocasional, incluído nas discussões estratégicas ou informado sobre elas. Ele precisará ser informado regularmente sobre o modo como o orçamento está sendo investido e também a respeito do saldo ainda disponível. Nesse sentido, avaliações e indicadores de desempenho têm de ser continuamente compartilhados com esse profissional, do contrário ele não conseguirá solidificar sua posição nem provar para a alta gerência que o que está sendo feito têm funcionado adequadamente. Isso tornará impossível para ele defender sua causa dentro da organização.

Também é importante que o executivo patrocinador estabeleça consistência entre as estratégias elaboradas pelos departamentos de mídia social, *marketing* e comunicações. Digamos que a liderança do setor de mídias sociais de uma grande empresa decida, juntamente com sua equipe, executar uma campanha *on-line* para um dos produtos da marca. Depois de algum tempo, a partir de uma perspectiva de mídia social, o processo se revela um grande sucesso: a participação dos blogueiros-alvo é bem alta, o evento corre sem sobressaltos e surgem inúmeras postagens positivas sobre a marca. É possível que o evento ou até mesmo a própria marca apareçam entre os tópicos mais mencionados e debatidos no Twitter e que tanto esta plataforma como a página da empresa no Facebook amealhem várias centenas de novos seguidores. Isso parece maravilhoso, não é? Mas e se a referida campanha tiver se concentrado em atingir "um público formado por profissionais especializados de vinte e poucos anos de idade", quando o verdadeiro mercado-alvo a ser alcançado fosse composto de "mães de famílias da classe mais afluente da sociedade"? Imaginemos agora que a empresa esteja prestes a lançar uma grande campanha publicitária e de *marketing*, orientada para o público de fato desejado – as mães. Embora esse novo processo não invalide o sucesso obtido pela campanha realizada pelo setor de mídias sociais, ele demonstra claramente que: 1º) a tal campanha não foi capaz de transmitir a mensagem correta, 2º) falhou em alcançar o público-alvo desejado e 3º) não teria, portanto, aproveitado o esforço da empresa em termos de publicidade para reforçar sua mensagem. Isso não soa como uma oportunidade perdida ou um esforço incompleto? Tendo isso em mente, outro papel fundamental para o executivo patrocinador é assegurar que todos os esforços sociais estejam sincronizados com as estratégias de comunicações e *marketing*. O problema é que uma iniciativa de mídias sociais que não esteja de acordo com os demais esforços de *branding*[iv] não representa apenas uma oportunidade perdida. No pior dos cenários ela pode se mostrar contraprodutiva, causar inconsistência e até mesmo confundir o cliente em relação à mensagem e o posicionamento de uma marca.

Independentemente do quão bem informado o responsável direto pelo programa de mídias sociais estiver sobre as estratégias gerais de comunicações e *marketing* de uma empresa, é óbvio que, pelo fato de estar mais próximo da liderança sênior da organização, o executivo patrocinador terá acesso a um número bem maior de dados concretos. Portanto, é responsabilidade tanto do evangelista de mídias sociais como do próprio executivo patrocinador garantir que o que quer que esteja ocorrendo dentro das mídias sociais reflita estratégias organizacionais mais amplas. Também é uma tarefa do executivo patrocinador certificar-se de que as táticas de mídia social sejam, desde o início, parte de um planejamento estratégico mais amplo. No exemplo mencionado anteriormente (sobre a campanha de mídia equivocadamente direcionada aos jovens profissionais), o executivo patrocinador deveria ter exercido dois papéis distintos. Em primeiro lugar, desde o início do desenvolvimento da campanha publicitária (aquela voltada para as mães da classe alta), o executivo patrocinador já deveria ter começado a alertar as lideranças dos departamentos de *marketing* e publicidade para que estas se lembrassem de envolver o setor de mídias sociais. Ele deveria ter solicitado e essas mesmas lideranças que se reunissem com o pessoal de mídias e os engajassem no processo desde o início, em

---

iv Termo utilizado em inglês. Trata-se do processo de **construção de uma marca** junto ao mercado. (N.T.)

vez de apenas tentar agregá-los posteriormente. Em segundo lugar, o próprio executivo patrocinador já deveria ter alertado o evangelista de mídias sociais sobre a nova estratégia e a nova campanha da empresa, e dito a ele com quem deveria conversar nos setores de *marketing*, publicidade e RP para obter mais detalhes. A partir desse momento, tornar-se-ia função do evangelista construir o programa de mídias sociais. Contudo, isso somente ocorreria depois que o executivo patrocinador já tivesse criado todas as conexões e aberto caminho para a entrada do setor de mídias sociais no processo mais amplo.

A relação mais importante dentro da mídia social de marca

As mídias sociais têm a ver com **relacionamentos** – isso é dito com tamanha frequência que já se tornou um verdadeiro clichê. Particularmente, eu diria que, dentro de uma grande organização, o mais importante relacionamento entre todos é o existente entre o evangelista e o executivo patrocinador. Se ambos não estiverem trabalhando de maneira sincronizada, o programa de mídias sociais inevitavelmente fracassará.

Confiança é fundamental. Como já foi mencionado, uma vez que o executivo patrocinador em geral ocupa uma posição de liderança nos departamentos de comunicação ou de *marketing*, e, portanto, não é um especialista em mídias sociais, é provável que ele não esteja suficientemente familiarizado com o espaço social para saber se uma iniciativa específica se justifica ou não. O executivo patrocinador terá, portanto, de confiar no líder do setor de mídias sociais e na equipe desse profissional. Esse tipo de confiança nem sempre ocorre naturalmente – em geral, táticas sociais inteligentes deixam os tradicionalistas desconfortáveis –, portanto, é algo que precisa ser trabalhado de maneira prioritária. O diálogo entre ambas as partes deve ser frequente e funcionar em mão dupla – o evangelista deverá investir tempo para compartilhar suas atividades e explicar a razão pela qual cada atividade ou programa é importante em termos sociais; o executivo, em contrapartida, deverá certificar-se de que a estratégia mais ampla da empresa seja claramente comunicada. Isso ajudará a garantir que o evangelista de mídias sociais esteja sempre bem informado sobre quaisquer esforços dos departamentos de *marketing* e comunicações que possam ser relevantes para sua equipe, para aquilo que estejam realizando, ou até mesmo para que sejam capazes de aproveitar os esforços dos outros departamentos. Idealmente, ambos os profissionais deverão agendar encontros regulares – sejam eles menos ou mais formais (tomando um café juntos, reunindo-se no escritório etc.), o que quer que funcione melhor para ambos. Isso não apenas contribuirá para que as informações fluam de maneira contínua e natural, criando confiança entre as partes, mas também evitará que um dos lados, ou ambos, extrapole seus próprios limites.

O microgerenciamento realizado pelo executivo patrocinador poderá resultar em iniciativas de mídia sociais exageradamente "corporativas" ou "marqueteiras." Em contrapartida, um evangelista astuto que não esteja totalmente integrado com o resto da organização poderá mostrar-se desconectado, inconsistente com a estratégia mais ampla da empresa e até mesmo cego em relação às oportunidade de reforçar a mensagem da marca e aproveitar os esforços de *marketing* já existentes.

Não é justo esperar que um executivo patrocinador apoie esforços de mídia social dentro da organização se ele jamais é informado sobre o conteúdo dessas iniciativas; por outro lado, também é injusto esperar que um líder no setor de mídias sociais trabalhe de maneira alinhada com os objetivos mais amplos da empresa se ele é tratado apenas como o gerente de uma pequena comunidade e jamais é informado sobre os esforços estratégicos da companhia. O **patrocinador** e o **evangelista devem se comunicar regularmente**, e seu bom relacionamento profissional deve ser uma prioridade para ambos.

Administrando riscos e protegendo-se de fracassos

Talvez toda essa ênfase e todo esse burburinho dados às redes sociais nos últimos anos levem as pessoas a acreditarem que existe uma forma correta de se lidar com elas, assim como outra incorreta. Na realidade, o espaço de mídias sociais ainda está emergindo, portanto, o manual de regras ainda está sendo escrito e reescrito conforme o próprio ambiente se desenvolve.

Dentro desse âmbito, um executivo patrocinador terá de ser capaz de se manter confortável diante de ambiguidades e da assunção de riscos. Haverá momentos em que "eu acho que sim" será a melhor resposta que um evangelista poderá fornecer para a pergunta "Será que esse programa funcionará?". Existirão ocasiões em que ideias nas quais o evangelista acreditava totalmente não alcançarão êxito ou encontrarão resistência, e certamente haverá esforços já realizados que se provarão equivocados e investimentos que todos os envolvidos desejarão reaver após o fato. Desde que as pessoas aprendam com seus erros e os mesmos equívocos não se repitam, é importante lembrar que todas essas ocorrências fazem parte do processo de *marketing* realizado por intermédio de mídias sociais.

O executivo patrocinador também precisará estar confortável ao levar esses programas de risco para a chefia da empresa e disposto a retornar a ela para reportar as lições aprendidas com eventuais fracassos. Sem a devida coragem por parte do executivo patrocinador, o líder e até mesmo a equipe responsável pelo programa de mídias sociais poderão ficar isolados em uma espécie de limbo caso alguma iniciativa não apresente os resultados esperados. Neste caso, planos futuros poderão não obter o apoio necessário que permita à equipe de mídias sociais arriscar-se novamente e inovar.

Administrando as relações entre agência e empresa

Conforme as mídias sociais continuam a gerar atenção e a atrair os holofotes, a maioria das organizações experimenta um bombardeio por parte de agências e consultores de *marketing*, de RP e de mídias sociais, todos se oferecendo para administrar as iniciativas dessas empresas no setor de redes sociais. Muitas dessas agências são competentes e sólidas, assim como muitos desses consultores apresentam ótimas ideias e demonstram experiência em ajudar clientes a atingir ótimos resultados comerciais e nos programas de mídia. Na verdade, desconheço qualquer grande marca que tenha atingido sucesso em mídias sociais sem a colaboração de pelo menos uma agência ou consultor – em geral, o pensamento criativo e a perspectiva são elementos cruciais para sua eficácia. O executivo patrocinador deverá trabalhar ao lado do evangelista no sentido de identificar agências de grande potencial ou consultores que possam se tornar parceiros e então certificar-se de que a empresa dispõe dos fundos e recursos necessários para trazê-los à bordo.

Infelizmente, algumas agências apelarão para a tagarelice e também para apresentações repletas de jargões na expectativa de confundir, amedrontar ou deslumbrar as empresas que visitam, fazendo-as acreditar que sabem bem mais sobre o mundo social *on-line* que os eventuais clientes que estão pensando em contratá-las. O evangelista de mídias sociais deve saber identificar esse tipo de comportamento, mas, ocasionalmente, precisará do apoio do executivo patrocinador para ajudá-lo a refrear ações por parte de algum gerente de *marketing* ou de comunicações que tenha ficado fascinado com demonstrações dessa natureza e que esteja de algum modo forçando a empresa a contratar a agência. (Vale lembrar que o apoio e a moderação por parte do executivo patrocinador poderão ser necessários, já que a atitude do evangelista de combater propostas desse tipo poderá ser vista pelos demais departamentos da organização como uma "tentativa de proteger seu próprio território." O fato de o evangelista contar com o suporte da liderança em situações como essa poderá evitar que a empresa se prenda a contratos que mais tarde se revelarão equívocos dispendiosos.)

O dinheiro fala

Por último, o executivo patrocinador é a pessoa adequada para garantir a disponibilidade de capital para os programas de mídia social; além disso, ele também é o profissional mais confiável para, se preciso, sair em busca dos fundos necessários nos demais departamentos da empresa – e há grande probabilidade de que, pelo menos no início, isso seja absolutamente **necessário**. Talvez o maior mito em relação a mídias sociais, pelo menos a partir de uma perspectiva empresarial, seja a ideia de que o setor de mídias é livre e independente, portanto, é melhor corrigirmos tal interpretação: **o sucesso nas mídias sociais não ocorre por acaso e sem muito esforço**. Comparado a outras formas de *marketing*, um programa dessa natureza pode ser incrivelmente positivo em termos de custo/eficiência e proporcionar um retorno maior sobre seus investimentos, porém, se (como uma grande organização) tudo o que conseguir investir nas mídias for tempo e habilidade de conversação, os resultados serão limitados. O *marketing* de mídias sociais ainda é *marketing* e, como tal, exige algum nível de investimento para alcançar sucesso. O executivo patrocinador deverá controlar um orçamento, suficientemente significativo, alocando recursos para mídias sociais (isso poderá incluir produtos para uso em promoções) – ou terá de ocupar um cargo suficientemente elevado dentro da organização para ser capaz de se impor aos colegas e fazer com que todos contribuam para o esforço. Sem a disponibilidade de pelo menos algum tipo de produto ou de recursos financeiros para o programa de mídias sociais, as dificuldades para se alcançar o sucesso serão ainda maiores.

Em última análise, o executivo patrocinador é uma figura vital no sentido de assegurar que a empresa se mantenha aberta às mídias sociais. Caberá a ele 1º) estabelecer exatamente onde reside a autoridade dentro da organização; 2º) aplicar tal autoridade sempre que surgirem desavenças ou desafios; 3º) assegurar que os líderes no setor de mídias tenham a oportunidade de se integrar com as iniciativas mais amplas de comunicações e *marketing*; e 4º) manter a consistência entre os esforços da empresa, assim como o controle sobre eles. A maioria dos executivos patrocinadores não se envolverá diretamente com o desenvolvimento da estratégia social da empresa – e nem precisam fazê-lo. O bom evangelista de mídias sociais desempenhará esse papel quando a organização inseri-lo no processo. Contudo, sem um patrocinador que ocupe essa função crucial nos bastidores nenhum evangelista conseguirá se tornar bem-sucedido em suas funções. A tarefa de um executivo patrocinador não é se tornar visível externamente ou se firmar como um visionário das mídias sociais, mas **gerenciar** todos os processos que ocorrem por trás das cortinas, **abrindo caminho para as mídias sociais dentro da organização.**

CAPÍTULO 3

DOMINANDO AS MÍDIAS SOCIAIS

Há um antigo truque que as crianças costumam aplicar em seus pais quando querem que as coisas saiam ao seu modo. Posso até arriscar ao dizer que você também já o utilizou em sua infância. (Confesso que eu já o apliquei!) Imagine que uma criança esteja querendo se divertir utilizando, por exemplo, o portal Club Penguin[i] *on-line*. Então ela vai até um de seus pais – digamos que seja a mãe – e pergunta alegremente se tem a permissão de entrar na Internet. Sua progenitora diz **não**. Sem desanimar, e a despeito da proibição da mãe, o rebento vai até o pai e faz a mesma pergunta, na expectativa de que, dessa vez, obterá a tão desejada resposta apesar da negativa da mãe. E conseguirá o **sim**... Em sua mente jovem, a criança está plenamente segura de que não merecerá nem receberá qualquer tipo de punição, afinal, ela perguntou ao pai se poderia jogar e ele autorizou. Como então ela poderia estar desobedecendo às ordens?

Praticamente todos os pais – ou quase todas as pessoas que já foram crianças – são capazes de se recordar do conceito de **"autoridade dividida"**. Em situações de família, o cenário mais comum é aquele em que pai e mãe descobrem sobre a dupla solicitação de permissão. Neste

---

i Trata-se de um portal de jogos virtuais para crianças entre 6 e 14 anos de idade, onde todos interagem assumindo a forma de avatares-pinguins. (N.T.)

caso a criança não apenas falha em conseguir o que deseja, mas é disciplinada por tentar jogar os pais um contra o outro. Entretanto, se nem o direcionamento parental nem a autoridade estiverem adequadamente estabelecidos e os progenitores não concordarem sobre qual deveria ser a resposta correta, o jogo da autoridade dividida poderá rapidamente se transformar em uma forte tensão entre os pais e ate mesmo em discussões sobre qual deles terá a palavra final sobre o assunto. A partir daí, o que começou como um simples desejo da criança se divertir no Club Penguin poderá levar a consequências inesperadas e não planejadas, causar disputas desnecessárias e até mesmo fazer com que diferentes membros da família se sintam magoados uns com os outros!

Não é meu objetivo chamar qualquer profissional de "criança", mas o fato é que as empresas correm riscos até certo ponto similares em relação às mídias sociais. Esse tipo de mídia está em voga atualmente, e muitos indivíduos veem nela uma grande oportunidade de deixar sua marca pessoal ou de estabelecer seu próprio valor para a organização. É praticamente certo que vários grupos dentro da empresa – pelo menos mais que um – acreditem ser os verdadeiros donos dos programas de mídias sociais. Há também quase 100% de chance de que vários grupos diferentes comecem a planejar ou até mesmo executar programas ou iniciativas de mídias sociais de modo independente. Zena Weist, da H&R Block, observa que em muitas empresas, incluindo aquela em que trabalha, "costumam ocorrer problemas quando as pessoas inadvertidamente invadem o espaço umas das outras, simplesmente por não saberem que estavam ali".[1]

Na inexistência de uma estrutura oficial e abalizada bem estabelecida e aceita por todos os departamentos e todas as funções, na melhor das hipóteses a marca ou organização enfrentará esforços sociais desconexos e incoerentes. No pior dos cenários, isso poderá provocar uma presença social inconsistente e até o surgimento de campanhas que compitam umas contra as outras pelo mesmo público-alvo ou até enviem mensagens conflitantes ao cliente. Há casos em que duas áreas de uma empresa contratam ou promovem funcionários para uma mesma função – ao mesmo tempo! (Você pode até estar rindo, mas pessoalmente já vi empresas nas quais os departamentos de *marketing* e de comunicações contrataram duas pessoas diferentes para ocupar uma única vaga de "diretor de mídias sociais", simultaneamente.) Talvez o estabelecimento de linhas de autoridade claras e a concordância sobre quem será o "dono" das mídias sociais na organização sejam os pontos mais cruciais entre todos os elementos que serão discutidos neste livro. Sem eles, seu programa será demasiadamente caótico para ostentar uma presença e uma voz consistentes no mundo das mídias sociais.

Mas nem sempre é fácil atingir tal clareza em termos de autoridade. Há pelo menos três funções organizacionais que podem legitimamente clamar pela liderança das mídias sociais dentro de uma empresa: os departamentos de **comunicação**, *marketing* e **atendimento** ao consumidor. Em muitas organizações, cada um desses grupos assumirá sua própria supremacia no espaço social e se ressentirá daquilo o que considerarem como uma intrusão por parte dos demais setores em uma área que consideram como sua. Sempre que possível é fundamental prevenir a existência desse tipo de territorialidade. Vale ressaltar que clareza em termos de autoridade não diz respeito apenas a erradicar brigas e inconsistências, mas a incorporar as melhores ideias de cada parte da organização, criando um programa misto. Na verdade, cada uma das funções empresariais oferece diferentes pontos fortes e fracos à atividade de mídias sociais. Em uma situação ideal, todas essas funções e pontos fortes são reunidos e transformados em uma entidade híbrida, e operam de maneira unificada no sentido de direcionar o restante da empresa.

Antes de nos concentrarmos no modo como se deve estabelecer uma autoridade com a qual todos concordem e em como obter a aceitação de todos na empresa, é hora de explorarmos os clamores das várias partes da organização em relação ao direito de "comando" das mídias sociais, e de identificarmos o que cada uma delas apresenta em sua defesa.

Relações Públicas/Comunicações

Em muitas organizações que executam bem o programa de mídias sociais, o comando é exercido pelo departamento de RP ou de comunicações. Isso não significa que outros setores não sejam capazes de fazer um bom trabalho – meu amigo e concorrente na Ford, Scott Monty, ocupa o departamento de *marketing* da empresa –, mas, com frequência, é a área de comunicações que comanda com sucesso esse tipo de programa.

Isso não ocorre por acaso. A rede social é interativa por natureza, e as comunidades dentro dela não somente esperam um diálogo de mão dupla, mas frequentemente controlam os tópicos que serão discutidos e até mesmo o tom das conversações. Tal situação se adéqua perfeitamente à especialidade do profissional de RP, que está acostumado a responder a todas as questões levantadas oferecendo argumentos certos que representem sua empresa e, ao mesmo tempo, transmitindo o tipo de informação que a companhia deseja compartilhar. Por causa da natureza do trabalho, os profissionais de RP também estão mais acostumados a considerar o modo como o público irá reagir a uma mensagem ou atitude, e então construir uma estratégia em torno disso. Além disso, em comparação com os profissionais de *marketing*, os de RP estão bem mais acostumados a enfrentar ceticismo em relação às mensagens apresentadas por uma marca – e se você trabalha na área, sabe que muitos de nós já enfrentamos horas ao telefone tentando influenciar repórteres obstinados ou em eventos para a imprensa defendendo a companhia de críticas levantadas contra seus produtos. Por essas razões, os comentários às vezes bastante intensos e os aspectos negativos dos diálogos que ocorrem *on-line* não intimidam o profissional de RP tanto quanto ocorreria com outro do *marketing* (um indivíduo que talvez esteja mais acostumado a criar mensagens e identificar os melhores canais para distribuí-las). A habilidade de pensar rápido e manter-se estável, e de enfocar somente as preocupações por trás de uma crítica, mantendo-se "dentro do tópico", é fundamental para que o indivíduo seja considerado um bom profissional de RP – e tudo isso se torna ainda mais crucial quando esta pessoa estiver representando uma marca dentro das redes sociais *on-line*. Parece que os profissionais de RP se encaixam naturalmente no mundo das redes sociais.

Contudo, esse encaixe não é perfeito. Mesmo quando é realizado um trabalho mais tradicional de relações de mídia, de quem os profissionais de RP receberão suas mensagens-chave? Quem decidirá o público-alvo ao qual as mensagens devem ser direcionadas, de modo que o RP possa escolher corretamente o meio de comunicação mais adequado? Quem conhece os principais atributos de cada produto sendo promovido pelos profissionais de RP? Em cada um dos casos, a resposta é quase sempre a mesma...

Marketing

E é exatamente esse o mais forte argumento contra a ideia de o departamento de RP controlar a presença da empresa nas mídias sociais: o RP não conhece a essência da marca tão bem quanto o *marketing* nem dispõe, de maneira imediata, de todas as informações e de todos os dados de pesquisa sobre públicos-alvo, reações de grupos de foco e/ou atributos do produto. E a despeito de toda essa conversa por parte dos grandes conhecedores das mídias sociais sobre "engajamento" e "conversação" e também sobre diálogo de mão dupla ser bastante interessante, em essência, uma empresa não se coloca *on-line* apenas para dialogar com as pessoas; em última análise, ela está lá para afetar o comportamento do mercado (estimular a lealdade do consumidor e as vendas em uma operação visando lucros ou para gerar voluntários, doações ou ações em empresas sem fins lucrativos). Nesse sentido, não seria melhor deixar o acesso social nas mãos dos indivíduos que sabem, melhor que ninguém, o modo como uma marca deveria fazer as pessoas se sentirem, e que sabem o tipo de público que um programa social deveria tentar alcançar? Talvez.

Existem, entretanto, alguns problemas intrínsecos aos programas de mídia social comandados pelo *marketing*. Em primeiro lugar, muitos profissionais desse setor estão tão acostumados a programar suas mensagens de acordo com um calendário específico que esquecem que o público nas mídias sociais espera que os diálogos ocorram em tempo real. (É quase inacreditável, mas já testemunhei situações em que profissionais de *marketing* estabeleciam um calendário para suas postagens no Twitter – tentando assim organizar até mesmo suas conversas "casuais" em termos de horário, frequência e assunto –, e ignoravam completamente a interação com o seu público.) Conforme o Facebook ultrapassa a barreira de 900 milhões de usuários e o Twitter supera os os 250 milhões, é fácil compreender a razão pela qual os profissionais de *marketing* ficam tão excitados em se colocar diante de todos esses clientes em potencial. Porém, com frequência, essas pessoas não percebem que, de modo geral, as pessoas não se juntam a redes sociais para serem bombardeadas por suas propagandas; aliás, muitos **não gostariam** de receber esse tipo de abordagem dentro das redes sociais, pelo menos não no sentido tradicional. Se um programa dessa natureza comandado pelo departamento de RP pode, ás vezes, se mostrar despropositado ou repleto de conversa fiada, os dirigidos pelo *marketing* podem se tornar **desprovidos** de diálogo ou de interação – assim como já ocorre com todos os truques e as técnicas de *marketing* que têm sido cada vez mais rejeitados pelos consumidores ao longo dos últimos anos. As mídias sociais não dizem respeito a mensagens, afinal – elas têm a ver com os consumidores, certo? A grande diferença entre as mídias sociais e a mídia tradicional está no fato de que nos canais tradicionais os profissionais de *marketing* transmitem suas mensagens para um público que tem pouco ou nenhuma oportunidade de responder a eles ou desafiá-los, enquanto nos canais sociais, a voz do consumidor tem o mesmo poder daquela que representa a empresa ou organização. Nas mídias sociais o **consumidor** estabelece o tom, e as marcas e os marqueteiros tentam ganhar espaço em um diálogo honesto com seus clientes. Isso nos leva ao...

Serviço de atendimento ao consumidor

Talvez um pouco esquecido por causa da ânsia das empresas em promover e comercializar seus produtos, de certo modo, o **departamento de atendimento ao consumidor apresenta** o clamor mais natural pelo controle das mídias sociais em uma organização. Afinal, os clientes de hoje estão bem menos propensos a enviar uma carta desagradável para qualquer empresa se não se sentirem satisfeitos com o produto ou serviço que receberam dela. Com frequência, eles sequer perdem seu tempo telefonando para dizer que têm um problema (ou melhor, que você o tem!). Todos vão direto ao Facebook e ao Twitter e postam suas opiniões para que todos na rede tenham acesso a elas. As más notícias poderão viajar ainda mais rápido e mais longe se o cliente possuir um *blog* popular ou se criar um *site* social dedicado a destacar sua experiência negativa. (Pergunte a Alaska Airlines, que em novembro de 2010 foi publicamente acusada de "odiar crianças", depois de se recusar a atrasar a partida de um voo para um casal que precisou trocar a frauda do bebê.[2] Pergunte também à United Airlines, que cansou de ser alfinetada pelo cantor David Carroll com a canção *United Breaks Guitars* (*A United Danifica Violões*), veiculada milhões de vezes pelo

YouTube, depois que ele enfrentou uma experiência um tanto negativa com os carregadores de bagagem no Aeroporto O'Hare, de Chicago.[3]) Em geral, as redes sociais representam uma ótima oportunidade de ouvir os seus clientes "em seu habitat natural" conversando sobre sua marca, seus produtos e os serviços que você oferece. O melhor de tudo é que ajudar um consumidor através das lentes das mídias sociais permitirá que todos testemunhem a interação, tanto os que fazem parte da rede do cliente como os funcionários de sua organização – o que reforçará sua reputação como empresa que preza seus consumidores.

Uma das companhias mais frequentemente citadas como exemplo de marca que realmente "compreende" o uso das mídias sociais é a Zappos. A empresa construiu sua presença *on-line* sob a premissa de utilizar canais sociais para oferecer a seus clientes um **serviço único e extensivo** – na verdade, cada funcionário, independentemente de seu papel dentro da empresa, é considerado um especialista em atendimento ao consumidor e encorajado a utilizar o Twitter e outras plataformas de *networking*[ii] para alcançar os clientes e oferecer-lhes um serviço exemplar, certificando-se de que não apenas o problema apresentado seja devidamente resolvido, mas que o cliente se sinta cuidado e desenvolva uma conexão com a marca.

Mas se isso funcionou tão bem para a Zappos, por que não funcionaria para a sua empresa? Se, em última análise, os públicos *on-line* são formados por clientes reais e potenciais, quem melhor para comandar um programa direcionado a essas pessoas que o serviço de atendimento ao consumidor?

Bem, o problema por trás da ideia de o programa de mídias sociais ser liderado pelo serviço de atendimento ao consumidor é o fato de os agentes e os setores desse departamento estarem voltados, basicamente, para duas ações específicas: 1º) resolver eventuais problemas que os consumidores tenham com a marca; e 2º) manter os clientes que não têm problemas com a marca felizes. Isso é ótimo, mas e quanto aos membros do público-alvo que ainda não são seus clientes? A menos que você esteja absolutamente feliz e contente com sua atual fatia de mercado e não sinta a necessidade de crescer e aumentar sua receita amealhando novos clientes, sua empresa terá de realizar alguma ação

---

ii O termo é geralmente utilizado em inglês e significa **integração social**. (N.T.)

promocional com o intuito de envolver a comunidade. Você precisará de algum mecanismo para compartilhar informações sobre seus produtos e serviços, e terá de encontrar um modo de aumentar a consciência do público em relação a novos produtos e serviços, assim que estes forem lançados no mercado. É fato que, em geral, os profissionais do setor de atendimento estão mais bem preparados para lidar com críticas duras e até irascíveis que eventualmente aparecem *on-line* – normalmente esses indivíduos estão acostumados a escutar clientes descontentes e não apenas sabem como resolver os problemas que surgem, mas também têm o poder para tomar as atitudes que se fizerem necessárias (algo que frequentemente não acontece com o RP e o *marketing*). Em contrapartida, esses indivíduos não são suficientemente habilidosos para desenvolver o tipo de promoção ou construir e manter relacionamentos proativos, embora ambos sejam fundamentais para que uma marca consiga se sair bem nas mídias sociais – e possuir uma presença social centrada na solução de problemas para atuais clientes soa como uma grande oportunidade perdida de encontrar novos consumidores.

Essas são três funções da empresa que clamam de maneira legítima pelo direito de comandar o programa de mídias sociais. Contudo, pelo menos dois outros setores já argumentaram sobre o direito de estarem envolvidos nesses esforços, portanto iremos explorá-los antes de seguir adiante.

Recursos Humanos (RH)

Neste caso, o clamor pela liderança (ou, pelo menos, pela inclusão no processo) envolve o fato de que sempre que uma organização colocar um empregado *on-line* para que ele interaja com o público, haverá riscos – tanto para a empresa como para o próprio funcionário. Em primeiro lugar, conselhos oferecidos com as melhores intenções, mas que, por alguma razão, provoquem a quebra do produto ou algum dano ao cliente, poderão servir de base para a abertura de um processo contra a companhia. Em segundo lugar existe a questão de confidencialidade. Neste caso, colaboradores que não estejam bem treinados poderão inadvertidamente revelar informações exclusivas da empresa.

Um empregado insatisfeito, por exemplo, poderia se valer das mídias sociais para expor segredos da empresa ou criticá-la publicamente. Um funcionário envolvido em um diálogo de cunho pessoal também poderia mencionar algo controverso ou considerado insensível por grupos específicos, o que poderia causar reflexos negativos à empresa, assim como ao próprio colaborador. Isso sem considerar o fato de que a companhia poderia inclusive ser responsabilizada pelo comentário equivocado caso ficasse comprovado que o funcionário acessou a mídia de dentro da empresa. Você consegue imaginar a dor de cabeça que uma organização teria em termos de RP se um de seus empregados decidisse se engajar em um debate nas redes sociais sobre, digamos, a lei de imigração do Arizona ou casamentos homossexuais? (Mas algo desse tipo já aconteceu no passado: em maio de 2011 o locutor de hóquei Damian Goddard foi demitido da empresa Rogers Sportsnet,[iii] de Toronto, no Canadá, depois de se envolver em um debate sobre o casamento homossexual utilizando-se de sua conta pessoal no Twitter. Na verdade, Goddard estava apenas reagindo aos comentários do jogador Sean Avery e do agente Todd Reynolds sobre o assunto.)[4]

Mas além de tudo o que já foi mencionado, há também os que argumentam que as mídias sociais **"sugam"** o tempo dos funcionários, e que aqueles que investem tempo demais interagindo com clientes *on-line* estão, na verdade, deixando de realizar seu trabalho. (Em relação a esse raciocínio, digo o seguinte: quando finalmente as empresas "reinstituírem" a regra de 8 h de trabalho diárias e assegurarem a seus funcionários de que eles somente irão trabalhar quando estiverem dentro dos limites físicos da organização, então, a partir daí, elas realmente poderão se preocupar com o fato de os empregados acessarem as redes sociais, mesmo que de maneira moderada, dentro do trabalho. Entretanto, enquanto as horas de trabalho se estenderem sobre aquilo o que costumávamos chamar de "horas de lazer", e enquanto a proliferação de dispositivos e de possibilidades de acesso *on-line*, completamente *wireless*, significarem que **nunca** estaremos fora de alcance, as empresas terão de aprender a aceitar certo grau de *networking* ou de atividade nas redes sociais por parte de seus funcionários.)

---

iii Trata-se de um canal especializado em esportes de propriedade da Rogers Communications. Atualmente ele é denominado somente Sportsnet. (N.T.)

Todas essas considerações são motivos bons o suficiente para que o departamento de RH de uma empresa se envolva em alguns aspectos dos programas de mídia social – em especial, desenvolvendo uma política de mídias sociais e assumindo a tarefa de ajudar a manter o maior número possível de funcionários bem informados e bem instruídos sobre as redes sociais. Todavia, o RH não é um setor voltado para o público externo, portanto, considerando o fato de que as mídias sociais representam um alto grau de interação com o mundo exterior, esse departamento não está equipado para liderar iniciativas nessa área (e embora eu jamais tenha ouvido qualquer afirmação de que o RH deveria ser o líder desses esforços, já escutei – com frequência de pessoas ligadas a esse departamento – que o RH deveria exercer uma função orientadora ao longo do desenvolvimento do programa). Além disso, o RH existe, pelo menos em parte, para proteger os empregados e, portanto, poderá demonstrar um instinto natural de aversão a riscos – traço este que não é adequado à liderança de um programa de mídias sociais. Portanto, embora o RH deva exercer um papel legítimo nos bastidores do processo, ele não é a melhor escolha para assumir a liderança.

Tecnologia de Informação (TI) / Desenvolvimento de Redes

Todos os recursos sobre os quais temos discutido até aqui envolvem tecnologia, correto? O fato é que, independentemente de estarmos nos referindo ao acesso *on-line* ou à questão de mobilidade, todas as redes e conversações às quais desejamos ter acesso dependem de tecnologia para existir. Se quisermos, por exemplo, que nossas equipes de trabalho sejam capazes de utilizar tais facilidades dentro do escritório, caberá ao departamento de Tecnologia de Informação (TI) disponibilizá-las. Nesse caso, a capacidade de garantir aos empregados de uma empresa o acesso a plataformas como Facebook ou YouTube , teoricamente criaria uma necessidade de que o próprio TI assumisse a liderança do programa de mídias sociais. É certo que os aplicativos e acessos móveis envolvem o TI – e, em alguns casos, o *know-how* inerente à criação de novos aplicativos para sua organização poderá, de fato, estar nas mãos de alguém dos setores de TI ou Desenvolvimento de Redes. Muitos dos pioneiros na adoção de novas plataformas ou tecnologias serão justamente as pessoas que 1º) já trabalham com elas, 2º) foram responsáveis por inventá-las ou 3º) se sentem absolutamente entusiasmadas com cada nova possibilidade tecnológica que emerge no mercado. Com frequência, os indivíduos que trabalham em TI, assim como colegas e amigos que fazem parte de suas comunidades, serão os responsáveis não apenas por descobrir o surgimento do mais novo "grande produto" do mercado, mas também por alertar os setores de *marketing* e comunicações sobre a novidade antes mesmo que o referido produto seja naturalmente percebido por eles. Não faria sentido, então, que o TI estivesse no comando do programa de mídias sociais, uma vez que, em seu âmago, tais mídias são digitais e tecnológicas?

Não. Como discutido anteriormente, o conceito de mídias sociais não tem nada a ver com questões tecnológicas. A tecnologia, neste caso, funciona meramente como "capacitadora" de uma dinâmica bem mais ampla que abriga constantes mudanças 1º) no modo como os consumidores obtêm informações, 2º) nas redes por meio das quais essas informações são transmitidas e 3º) nas fontes de informações em que as pessoas irão confiar. As mídias sociais dizem respeito ao mundo exterior, enquanto o TI, pelo menos na maioria das organizações, está voltado para o atendimento e a solução de problemas de um público interno, e dispõe de pouca experiência nas áreas de interação com o cliente ou atendimento ao consumidor. Em um ambiente em que qualquer equívoco, por menor que seja, poderá ser criticado e divulgado de modo viral antes mesmo que se tenha tempo de perceber que alguém está descontente com você ou com a sua empresa, seria mesmo uma boa ideia entregar o comando de um programa de mídias sociais a uma equipe totalmente despreparada para interagir com o público externo?

Na verdade, conheço pessoalmente várias empresas nas quais o programa de mídias sociais é comandado pelo setor de desenvolvimento de redes; também já estive em várias organizações nas quais o setor de TI tem argumentado de maneira incansável que as mídias sociais são uma questão de adoção e incorporação de novas tecnologias e que, portanto, qualquer esforço nesse sentido deveria ser de total responsabilidade do TI. Particularmente eu não poderia discordar mais dessa visão. Sem dúvida o departamento de TI exerce um papel fundamental no processo: garantir o suporte necessário à implantação de ferramentas que viabilizem a presença da empresa nas mídias sociais, em especial dentro dos limites físicos da organização. Entretanto, o gerenciamento da presença de uma companhia nas mídias sociais **não deverá**, em hipótese alguma, ficar a **cargo do setor de TI**. Em última análise, as habilidades necessárias para gerir as plataformas sociais podem estar de fato nas mãos de sua equipe de tecnologia, porém, aquelas necessárias para consolidar a presença de sua empresa *on-line* certamente não estão.

Condições ideais para se alcançar o sucesso

Então qual é de fato a situação atual? É óbvio que existem inúmeros setores dentro de uma organização que, pelo menos de algum modo, estão ligados às mídias sociais – e vários deles apresentam clamores legítimos para assumir a liderança nas iniciativas nessa área. De modo ideal, será possível chegar a um consenso dentro da empresa – e estabelecer um grupo híbrido formado por funcionários de RP/comunicações, *marketing* e serviço de atendimento a clientes, que possa contar ainda com algum suporte do RH e do TI, capaz de tomar decisões conjuntas sobre as mais diversas iniciativas em mídias sociais, e de operar em uma estrutura na qual todos os envolvidos possam continuamente se manter informados sobre as contribuições e sugestões uns dos outros. Contudo, mesmo dentro de um grupo como este, alguém terá de assumir a responsabilidade pela tomada de decisões, pelo estabelecimento dos melhores cursos de ação e também pela solução de conflitos. Para fazer uma analogia com o futebol, talvez sua equipe esteja repleta de excelentes jogadores, mas na hora de cobrar um pênalti em uma partida decisiva, será preciso escalar aquele atleta que realmente esteja física e psicologicamente preparado para assumir tal responsabilidade. Mas quando o assunto é o controle do programa de mídias sociais, quem seria esse "jogador"? Quem afinal deveria ser o "proprietário" das iniciativas nas redes sociais?

O fato é que a interação de mão dupla demandada pelos públicos alcançados por meio das mídias sociais é simplesmente fundamental para o sucesso de longo prazo em qualquer empresa. O problema é que a maioria dos departamentos de *marketing* (pelos menos aqueles que tive a oportunidade de conhecer ou sobre os quais ouvi falar em minhas conversas com outros líderes de mídias) não "consegue" interagir **com** as pessoas sem tentar vender algum produto **para** elas. Sendo assim, na maioria dos casos, entregar a esse departamento todo o controle sobre as mídias sociais significará que seus esforços não contarão com a capacidade de mudar radicalmente as táticas e o modo de pensar até então adotados, embora tais alterações sejam cruciais para se alcançar a vitória. Ironicamente, a despeito de o setor de mídias sociais cada vez mais se referir ao seu trabalho como *marketing*, a maioria dos profissionais mais fortes por trás dessas iniciativas ostenta um *background* (formação) na área de comunicações; além disso, grande parte dos programas corporativos mais completos e elogiados do mundo é liderada pelos departamentos de comunicações e RP.

A importância da colaboração

De modo algum o que foi dito anteriormente diminui a validade das contribuições e das opiniões dos demais pleiteantes – e cabe à equipe de comunicações desenvolver e manter programas de mídia social que incorporem os pontos fortes e as necessidades de todas as funções empresariais, em especial, do *marketing*. A implementação de ações unilaterais ou a arrogância excessiva por parte do setor de comunicações impedem que todos os recursos disponíveis na empresa sejam devidamente aproveitados nas mídias sociais – e, em muitos casos, tais atitudes poderão levar a batalhas internas desnecessárias e improdutivas.

Na IBM, quando começamos a planejar nosso programa de mídias sociais, criamos um *site* colaborativo protegido pelo *firewall* (programa que impede o acesso de usuários não autorizados) da empresa e passamos a contar com a colaboração de cerca de 25 funcionários da empresa que, na época, possuíam os *blogs* mais ativos e demonstravam mais conhecimento sobre o ambiente virtual. O objetivo era que essas pessoas nos ajudassem a estabelecer os princípios que seriam mais tarde propostos para análise. Essa dinâmica estabeleceu o tom desde o começo, e as iniciativas de mídia social – embora nominalmente lideradas pelo departamento de comunicações – sempre foram vistas como uma função e um processo colaborativos. Havia poucos "conflitos territoriais" conforme o programa se desenvolvia, e isso certamente se deve ao modo como todo o processo foi inicialmente montado – com orientação para o trabalho em equipe.

A Dell também experimentou um processo coletivo similar em termos de evolução. Richard Binhammer explica que embora inicialmente a equipe responsável pela comunicação *on-line* da empresa se concentrasse apenas em oferecer suporte técnico aos clientes, logo ficou claro que havia outras grandes oportunidades escondidas ali. "Havia, por exemplo, questões relativas à própria reputação da empresa que poderiam ser abordadas;" ele se recorda, "outras relacionadas à transformação de nossos negócios; esclarecimentos sobre o papel de Michael Dell, depois que ele reassumiu como CEO da empresa. Poderíamos também discorrer sobre o meio ambiente e nossos programas ambientais ou simplesmente falar sobre nosso modelo de negócios, que está em constante desenvolvimento. Enfim, havia muito mais a se fazer *on-line* que simplesmente oferecer suporte técnico aos clientes."[5] Na época, a empresa reuniu membros da equipe de suporte técnico, que já estava acostumada a interagir com o público externo, membros da equipe de comunicações e, finalmente, Richard Binhammer, do setor de RP, formando assim um novo grupo que ficaria responsável pelo programa de mídias sociais. Richard afirma que ocorreram pouquíssimos conflitos territoriais ao longo dos últimos anos em que o programa se desenvolveu – e assim como na IBM, ele considera que isso se deva à cultura da empresa, que desde o início adotou o programa como uma ferramenta comercial aplicável em toda a organização, não como um instrumento de *marketing*, de comunicações ou do serviço de atendimento ao consumidor.

Infelizmente, nem sempre o que é "ideal" acontece. Em muitas empresas, um grupo específico geralmente assume o comando – seja por causa da estrutura da empresa ou até por acidente – e se mobiliza à frente dos demais. A despeito dos esforços bem intencionados das pessoas responsáveis por comandar o programa, conflitos territoriais acabam ocorrendo – especialmente quando a organização começa a vislumbrar a possibilidade de sucesso de suas iniciativas sociais.

Isso se aplica ainda mais se a empresa estiver passando por outras mudanças que não estejam relacionadas às mídias sociais. Na GM, por exemplo, nós lançamos nosso programa justamente na mesma época em que tivemos de enfrentar todos os paroxismos inerentes ao processo de falência, à necessidade de reestruturação radical da empresa e às pressões intrínsecas à reconstrução de suas marcas. As pessoas estavam perdendo o emprego, enquanto os que permaneciam no trabalho se viam forçados a provar sua capacidade na função ou encontrar algo que as tornasse mais valiosas para a companhia. As mídias sociais estavam alcançando maior proeminência e atraindo cada vez mais a atenção tanto dos meios de comunicação tradicionais como da impressa direcionada ao *marketing* e RP. Então, pelo menos na mente de algumas pessoas, as mídias sociais representavam segurança no emprego, então, muitos indivíduos dentro das organizações acabaram gravitando para esse setor na expectativa de torná-lo seu próprio território.

Hoje, ao olhar para o passado, devo dizer que, embora eu tenha me sentido e ainda me sinta orgulhoso por ter sido contratado para o departamento de comunicações e também por ter liderado o programa de mídias sociais da GM, a partir de uma posição no RP, eu gostaria de ter feito um trabalho melhor no sentido de atrair o departamento de *marketing* no processo e também de tê-lo feito mais cedo. Talvez nos pudéssemos ter sido mais eficientes e evitado algumas disputas internas pelo poder que, em certas ocasiões, afetaram nosso programa nos anos de 2010 e 2011. (Na verdade, no final de 2010, o departamento de *marketing* da GM acabou contratando sua própria agência de mídias sociais e, então, passou a desenvolver seus próprios programas sociais – primeiro de maneira independente do já estabelecido e, finalmente, substituindo o primeiro. Embora existam várias razões para isso ter ocorrido – e é bem possível que tivesse acontecido independentemente do que fizéssemos no setor de comunicações –, não posso deixar de imaginar se teria sido possível evitar parte da duplicação de ações e das incertezas que se formaram se tivéssemos trabalhado de maneira mais próxima do *marketing* e tentado diminuir as percepções que eles provavelmente tinham de que nosso programa não incluía suas necessidades.)

Liderando de maneira inclusiva

Se o objetivo for começar do zero em uma empresa, como devemos fazer para estabelecer clareza de propósito e o caminho específico que cada linha de autoridade irá percorrer? Em primeiro lugar, é importante salientar que o ponto de partida não deverá ser uma ação, mas uma atitude mental: visualizando as mídias sociais como uma ferramenta **para toda a empresa**, não apenas para o *marketing*, o RP e/ou o serviço de atendimento ao consumidor. Quando começamos a construir um programa de mídias sociais tendo em mente o benefício da organização como um todo, temos mais chances de considerar as mais variadas necessidades e os mais diversos objetivos da companhia – o que, em última análise, ajudará a prevenir eventuais esforços paralelos e/ou conflitos territoriais futuros, uma vez que, em um cenário marcado pela participação conjunta, nenhum grupo é negligenciado, tampouco suas necessidades.

Em segundo lugar, independentemente de qual grupo esteja responsável por contratar o profissional ou definir o departamento que irá liderar o programa, caberá a essa equipe agir de maneira proativa no sentido de arrebanhar todos os setores já mencionados neste livro. (É uma pressuposição natural imaginar que o executivo patrocinador cuidará da contratação ou estimulará a iniciativa, portanto, é bem provável que caiba a ele envolver toda a comunidade.) Permita que o resto da empresa saiba que você está contratando. Verifique se existem discussões ou conflitos em relação ao **direito** do grupo de contratar uma liderança. Sejam quais forem as "guerras" territoriais que surjam pelo caminho, estas deverão ser imediatamente enfrentadas pelo executivo patrocinador e por sua equipe, antes que o novo departamento ou programa seja estabelecido e/ou que uma liderança seja contratada. (Isso, aliás, poderá representar um ótimo teste para verificar a habilidade do executivo patrocinador de defender de maneira bem-sucedida sua visão e de se firmar no papel de defensor das mídias sociais dentro da classificação dos executivos da empresa.) Sem um acordo nesse nível mais elementar da negociação, a empresa estará apenas abrindo caminho para futuras batalhas internas e discórdia, justamente quando sua energia seria investida de maneira mais útil e positiva com os públicos externos e clientes.

Em empresas menores, é bem possível que não ocorram conflitos ou desacordos em relação à **liderança** – pelo contrário, é provável que o fato de alguém desejar assumir essa tarefa cause um sentimento de alívio entre todos os demais membros da equipe. Mesmo assim, aqueles que estiverem iniciando o programa deverão ser muitos cuidadosos e, tanto quanto possível, buscar o apoio e a adesão do resto do grupo. Vale ressaltar também que, mesmo quando um número menor de indivíduos deseja estar à frente do programa de mídias sociais, é fundamental que suas necessidades e seus interesses sejam devidamente considerados ao longo da criação do programa. Imagino que isso seja ainda mais crucial em empresas sem fins lucrativos – levando-se em conta a escassez de recursos (tanto em termos de dinheiro quanto de capital humano), a colaboração e a adesão de todas as partes serão vitais para o bom desenvolvimento de um programa de mídias sociais.

Assim que toda a liderança da empresa estiver de acordo, será possível seguir em frente e estabelecer uma estrutura que assegure que todas as partes da organização sejam representadas no programa, independentemente de quem esteja à frente da iniciativa. Na GM, criamos o que foi denominado **"Clube Social"** (na época, acreditamos que um nome mais formal afastaria as pessoas; por outro lado, se elas imaginassem que haveria bebida e diversão, talvez se sentissem mais atraídas a participar). O Clube Social era basicamente uma reunião semanal entre os representantes de *marketing* e RP de todas as marcas da empresa (Chevrolet, Buick, GMC, Cadillac), que, aliás, consideravam as mídias sociais como parte de sua própria responsabilidade. O encontro contava também com a participação de representantes do setor jurídico, dos departamentos de atendimento ao consumidor e TI, e, ocasionalmente, de alguma agência com a qual mantínhamos parceria. Durante essas reuniões nós costumávamos difundir as melhores práticas da empresa, solicitar assistência uns dos outros para novos programas e iniciativas, e manter todo o grupo informado quanto ao surgimento de novas plataformas, tecnologias e até oportunidades. Por exemplo, no final de 2008, Phil Colley – que na época ocupava a função de líder de mídias sociais para o Chevrolet *Volt* – utilizou o encontro do Clube Social para compartilhar com todos uma nova tecnologia de *chat*, a

CoveritLive[iv], que seria utilizada nos esforços de mídia para o automóvel *Volt*. Todos nós ficamos impressionados com as possibilidades oferecidas pelo sistema e, em poucas semanas, muitos dos membros do Clube Social já estavam usando a ferramenta para conduzir *chats* ao vivo entre nossos executivos e os consumidores. Durante as semanas que antecederam e sucederam ao pedido de falência, utilizamos esse mecanismo para veicular vários bate-papos com altos executivos da empresa (incluindo Fritz Henderson, que, na época, era o CEO da GM) – isso representou uma abertura sem precedentes em um período obviamente bastante conturbado e crítico não apenas para a organização, mas para os contribuintes norte-americanos, e foi algo que fomos capazes de empregar de maneira simples, rápida e barata. Esses bate-papos foram uma espécie de "pedra fundamental" em nossa estratégia de comunicação durante o período de falência, e o instrumento que possibilitou tudo isso foi compartilhado dentro da empresa por meio do Clube Social. Este foi apenas um exemplo de algo que surgiu primeiramente no Clube Social e foi então adotado em todas as práticas de mídias sociais da GM.

É muito importante não fazer dessa estrutura algo extremamente formal ou transformar cada encontro em mais uma daquelas intermináveis reuniões da organização. Isso fará com que as pessoas rapidamente percam o entusiasmo e deixem de participar da iniciativa. Além disso, se agir desse modo, o programa social logo sofrerá um processo inconsciente de estruturação, o que destituirá dele toda e qualquer espontaneidade e possibilidade de sucesso. Uma boa dica é considerar a possibilidade de realizar as reuniões fora do espaço normalmente utilizado para conferências formais (Na GM, por exemplo, vários dos nossos primeiros encontros ocorreram no bar de um dos restauran-

---

iv Trata-se de uma ferramenta utilizada na cobertura *on-line* e ao vivo de eventos. Ela permite que qualquer internauta poste vídeos e fotos de um evento do qual esteja participando, assim como comentários, tudo em tempo real. A cobertura permite ainda que qualquer pessoa que esteja assistindo a transmissão poste perguntas, também ao vivo, possibilitando total interação. (N.T.)

tes localizados no Renaissance Centre[v] – não pelas bebidas, é claro, mas pela fantástica vista do rio Detroit e da bela silhueta de Windsor, em Ontário, no Canadá, que nos inspirava a trabalhar e reforçava o sentimento de que aquela não seria "mais uma cansativa reunião da empresa".) Contudo, algum tipo de estruturação deverá ser mantida. É importante, por exemplo, saber de antemão o que será discutido em cada reunião, sem, no entanto, deixar de encorajar a espontaneidade nem temer eventuais processos de *brainstorming* que ocorram naturalmente. Assim como nas mídias sociais de modo geral, há um equilíbrio delicado entre disciplina e criatividade que precisa ser encontrado.

Outra dica importante é não ceder à estrutura corporativa habitual durante os encontros – nem todo mundo deverá se sentir obrigado a falar ou a oferecer um relatório pronto aos demais participantes. A atmosfera deverá favorecer a participação espontânea dos membros, portanto, apenas certifique-se de que os representantes de todos os departamentos que estejam, de algum modo, ligados ao programa de mídias sociais tenham acesso a todas as novas informações e ferramentas, e não deixe de encorajar todos os participantes a compartilhar os programas e as iniciativas que estiverem preparando. As lições aprendidas ao longo do processo também devem ser compartilhadas – isso inclui dados sobre o que **não** funcionou e também sobre coisas que **não** devem ser feitas. O líder desses encontros deverá cultivar um ambiente em que ninguém tenha medo de reportar eventuais "fracassos" – em um espaço emergente como o das mídias sociais, certamente haverá passos equivocados e ações que você não realizará novamente. Esses casos não devem ser vistos como insucessos ou desempenho insuficiente; eles representam oportunidades valiosas para se refinar o que está sendo feito. É fundamental, portanto, promover uma cultura de recompensa pelo compartilhamento de tudo o que não funcionou, assim como daquilo que deu certo.

---

v Referência à sede global da General Motors (GM), onde ficam cerca de 5 mil funcionários da própria GM, além de outras 4 mil pessoas que trabalham em outras empresas (cinemas, restaurantes, consulados, academia de ginástica, centro financeiro, hotel etc.) que alugam espaço em uma das sete torres que compõem o complexo. (N.T.)

Em última instância, o principal objetivo por trás dessas reuniões é permitir que o líder dos programas sociais se certifique de que: 1º) toda a empresa está integrando as mídias sociais em cada uma de suas funções específicas; 2º) todas as necessidades e todos os objetivos de cada setor da organização estão sendo considerados; e 3º) as informações estão sendo compartilhadas livremente entre todas as áreas da companhia.

O papel do executivo patrocinador continua a se mostrar vital na companhia. É inevitável que desacordos surjam entre os integrantes do seu próprio Clube Social. Com frequência, essas desavenças serão facilmente resolvidas por meio da discussão dos tópicos problemáticos e do alcance de um consenso. Na maioria dos demais casos, o líder das mídias sociais deverá ser capaz de tomar uma decisão final que seja respeitada e aceita por todos dentro da empresa. Contudo, em alguns casos, haverá debates que não poderão ser resolvidos ou respostas que uma parte específica da companhia não esteja disposta a aceitar. Nessas ocasiões, caberá ao executivo patrocinador assumir o comando da situação, seja defendendo a decisão tomada pela liderança do programa e, se necessário, fazendo com que ela seja cumprida por todos, ou tomando uma decisão pessoal e final à qual toda a empresa deva respeitar. A falta desse tipo de atitude por parte do executivo patrocinador poderá gerar anarquia e falta de coesão entre as partes envolvidas.

Vale ressaltar que o grupo formado por essas lideranças deverá se reunir com frequência e regularidade, principalmente considerando o fato de que as redes sociais sofrem constantes mudanças. Afinal, cabe a essa equipe a tarefa de ajudar a empresa a se ajustar sempre que uma nova plataforma emerge no mercado ou o Facebook anuncia mais alguma mudança em seu serviço. Dada a natureza imediatista das redes sociais, e a expectativa do público em relação à obtenção de respostas instantâneas para quaisquer problemas que surgirem, esses encontros frequentes permitirão que sua empresa esteja sempre preparada para oferecer ao consumidor respostas rápidas e bem coordenadas diante de situações de crise na rede ou na empresa. Richard Binhammer confirma a importância de tudo isso ao se recordar da época em que os departamentos de suporte técnico, comunicações, *marketing* e relações públicas da Dell se reuniam para construir o programa de redes sociais durante o período entre 2006 e 2007. "Somente mais tarde percebemos que o que realmente havíamos criado logo nos primeiros dias de trabalho era uma equipe que estaria preparada para oferecer respostas rápidas em situações de crise. Na época nós não sabíamos disso, mas foi exatamente o que aconteceu."[6] A menos que a organização já possua um grupo pronto para enfrentar quaisquer adversidades repentinas, será impossível reunir as pessoas mais adequadas e dispostas a fazê-lo em um curto espaço de tempo.

Acredito que nesse momento (pelo menos é isso que espero) já exista um claro entendimento por parte da liderança sênior da empresa sobre os seguintes fatos: 1º) as mídias sociais são uma ferramenta para toda a organização; e 2º) todo e qualquer esforço nessa área deverá incluir todos os departamentos da organização. Em teoria, um executivo patrocinador bem estabelecido e bem preparado também já terá definido junto aos altos executivos da organização quem irá liderar as iniciativas na área de mídias sociais – um setor específico da empresa ou um grupo híbrido formado por representantes de vários departamentos interessados –, e informado ao resto da companhia quem terá a autoridade para mediar conflitos relacionados ao programa. Nesse momento, também já deverá existir uma estratégia montada para que todos se mantenham devidamente informados e trabalhando de maneira coordenada. E desde que todos esses cuidados tenham sido tomados, é possível que eventuais batalhas internas pelo poder ou conflitos territoriais possam ser evitados antes mesmo de serem deflagrados. A partir de agora a organização estará pronta para dar o passo mais importante: contratar ou promover o indivíduo que representará sua marca nas redes sociais, ou seja, a pessoa que ficará encarregada de promover as mídias sociais por trás do *firewall*. A próxima peça do quebra-cabeça é o evangelista de mídias sociais.

CAPÍTULO 4

O EVANGELISTA DAS MÍDIAS SOCIAIS

É preciso encarar o fato de que quando a maioria das pessoas pensa em mídias sócias dentro das grandes marcas, o primeiro profissional que lhes vem à mente é o **evangelista de mídias sociais**. Sendo assim, nomes como o de Richard Binhammer e Lionel Menchaca, na Dell, de Paula Berg, na Southwest Airlines, de Sott Monty, na Ford, e de Frank Eliason, na Comcast, são provavelmente os mais reconhecidos nessa área. (Talvez você tenha inclusive se lembrado do meu nome e do meu trabalho na IBM e na GM. E já que você está lendo este livro, eu espero mesmo que isso tenha acontecido.)

Na verdade, o cargo pode mesmo parecer bastante glamoroso, afinal, aqueles que representam uma grande marca dentro das redes sociais se tornam "a face humana" dessa organização para milhões de pessoas *on-line*. As respostas que esses indivíduos fornecem aos seus seguidores no Twitter são absolutamente cobiçadas. Milhares (dezenas e até centenas de milhares) de pessoas leem os *blogs* desses representantes, que, aliás, são convidados a participar de inúmeras conferências sobre mídias sociais em todo o mundo.

Devo admitir que todos esses aspectos associados à posição de líder de mídias são muito excitantes. Entretanto, isso não representa a maior parte do trabalho. O fato é que, às vezes, a tarefa não é nem um pouco divertida. Por exemplo, se você for o líder de mídias sociais em uma organização que, de algum modo, tenha tomado alguma atitude impopular na opinião das pessoas, pode ter a certeza de que o público *on-line* se voltará para **você**, independentemente de você ter ou não alguma responsabilidade pelo ocorrido. (Efetivamente, seu papel será o de defender diante do público uma ação ou decisão da empresa que talvez você mesmo tenha **desaconselhado** nos bastidores.) Vale relembrar que a parte pública da função é apenas uma pequena porção do trabalho de um líder de mídias sociais; você certamente gastará mais tempo em salas de reunião que em conferências internacionais; conversará mais com seus colegas de escritório do que com os grandes influenciadores *on-line*; vencerá ou perderá as maiores batalhas de sua vida profissional dentro das quatro paredes da empresa, onde nenhum especialista em mídias sociais e nenhuma publicação voltada para o *marketing* jamais terá acesso a você ou às suas realizações. **Será que você ainda considera esta uma função glamorosa?**

Mas você não é o único a ter um entendimento equivocado da função. As grandes marcas também cometem erros de percepção organizacional quando o assunto é o papel e a função de um líder de mídias sociais. Encontrar o indivíduo certo para ocupar esse cargo não é algo tão simples quanto contratar alguém para escrever alguns artigos no *blog* da empresa. Também não é tão fácil quanto simplesmente designar um funcionário do serviço de atendimento ao consumidor para cuidar da página do Facebook da companhia ou encontrar alguém capaz de criar bons vídeos e/ou conteúdo para publicar nas redes sociais. Vale ressaltar que não é possível empregar nas redes sociais alguém que esteja acostumado aos sistemas tradicionais de *marketing* e de comunicações, achando que esse indivíduo conseguirá tornar sua empresa uma líder dentro desse ambiente. Na verdade, existe um conjunto específico e fundamental de habilidades que esse indivíduo terá de apresentar para que possa ser visto como um líder de mídias sociais em uma grande marca: ele terá de demonstrar uma combinação de bom senso, conhecimento do negócio, senso de *marketing*, sintonia com o público e um pouquinho das características de um típico *geek* – alguém que apresente habilidades especiais na área de tecnologia e interesse acima da média por novas mídias e programação. Além disso, e de modo ideal, essa pessoa não deverá exibir um ego superdesenvolvido.

Um verdadeiro e bem-sucedido líder de mídias sociais de uma grande organização representa muito mais que um "administrador de comunidade". Não se trata apenas de ser ao mesmo tempo sagaz e sutil, de demonstrar uma personalidade magnética e de ser mais jovial e divertido do que as pessoas em geral esperam de alguém que trabalhe em uma empresa de grande porte – embora, é claro, uma boa personalidade seja crucial para o sucesso, já que o papel do líder de mídias sociais é justamente evangelizar seus públicos externo e interno. Em relação ao primeiro – o público externo –, o evangelista tem a função de converter novos consumidores para a marca que representa, operando dentro de um ambiente muitas vezes hostil, utilizando-se de canais que podem não responder muito bem à presença de marcas em geral e lidando com um segmento que definitivamente não quer receber propagandas nem ser alvo de campanhas de venda (pelo menos não das formas tradicionais).

Já em relação ao público interno, o evangelista trabalha com o intuito de convencer seus colegas de que: 1º) os canais de mídia social são realmente importantes e devem ser levados à sério; 2º) um novo *hit* apresentado pelo *Mashable*[i] pode, às vezes, se mostrar tão valioso quanto outro propagandeado pelo *The Wall Street Journal*[ii]; 3º) a organização deveria investir tanto tempo em ganhar a confiança de uma mãe em uma cidadezinha do interior que escreve um *blog* para um jornal local, ou investir tanto dinheiro para amealhar um público de *geeks*, como já investe para alcançar telespectadores de grandes redes e leitores de conceituadas revistas. Não se engane: a função mais importante de um líder de mídias sociais é **vender** – sejam novas ideias ou novos jeitos de perceber uma marca, seus produtos ou serviços. É por isso que ainda é seguro chamar esse profissional de **"evangelista"** dentro de sua organização, mesmo quando uma presença nas mídias sociais já tiver sido estabelecida há muito tempo.

Além disso, é fundamental que todos se lembrem de que a simples existência de um evangelista dentro da empresa, e o fato de esse pro-

---

i Trata-se do maior e mais popular *site* independente de notícias sobre mídias sociais, culturas digitais e tecnologia, com sede em Nova York. (N.T.)

ii Trata-se de um dos jornais de maior circulação nos EUA, com cerca de 2.1 milhões de exemplares semanais. (N.T.)

fissional possuir uma ótima personalidade, não significa que a marca irá garantir sua presença nas mídias sociais – pelo menos não se deve partir desse pressuposto. A marca deve manter uma clara perspectiva sobre esta pessoa, sobre o trabalho que ela está realizando e o papel que a própria companhia precisa que ela desempenhe. Contar com uma "estrela" das mídias sociais em sua equipe pode até ser um bom começo, desde que esse indivíduo se encaixe bem com a proposta da marca. Todavia, este profissional não deve representar em si mesmo todos os esforços de mídia social de uma empresa.

Em outras palavras, empregar alguém que seja muito bom em mídias sociais não é o mesmo que possuir um excelente programa nessa área. Tal distinção é crucial, mas, com frequência, é negligenciada por um grande número de organizações até que seja tarde demais – ocasião em que se veem obrigadas a testemunhar o êxodo de todos os seus contatos e a perda de todo o seu patrimônio de mídias sociais em função da saída do profissional do setor que decidiu trabalhar para outra marca. Portanto, o que uma empresa deve buscar não é uma estrela das mídias sociais, mas um líder que se mostre verdadeiramente hábil dentro e fora das paredes da organização – alguém que esteja disposto não apenas a ser a face da companhia *on-line*, mas que construa um programa de mídias e o coloque em prática **dentro** da empresa. Caso este profissional **se torne** conhecido e respeitado no setor como resultado de seu empenho, perfeito, mas é o **trabalho** dele e não o quanto é **reconhecido** que importa.

Dito isso, é importante lembrar que o indivíduo encarregado de ser o evangelista de mídias sociais de uma marca será também a pessoa mais **crucial** dentro do programa. Seu nome será o mais associado à marca dentro das redes sociais e é bem provável que ele se torne o alvo principal de vários influenciadores de opinião, que o procurarão com ótimas oportunidades para a marca. Com frequência, caberá a esse indivíduo representar a empresa em conferências e outros eventos de mídia social. O mais importante, entretanto, é o fato de que essa pessoa ajudará a empresa a agregar as redes sociais nas estratégias dos departamentos de *marketing*, comunicações e atendimento ao consumidor. Caberá a ela manter-se nos bastidores e estabelecer as direções que a empresa seguirá, ensinar ao resto da empresa como fazer um bom trabalho utilizando as mídias sociais e assegurar que todos os esforços da organização façam sentido não apenas para as próprias mídias, mas também para os negócios.

Ao longo do restante desse capítulo, discutiremos algumas das características necessárias para um bom líder ou evangelista de mídias sociais, assim como os papeis que precisará desempenhar e as responsabilidades que terá de assumir para tornar sua marca bem-sucedida. Talvez você visualize a si mesmo nessa descrição, caso aspire representar uma marca; ou talvez você vislumbre alguém em sua própria empresa, caso esteja em busca de um profissional para assumir o cargo. É possível também que você identifique alguém que já esteja passando pelo processo seletivo ou que gostaria de entrevistar. Caso esteja se candidatando para uma posição de liderança de mídias, é preciso saber o que seus empregadores em potencial buscam neste profissional. Se, em contrapartida, estiver contratando, esta seção lhe dará um melhor entendimento sobre quais características distinguem os candidatos mais fortes dos mais fracos.

O grande líder é aquele que se envolve de maneira ativa nas redes sociais

O fato de o envolvimento ativo do líder nas redes sociais ser algo crucial para toda e qualquer empresa pode até parecer óbvio. Quem, afinal, colocaria alguém que sequer possui uma TV no comando de sua própria estratégia de propaganda? Todavia, a maioria das pessoas ficaria surpresa com o grande número de empresas que veem as mídias sociais como apenas mais um canal de venda, e entregam o gerenciamento do programa para alguém do *marketing* ou do departamento de RP, deixando-o nas mãos de indivíduos que mal sabem utilizar o Facebook, mantêm somente contas protegidas no Twitter (quando as possuem) e não fazem a menor ideia de como iniciar seus próprios *blogs*. Porém, se o líder de mídias sociais de uma empresa não for suficientemente ativo nas comunidades *on-line*, ele jamais entenderá o funcionamento e as dinâmicas por trás delas – algo vital para o sucesso da companhia. Além disso, sem um diálogo regular com o seu público *on-line*, a organização irá deparar com algumas questões básicas:

- Como ela saberá o que o seu público-alvo realmente deseja de sua marca?
- Como descobrirá se eventualmente as pessoas não gostaram de algo em seus produtos e/ou serviços?
- Como alcançará credibilidade nas mídias sociais se o indivíduo no comando do programa da empresa sequer for ativo nessas plataformas?
- Como seu evangelista de mídias sociais terá uma noção exata sobre o que há de novo no mercado e deve ser explorado ou experimentado por sua empresa – ou será que você preferiria que ele ouvisse comentários de influenciadores e/ou de membros da comunidade *on-line* com os quais eventualmente tivesse a oportunidade de conversar ou até mesmo que obtivesse informações de segunda mão (ou terceira ou quarta), oriundas de alguma agência ou até de um subalterno?

Há, entretanto, outra razão importante para se manter a liderança de mídias sociais de uma empresa ativa nas redes sociais: a **assunção de responsabilidades**. Espera-se que os esforços de uma empresa na área de mídias sociais sejam bem recebidos e até apreciados por seu público-alvo. Contudo, haverá ocasiões em que a organização tomará alguma atitude que não será aprovada por essa mesma comunidade. Quando isso ocorrer, surgirão comentários na Internet e, nesse caso, o indivíduo responsável pela "ideia ruim" deverá estar a postos para ouvir o *feedback* negativo. Como David Puner costuma dizer: "Se for o responsável por uma determinada ação, caberá a você arcar com as consequências de seus atos."[1] Não seria justo, afinal, que outra pessoa enfrentasse a frustração e a desaprovação de toda uma comunidade por algo que tenha sido idealizado por outro indivíduo. Na verdade, o público *on-line* **espera** que as marcas apliquem esse tipo de **"responsabilização"**. Manter as pessoas responsáveis pela formulação de suas estratégias de mídias sociais envolvidas nessas redes e interagindo frequentemente com as comunidades às quais elas tentam alcançar é, portanto, uma questão básica de credibilidade.

Porém, além de se manter ativo nas mídias sociais o líder precisará ostentar outras qualidades fundamentais – o que significa que, para se mostrar eficiente, o evangelista de sua empresa não terá de **vir** obrigatoriamente desse nicho específico do mercado. Será plenamente possível para alguém do mundo corporativo ou organizacional construir um programa vencedor – desde que essa pessoa esteja **disposta** a correr riscos, escutar seu público-alvo e ajustar suas ideias sempre que necessário. Em última análise, o sucesso de uma organização na área de mídias sociais está relacionado às habilidades e aos instintos do indivíduo que exerce a função, e independe de esta pessoa ser um especialista na área, ou não.

Há indivíduos que simplesmente entendem como as outras pessoas pensam e sabem como se relacionar com elas – não como uma "plateia" que precisa ser saciada ou um "grupo de consumo" que deve ser explorado e cujas fraquezas têm de ser aproveitadas, mas como **seres humanos merecedores de respeito**; como iguais dentro de uma conversação. Na verdade, são esses os profissionais mais procurados nas conferências; os que recebem altos salários pelo serviço de consultoria que oferecem às empresas; que arrebanham um grande número de seguidores no Twitter e no Facebook; e cujos *blogs* e livros são lidos por centenas de milhares (e até milhões) de interessados. Entretanto, essas pessoas não possuem qualquer fórmula mágica para transformar pixels em ouro, tampouco algum conhecimento secreto que faça deles verdadeiros profetas ou guias espirituais. Elas apenas possuem um conjunto de habilidades que se tornaram fundamentais dentro do ambiente em que vivemos, além de um talento especial para compartilhar aquilo que lhes é absolutamente natural.

Muitas das pessoas com tais habilidades podem ser encontradas em grandes companhias, corporações e organizações, em geral nos departamentos de comunicações ou *marketing*. Eles optaram por essas profissões por serem **extrovertidos** e também por apreciarem a oportunidade de interagirem com os outros e, ao mesmo tempo, serem remunerados por sua **habilidade de persuasão**. Esses indivíduos não são denominados "especialistas em mídias sociais", pois não apresentam a si mesmos dessa maneira nem exercem suas funções como agentes livres dispostos a oferecer seus serviços a qualquer um que esteja disposto a pagar mais. Contudo, eles possuem os mesmos talentos e as mesmas habilidades para transformar uma organização, desde que tenham uma chance de fazê-lo.

Tomemos como exemplo a situação de Lindsay Lebresco, que ao longo de dois anos exerceu a função de líder de mídias sociais na Graco. Durante sua estada na empresa, Lindsay construiu uma forte relação com a comunidade formada por pais, garantindo não apenas sua lealdade, mas também sua afeição pela empresa. Todavia, ela não chegou à Graco como uma forasteira determinada a sacudir a cultura corporativa da empresa; ela já trabalhava ali quando a companhia lançou seu programa de mídias sociais.

No verão norte-americano de 2007, a Graco começou a fazer planos para o ano seguinte. Na época Lindsay era a gerente de RP. Ela se recorda: "O nome de quem gerenciaria 'as mídias sociais' ainda estava no ar; a escolha seria entre o meu nome e o da gerente da equipe de *e-marketing*. Alguns acreditavam que, pelo fato de todo o processo ser realizado por meio da Internet ele deveria ficar a cargo do departamento de *marketing on-line*. Mas, por considerar que aquela era uma iniciativa relacionada bem mais ao setor de comunicações, eu lutei muito pela posição – afinal, o encarregado da função teria como obrigação se comunicar em nome da empresa com os consumidores. Quem estaria mais bem treinado para exercer essa tarefa? Quem estabeleceria uma melhor conexão com os clientes?"[2]

Na Dell, Richard Binhammer trabalhava no departamento de RP quando foi solicitado a colaborar no desenvolvimento do programa de mídias sociais da empresa, que estava emergindo na ocasião – o que, aliás, o deixou surpreso. "Na verdade eu nunca pedi para trabalhar nessa área", ele se recorda. "Eu tive de recorrer à Wikipedia para descobrir o real significado de 'mídias sociais'"[3], complementou ele. Cinco anos mais tarde o programa da Dell já era reconhecido como um dos melhores do mundo, e Richard tornava-se um profissional bastante requisitado para falar sobre as experiências e perspectivas da empresa.

Idade e sabedoria > juventude e inexperiência

Se você está lendo este livro, e independentemente da posição que ocupe em sua empresa – ou, caso você trabalhe em uma agência que ofereça consultoria a grandes organizações, do cargo que o seu cliente ocupe na hierarquia –, acredito que a organização leve a questão de mídias sociais suficientemente a serio para querer fazer tudo da maneira mais correta. Então me responda com toda a honestidade: **por que** você colocaria um estagiário ou um funcionário iniciante na liderança do programa de mídias sociais ou como sua principal presença *on-line*? Quando sua empresa estabeleceu os demais departamentos e as demais funções – *marketing*, comunicações, recursos humanos, jurídico e financeiro –, alguma vez se optou por colocar estagiários no comando? Você escolheria um funcionário novato com apenas algumas semanas de experiência para procurar um jornal de renome internacional e publicar uma história sobre o CEO de sua companhia? Ambos os cenários parecem tão ridículos que é bem provável que você os tenha considerado como exageros – contudo, muitas organizações ainda agem como se a questão das mídias sociais fosse **"algo para os mais jovens"** ou **"não muito sério em termos corporativos"**, ao ponto de considerarem a página do Facebook ou a conta do Twitter da empresa como uma espécie de "projeto de férias" para algum estagiário.

Entretanto, pense no grau de visibilidade dessa função e no quão rápido um comentário pode se espalhar *on-line* caso algo saia errado. (Falaremos mais sobre isso no Capítulo 12, quando discutirmos Kenneth Cole e outros erros memoráveis nas mídias sociais.) Será que você de fato deseja colocar alguém cujo julgamento profissional ainda seja totalmente imaturo em uma posição na qual uma única decisão errada, um único comentário desprovido de informações sólidas ou uma simples resposta petulante seria capaz de causar sérias consequências negativas para sua marca?

O comando das mídias sociais – e, em particular, o gerenciamento de uma comunidade *on-line* – não é uma função que possa ser simplesmente exercida por um dos funcionários mais jovens do escritório. É fato que, pelo menos de um modo relativo, muitos representantes de marca dentro do espaço social são jovens, estão no início de suas carreiras e trabalham há pouco tempo em suas organizações. Isso, contudo, não significa que o cargo deva ser automaticamente oferecido àquele representante da **geração Y**[iii] que ocupa o último cubículo no final do corredor. Seu representante *on-line* exercerá um impacto significativo no modo como sua marca será percebida e respeitada por uma grande porção do seu público-alvo e por milhões de clientes em potencial. Reconheça, portanto, a importância dessa função quando estiver decidindo quem a desempenhará; uma escolha equivocada o assombrará para sempre, e os seu arrependimento será enorme...

Porém, o evangelista de mídias sociais de uma empresa não é apenas um gerente de comunidade. Esse papel não se resume apenas a representar uma organização ou marca *on-line*. Na verdade, a face pública da função é, em muitos aspectos, a menos importante no trabalho de um evangelista.

A visão panorâmica do empreendimento é fundamental

Refiro-me, de fato, a possuir uma **visão panorâmica** do negócio, o que nem sempre significa ter **experiência** no negócio – embora alguma prática no setor sempre contribua para que o indivíduo consiga ver a situação pelo prisma mais adequado. Porém, independentemente de esse profissional ser oriundo do mundo social ou comercial, ao se tornar responsável na instituição da estratégia de mídias sociais de uma marca, ele terá de agir como um homem de negócios que se utiliza das mídias sociais, não como alguém específico do setor de mídias sociais que primeiro se utiliza de táticas sociais e, então, ajusta os negócios de maneira retroativa. O evangelista terá de estabelecer objetivos para o programa que reflitam aqueles do próprio empreendimento, e que consigam ir além das nebulosas métricas que envolvem desde a criação de "burburinho" *on-line*, até a aquisição de fãs no Facebook ou de seguidores no Twitter. Isso significa que ao desenvolver programas de mídias sociais esse indivíduo terá em mente algo mais que simples palavras e frases de efeito como **"engajamento"** ou **"junte-se ao diá-**

---

iii Trata-se da geração de pessoas nascidas entre 1980 e 2000, que abriga os **"nativos digitais"**, ou seja, os indivíduos plenamente acostumados à vida *on-line*, caracterizada pelo uso do *e-mail*, das redes de relacionamento, dos programas de computador, dos aplicativos etc. (N.T.)

logo"; na verdade ele estará mais preocupado em definir o que acontecerá depois que seu público se "engajar" e o que esse mesmo público realmente deseja ao se "juntar" a um diálogo.

A questão das mídias sociais não deveria estar ligada à ideia de as pessoas se sentirem bem ao se relacionarem umas com as outras, tampouco com toda aquela conversa fiada sobre os grandes princípios por trás da humanização de nossas marcas. É claro que a ideia de humanizar as marcas é um dos principais objetivos de um programa de engajamento social, mas o ponto principal de se fazê-lo é construir um melhor relacionamento com **clientes** reais e/ou potenciais. As empresas esperam que por meio desse engajamento, as pessoas passem a se sentir melhor com a ideia de se tornarem clientes – portanto, a principal função do evangelista é impulsionar as vendas.

No mundo real, se um homem pede uma jovem em casamento, mas nunca marca a data da cerimônia, mais cedo ou mais tarde sua noiva perderá a paciência, devolverá a aliança e partirá para uma nova experiência. Sendo assim, jamais se esqueça de que o objetivo por trás de manter um empreendimento em evidência nas mídias sociais é ir além do engajamento superficial e estabelecer um comprometimento real – burburinho sempre faz bem, mas, em última análise, não paga as contas.

Depois que alguém já o viu *on-line*, conversou com você pela Internet ou leu algo que tenha sido escrito sobre sua empresa por um influenciador com o qual já tenha firmado um relacionamento, não seria natural que você esperasse que essa pessoa adquirisse seu produto (fizesse uma doação ou agisse de uma maneira específica – caso sua companhia não tenha fins lucrativos)? Como então o burburinho gerado por uma organização se traduz em resultados reais? O evangelista de uma marca deve se manter constantemente focado em seus objetivos e estar preparado para estabelecer métricas capazes de avaliar o **sucesso do burburinho** *on-line* **e qualquer impacto que ele venha** a causar tanto na forma de vendas como de ações. Engaje-se, mas jamais se esqueça de sua meta – o casamento.

Vale ressaltar que um bom evangelista deverá ser capaz de tomar decisões com base naquilo que faz sentido para a empresa, não apenas para as próprias mídias sociais. Por exemplo, a cada ano ocorrem dúzias de conferências e encontros *on-line* relacionados a mídias sociais – e uma vez que a informação sobre o ativo envolvimento de uma determinada empresa nas redes sociais seja divulgada, ela provavelmente sofrerá uma verdadeira avalanche de pedidos de apoio para tais eventos, de solicitações de patrocínio para que indivíduos possam participar desses encontros, de pedidos de divulgação dos produtos durante esses encontros, e até mesmo de requisições de patrocínio para outros eventos da mesma natureza.

Na verdade isso nem é tão ruim – o envolvimento inteligente com eventos desse tipo e também com blogueiros influenciadores ajuda a divulgar o programa da empresa dentro das comunidades sociais e a estabelecer a marca entre os líderes do espaço social. Todavia, se a decisão sobre tal participação recair sobre ombros errados ou se o responsável não tiver uma clara estratégia comercial em mente, ele poderá acabar envolvendo a empresa em inúmeros eventos e com um grande número de influenciadores apenas para gerar burburinho ou atenção. No final essa atitude talvez contribua para agregar seguidores e visitantes em suas páginas, e até para aumentar sua pontuação de acordo com o Klout, mas, no final das contas, ela não impulsionará seus negócios. É claro que um programa inteligente e bem executado de RP ou *marketing* durante um evento de mídias sociais poderá gerar cobertura para um determinado produto e para uma marca no Mashable; é possível até que a marca se torne um tópico de discussão no Twitter, porém, a menos que você alcance seu público-alvo e consiga afetar suas atitudes e seu comportamento, o burburinho *on-line* será apenas e tão somente burburinho. E a não ser que se tenha um mapa que lhe diga exatamente o que essa movimentação irá lhe proporcionar no futuro ou como você irá lucrar com ela, tudo se **resumirá** em uma **grande oportunidade perdida** – e o impacto do seu programa não será nem de perto tão forte como poderia parecer superficialmente, e tudo por conta de uma grande quantidade de números impressionantes, porém, irreais.

É melhor dizer não a algumas boas conferências ou blogueiros e se concentrar em eventos que realmente se encaixem em seus objetivos e com seu público-alvo. Isso poderá representar uma redução no número de oportunidades para seu evangelista se pronunciar e também na quantidade de vezes que sua marca será mencionada *on-line* como uma super-estrela no círculo das mídias sociais. Porém, ao pesar de maneira cuidadosa os custos do engajamento social, o que seria pior afinal: a) perder uma ou duas oportunidades de baixo potencial ao tentar se manter cauteloso em seu envolvimento com as mídias sociais ou b) exaurir todos os seus limitados recursos em oportunidades não alinhadas com seus objetivos e cujos benefícios sejam questionáveis, o que o impedirá de engajar-se mais tarde em algo verdadeiramente útil? Um bom evangelista de mídias sociais é aquele que mantém a visão e uma mentalidade estratégica; ele tem a coragem de reconhecer que o sucesso não está em apenas dizer sim, mas em dizer não nos momentos certos.

Todavia, a inteligência de um evangelista competente não se evidencia somente na avaliação de esforços externos. De modo ideal, o bom profissional demonstrará *expertise* suficiente nas áreas de comunicações e/ou *marketing* para ser considerado como um legítimo conselheiro nos esforços da empresa que não estejam relacionados a mídias sociais. E independentemente de ocupar uma posição em um departamento ou no outro, ele deverá ser respeitado como um profissional hábil cujos instintos são tão sólidos nessas áreas quanto nas mais recentes redes sociais. O chefe de qualquer setor – comunicações, *marketing*, atendimento ao consumidor ou qualquer outro – deverá demonstrar confiança nos instintos do evangelista social – e este, em contrapartida, poderá garantir tal reconhecimento ao oferecer aconselhamento sólido e informações consistentes em suas discussões. (É claro que estamos partindo do pressuposto de que o evangelista em questão conta com o direito de oferecer aconselhamento e informações.)

O compartilhamento de detalhes pessoais

Não estou de modo algum sugerindo que para se mostrar eficiente o representante *on-line* de uma marca tenha de escancarar todos os detalhes sobre sua vida pessoal. Porém, o fato é que para se tornar um evangelista bem-sucedido o profissional de mídias sociais terá de se sentir confortável em compartilhar alguns dados sobre si mesmo. Isso envolve conversar com o público *on-line* sobre assuntos de interesse mútuo, compartilhar experiências que o tornem um ser humano absolutamente **"relacionável"** a outras pessoas e ganhar a confiança dos integrantes das redes sociais ao apresentar-se não apenas como o representante de uma marca, mas como um amigo com o qual eles tenham algo em comum. Na verdade, os melhores representantes de marca não se mostram apenas **"confortáveis"** em expressar elementos de sua personalidade ao realizar seu trabalho – eles agem de modo vicejante.

Ao recordar-se do período em que trabalhou na Graco, Lindsay Lebresco se recorda que "parte da razão pela qual eu adorava meu trabalho era o fato de poder ser eu mesma – uma mãe novata com duas crianças pequenas. Eu falava sobre isso, conversava com as consumidoras sobre as incontáveis noites que passávamos acordadas, sobre amamentação, sobre perguntas relacionadas ao surgimento dos dentinhos – e, é claro, sobre os produtos, já que eu também os utilizava. Afinal, assim como as outras mães, eu também precisava de um balanço para acalmar meu bebê."[4] Com certeza, Lindsay era uma representante de marca bastante eficiente – todos estavam cientes de que ela acessava a comunidade-alvo como o rosto da Graco. Contudo, ela se tornou bem-sucedida ao optar por não discutir somente sobre os produtos da empresa; desde o início ela se apresentou como um ser humano comum e agiu de maneira honesta ao conversar com outras mulheres sobre problemas que afetavam as mães em geral.

Esse tipo de abertura e também a abdicação ao uso de "escudos" profissionais, podem deixar alguns funcionários apreensivos. Ainda existe uma mentalidade segundo a qual o "profissionalismo" impede que alguns assuntos pessoais sejam comentados ou discutidos com os clientes. Porém, se quiser que sua empresa tenha uma presença efetiva e marcante nas redes sociais, você terá de deixar esse tabu de lado. Sendo bastante honesto, o público já tem acesso às campanhas publicitárias e ofertas de sua companhia por meio de vários outros canais de comunicação, portanto, a **única** razão para utilizarem as redes sociais é o aspecto pessoal que elas ostentam. Um evangelista habilidoso conseguira mesclar as mensagens de sua marca em suas conversas *on-line*, sem, contudo, abrir mão do toque pessoal – aliás, é justamente esse toque pessoal que ajuda a marca a se firmar!

É claro que não são apenas os empregados que podem se sentir desconfortáveis ao ouvir histórias pessoais ou detalhes sobre a personalidade dos funcionários de uma companhia; muitos indivíduos ainda preferem manter distância entre sua vida "real" e os contatos profissionais. Isso funciona perfeitamente bem na maioria dos papéis corporativos, mas não se aplica de modo algum aos evangelistas de mídias sociais. A realidade e as demandas por trás desse tipo de cargo exigem certo grau de conforto no compartilhamento *on-line* de alguns dados pessoais com pessoas totalmente desconhecidas – tudo isso em prol da empresa contratante. Qualquer um que não aceite tal realidade certamente estará no emprego errado.

Encontrando o equilíbrio

Dito isso, é preciso atentar para certos limites – não necessariamente em relação às informações que são compartilhadas, mas ao grau em que a personalidade de um indivíduo – o evangelista, neste caso – pode ser usada para representar uma marca *on-line*. Por definição, o evangelista (e estrategista) de mídias sociais de uma marca se encontra em uma posição bastante desafiadora e até incômoda. De um lado, pede-se que esses indivíduos usem sua própria personalidade como ferramenta de vendas para a marca – colocando-se disponíveis *on-line* nas comunidades e redes sociais como o rosto da marca que representam, ajudando a humanizar a companhia diante dos clientes reais e potenciais. De outro, considerando que o bem mais precioso desses profissionais é justamente sua personalidade, os evangelistas não devem se esquecer de que estão nessas mesmas redes e comunidades em benefício da **empresa**, não por causa de sua reputação pessoal. Isso implica manter o equilíbrio entre revelar o suficiente sobre si mesmo para se mostrarem eficientes em sua tarefa, mas, ao mesmo tempo, ter em mente que o objetivo principal é promover a marca. Em outras palavras, é preciso que essa posição seja ocupada por alguém não suscetível ao próprio ego e que não se deixe deslumbrar pela própria personalidade.

Zena Weist, da H&R Block, define a situação de modo interessante. "A característica mais importante de um líder de mídias sociais é sempre pensar como um arrendatário", diz ela. "Evite problemas típicos da assunção de propriedade. Não tente construir um império de mídias sociais do qual você sinta a necessidade de se proclamar o imperador. Isso não funcionará. Perceba que tudo o que está sendo construído é em prol da marca, dos clientes e dos demais *stakeholders*. Se você tentar se tornar o dono das mídias sociais, o império desmoronará [...] e sobre a sua cabeça, com certeza!"[5], complementa Zena Weist.

A despeito de construir a presença de uma marca nas redes sociais valendo-se em parte de usa própria personalidade, não caberá ao evangelista definir a marca *on-line*. Esquecer-se disso poderá torná-lo inútil para a empresa. Um bom truque para se escolher um ótimo evangelista de mídias sociais é encontrar alguém que esteja disposto a usar sua personalidade para arrebanhar novos fãs para a marca, sem, contudo, investir muito do seu próprio ego na tarefa – a ponto de sentir que todos os esforços são **pessoais**, não da marca propriamente dita. Portanto, se você pretende assumir um cargo nessa área, terá de aceitar desde já o fato de que quando o programa funcionar bem, o crédito será da marca – porém, quando as coisas não fluírem de modo positivo, a responsabilidade será toda **sua**. **Ainda considera essa uma posição glamorosa?**

Disposição para concentrar-se de modo equilibrado nos aspectos internos da função

Como disse no início deste capítulo, ser um líder de mídias sociais em uma grande organização representa muito mais que atuar como um **"administrador de comunidade"**. Em vários aspectos, os mais importantes elementos do trabalho ocorrem **internamente**. Muitas marcas ainda não abraçaram as mídias sociais com o fervor suficiente. Independentemente do quanto um evangelista se dedique ao mundo externo, trabalhando junto às redes sociais no sentido de arrebanhar novos fãs para a marca, é preciso lembrar que o mesmo grau de esforço terá de ocorrer **internamente**. Caberá a esse profissional persuadir seus colegas – isso sem contar os gerentes, executivos e até mesmo o CEO (*chief executive officer* ou executivo principal) da companhia – não apenas a se envolverem com as mídias sociais, mas a fazê-lo da **maneira correta**.

Em algumas empresas, ainda poderá haver resistência ao uso de mídias sociais. Ou pelo menos é essa a concepção popular – intrépidos visionários das mídias sociais lutando contra a forte resistência interna ou tentando convencer líderes relutantes a abraçar o novo mundo. De fato, isso ainda ocorre. Na verdade, quando a liderança de uma organização contrata um evangelista e lhe outorga poderes para dar início a um programa de mídias sociais, surgem certos bolsões de funcionários que não estarão dispostos a reconhecer a importância dos influenciadores *on-line*.

Entretanto, esses **céticos** estão se tornando cada vez mais uma **espécie em extinção**.

Atualmente, todos, exceto os mais empedernidos incrédulos, têm sido forçados a admitir o poder e a influência das mídias sociais. Como já discutido no capítulo anterior, o maior desafio agora é outro: uma vez que as mídias sociais atingiram uma maior aceitação no mundo corporativo, inúmeras pessoas nas mais variadas funções passaram a achar que já sabem exatamente como as coisas devem ser feitas. E é aí que o trabalho do evangelista de mídias sociais se torna mais crítico dentro da empresa – esse profissional terá de atuar como um ponto de apoio na organização, mantendo a consistência e a ordem em todas as ações realizadas e, basicamente, direcionando a companhia. Um evangelista bem-sucedido é adepto da ideia de convencer seus colegas do *marketing* e das comunicações de que sua visão é forte; ele é capaz de atender às necessidades da empresa e, sempre que tiver a chance, realizará seu trabalho.

Saber delegar funções e estar disposto a fazê-lo

O evangelista de mídias sociais também precisa atuar como um **administrador**, pois, independentemente do quão bom seja o indivíduo, ninguém é capaz de trabalhar de maneira isolada ou 24 h por dia. Para liderar as iniciativas de mídias sociais em uma grande empresa, o líder desse setor precisará sentir-se confortável em delegar **pelo menos algumas partes** do gerenciamento das comunidades a outros colegas. Isso pode ser difícil para alguns profissionais, mas o evangelista precisa aceitar o fato de que o seu valor para a empresa reside tanto em sua **criatividade** quanto em sua **capacidade administrativa**.

Nesse sentido, devo ser o primeiro a admitir que, ocasionalmente, já lutei contra tal realidade. Como se pode verificar com a maioria das pessoas que alcançaram algum sucesso nas mídias sociais, a possibilidade de estar bem no meio de toda a ação – em contato com as comunidades que se deseja atingir, interagindo com pessoas reais, liberando a criatividade e arregaçando as mangas para executar um programa e fazer com que as coisas aconteçam – é justamente o que mais me atrai no trabalho junto às mídias sociais. Essa, afinal, é a parte mais divertida da função. É o lado glamoroso que surge na mente da maioria das pessoas quando elas pensam na face humana de uma empresa dentro do mundo virtual.

Porém, qualquer profissional dessa área que invista todo o seu tempo nas comunidades externas estará negligenciando as verdadeiras responsabilidades inerentes à construção de um programa consistente de mídias sociais. Portanto, se quiser ser visto pelos seus superiores e colegas como mais do que apenas um administrador de comunidades *on-line*, terá de fazer bem mais que simplesmente gerenciar a presença virtual de sua marca. Se desejar obter apoio e recursos para não somente implantar suas iniciativas, mas também para atingir todo o potencial imaginado, não deverá ignorar os processos nem as políticas organizacionais cruciais que se escondem nos bastidores – onde ninguém está observando suas ações, tampouco registrando seus atos em artigos ou postagens de *blog*.

Grande parte do trabalho de um líder de mídias sociais acontecerá dentro de salas de reunião e em teleconferências. Isso não se aplica somente ao setor de mídias, em especial em grandes organizações. Em geral, o chefe de comunicações delega a maior parte das atividades de relações de mídia ao resto de sua equipe e passa a maior parte do seu tempo trabalhando ao lado da liderança sênior da empresa e estabelecendo estratégias de comunicação; o responsável pelo departamento de *marketing* também não passa todos os dias da semana criando campanhas publicitárias – depois de definir a direção que todos deverão seguir, ele contará com uma equipe para desenvolvê-las e então encaminhá-las para sua aprovação. Boa parte do tempo de um líder corporativo também será investida na administração de funções e no preparo dos funcionários para que estes possam ser promovidos e alcançar o sucesso; longas horas também serão usadas para garantir que cada parte da empresa esteja devidamente informada sobre as linhas estratégicas definidas pela chefia – e em pleno acordo como elas – e também para mediar quaisquer disputas e conflitos que possam surgir.

Portanto, na medida em que as mídias sociais se tornam mais maduras enquanto função e profissão corporativa é perfeitamente natural que seus líderes invistam parcelas cada vez maiores do seu tempo **fora do ambiente virtual**. Os mais puristas da área podem até considerar essa ideia como uma tentativa de tornar ilegítima a premissa original de "social", mas devo discordar dessa avaliação. O fato de que para liderar as mídias sociais é preciso não apenas saber como interagir *on-line* e construir relações nas redes sociais, mas também como administrar e compreender as políticas internas da empresa é apenas um sinal de maturidade dessa função. Pense sobre a ideia de investir bastante do seu tempo em reuniões com a equipe de *marketing* para identificar públicos-alvo, reavaliar a **mensagem principal** (*core messaging*); em reunir-se com o departamento jurídico para discutir mudanças propostas para a política de mídias sociais; em persuadir líderes corporativos relutantes para que apoiem uma ideia que consideram arriscada e que os deixa desconfortáveis... ou em tentar detalhar tal sugestão com a ajuda de um grupo de colaboradores. Talvez tudo isso não soe tão excitante ou divertido quanto estar o tempo todo *on-line* e interagindo com pessoas no Twitter, viajando para participar de conferências e falar em nome da empresa ou até comandar os trabalhos durante um importante evento sobre o assunto, mas esta é sem dúvida uma parte cada vez mais vital nas funções de um líder de mídias sociais. Todas essas características básicas de outros líderes de *marketing* e comunicações são agora também necessárias para os líderes de mídias sociais. Sendo assim, se o departamento de mídias sociais quer ser tratado de maneira séria como uma prática importante na organização, o indivíduo no comando do setor deverá agir como os demais chefes de departamento: concentrando-se tanto na estrutura interna da companhia quanto na externa; e cuidando, ao mesmo tempo, tanto da interação com o público externo quanto da documentação e dos processos normais inerentes a qualquer empresa.

(Vale ressaltar que isso não significa, em hipótese alguma, que o líder de mídias sociais de uma marca possa abandonar – ou ser removido – das redes externas. Como já disse no início deste capítulo, é fundamental que esse profissional se mantenha conectado às comunidades *on-line*. Apenas isso não deve representar todo o seu trabalho – tampouco a maior parte do programa, na medida em que ele amadurece.)

Em última análise, o indivíduo apontado como a voz da organização nas mídias sociais tornar-se-á um elemento mais crucial para que se possa determinar se as iniciativas sociais da empresa serão bem-sucedidas ou não; e se elas serão consideradas inovadoras ou medíocres. Essa pessoa será o rosto visível da marca – além do mais perceptível representante do setor dentro da própria empresa. Se o elemento escolhido for alguém cujo foco esteja excessivamente voltado para as comunidades externas, a marca se arriscará a construir um programa demasiadamente centrado em uma única personalidade e em uma única presença. Neste caso, o próprio programa se restringirá ao gerenciamento de comunidades. Em contrapartida, se a escolha recair em alguém que se concentre demais em processos e procedimentos Internos, e em trabalhar de modo estritamente sincronizado com o *marketing* e as comunicações tradicionais, a companhia se arriscará a construir um programa que oferecerá pouco mais do que já é disponibilizado pelos departamentos existentes – **nada verdadeiramente social**, apenas **digital**. Lembrando que a ideia de **social** implica em uma **interação de mão dupla** e na **construção de relacionamentos**; já o conceito de **digital** se resume a publicar conteúdos *on-line* ou em redes sociais, em um esforço de "divulgar sua mensagem".

Todavia, se a marca escolher de modo inteligente, contratando alguém que possua a mistura certa de **perspicácia social** e **comercial** – um indivíduo capaz de: encantar e impressionar toda uma plateia durante um evento; desarmar eventuais críticas *on-line* valendo-se apenas de sua empatia e sagacidade; ensinar seus colegas dentro da empresa; e elevar a imagem e o nível de visibilidade *on-line* de sua empresa, mantendo-se sempre fiel como um verdadeiro estrategista de negócios que sempre tem em mente os objetivos da empresa e os resultados a serem alcançados –, ela certamente contará com um vencedor.

Pode parecer difícil encontrar alguém com todas essas qualidades, mas a pessoa certa está em algum lugar à sua espera. Se você for o dono de uma empresa, encontrá-la será sua tarefa mais importante enquanto seu programa se desenvolve. Em contrapartida, se você for o evangelista, sua tarefa é se tornar essa pessoa e encontrar o **equilíbrio exato** entre o **social** e o **digital**, o **externo** e o **interno**, a **estraté-**

gia e a **tática**, o **relacionamento** e os **objetivos comerciais**. Se for bem-sucedido, esteja certo de que arrebanhará novos convertidos – de caráter externo, em relação à sua marca, e também interno, em relação à sua própria visão de sucesso das mídias sociais.

Será que ouvi alguém dizendo **amém**?

Capítulo 5

FIM DA RELAÇÃO

Há uma série de TV de sucesso nos EUA chamada *30 Rock*,[i] em que Liz Lemon, personagem da atriz Tina Fey, oferece aos telespectadores conselhos sobre relacionamentos utilizando-se do bordão: **"Isso é o fim da relação!"** A frase é usada para ressaltar algum traço ou comportamento negativo que seja suficientemente significante para superar qualquer aspecto positivo de um relacionamento ou amizade, e exija que alguma atitude seja tomada no sentido de repensá-lo e até mesmo interrompê-lo. Por exemplo, "Se o seu namorado já chegou aos 30 e ainda usa crachá na empresa: isso é o fim da relação." "Se o seu noivo ainda pede que você ande na ponta dos pés ao entrar na casa dele à noite para evitar problemas com a mãe: isso é o fim da relação." "Se o seu marido sai de casa pela manhã usando uma cueca samba-canção e retorna vestindo uma sunga: isso é o fim da relação." Na verdade, o modo como a atriz pronuncia a frase "Isso é o fim da relação!" não apenas já provocou muitas risadas nos telespectadores, mas também fez com que o bordão se tornasse parte do vernáculo cultural do país.

Dentro do contexto das mídias sociais, podemos utilizar essa expressão do mesmo modo. A relação entre uma grande marca e seu

---

i No Brasil a série já foi exibida na TV aberta com o título *Um Maluco na TV*, enquanto no canal Sony da TV a cabo ela mantém o título em inglês. O nome da série se refere ao endereço do prédio da GE – 30 Rockefeller Plaza – onde estão localizados os estúdios da NBC, produtora da série. (N.T.)

líder de mídias sociais pode ser vista como uma espécie de casamento. A despeito do fato de a outra parte parecer uma combinação perfeita, sempre existirá algum traço ou comportamento predominante para o qual se poderia utilizar essa proverbial expressão. Assim como na série de TV *30 Rock*, existem algumas situações e alguns sinais reveladores no relacionamento que poderão sugerir problemas futuros. As razões variam de acordo com a sua perspectiva e com o lado em que está, mas sempre estarão presentes, caso procure por elas. Começamos nossa discussão analisando a questão pelo ponto de vista da organização ao avaliar um candidato que deseja se tornar um evangelista de mídias sociais. Em seguida nos concentramos na empresa, ou na marca, e salientamos os sinais de alerta ou avisos nos quais o candidato deve prestar atenção antes de prosseguir e até mesmo aceitar o emprego.

Para o caso de você estar em busca de um líder de mídias sociais

Veja a seguir os motivos que justificam o "fim da relação":

Motivo Nº 1 - Superestimação da marca pessoal.

Como já discutido anteriormente, a **reputação** de um indivíduo e sua perspicácia no trabalho *on-line* poderão dar credibilidade aos esforços de mídia social de uma marca. Há grande valor intrínseco na personalidade de um evangelista. Contudo, se ao longo de uma entrevista o candidato investe tempo demais discorrendo sobre o valor de sua **"marca pessoal"** e o modo como isso poderá ajudar a empresa, **cuidado**!

São inúmeros os casos de profissionais da área – isso sem mencionar os pretensos praticantes de mídias sociais – que se concentraram demasiadamente no *"branding* pessoal" e em se mostrar valiosas e inesgotáveis fontes de recurso em termos de mídias sociais, mas, no final, não foram realmente capazes de oferecer o que as empresas onde trabalhavam de fato precisavam. O *branding* pessoal no setor artesanal tornou-se um verdadeiro monumento aos grandes egos e à presunção, e, de acordo com muitos críticos – Geoff Livingston, Olivier Blanchard, David Binkowski e vários outros –, é um exemplo emblemático do que está errado nas mídias sociais atualmente: a superênfase em indivíduos que apresentam um inflado senso de valor pessoal; foco excessivo naquilo que as pessoas pensam sobre o indivíduo contratado, em oposição ao que o próprio contratante acha; e interesses conflitantes em relação aos objetivos.

Certamente não é uma boa ideia optar por um profissional que coloque ênfase excessiva nos elementos externos do trabalho de um líder de mídias sociais, em detrimento de suas responsabilidades internas. Também não é uma boa opção contratar alguém que se preocupe mais com a própria marca que com aquela da empresa que irá representar. Por exemplo, se ao longo da entrevista o candidato já se mostrar demasiadamente preocupado em demonstrar o quanto sua marca pessoal poderá ajudar a sua enquanto contratante, como você poderá acreditar que no momento em que esse indivíduo se colocar *on-line*, em nome de sua empresa, ele não estará mais focado em valorizar a si mesmo?

Nesse sentido, todo o diálogo durante a entrevista deverá girar em torno de estratégias capazes de tornar a marca mais proeminente *on-line* –, nada além disso. Portanto, se o candidato insistir em falar sobre como sua marca pessoal irá ajudar a marca da empresa, isso é **o fim da relação**!

Motivo Nº 2 - Falta de conhecimento formal nas áreas de *marketing* ou RP.

O indivíduo não precisa ser formado em *marketing* ou RP para alcançar sucesso no setor de mídias sociais. Inúmeras pessoas que não são oriundas dessas áreas desenvolvem blogs amplamente visitados, contam com centenas de milhares de seguidores no Twitter e/ou fãs no Facebook, e são convidadas a falar em conferências simplesmente pelo fato de suas opiniões serem ouvidas e apoiadas por um grande número de seguidores. Porém, não estamos nos referindo aqui ao sucesso das mídias sociais de modo geral, mas à representação e à promoção de uma **marca específica dentro das redes sociais**. Essa tarefa exige pelo menos algum entendimento sobre os objetivos da organização, conhecimento sobre o processo de *branding* realizado em outras mídias, informação sobre a importância de se manter consistência na identidade de uma marca, preparo para lidar com perguntas críticas tanto sobre a marca como a respeito da empresa, além do domínio de vários outros truques comuns nas áreas de *marketing* e RP.

Um gerente de comunicações ou de RP jamais permitiria que um funcionário sem qualquer treinamento formal em comunicações ou *marketing* falasse na TV em nome da empresa, tampouco que conversasse com um repórter sem a devida supervisão. De fato, a política de muitas companhias é justamente proibir que funcionários que não sejam da área de comunicações conversem com quaisquer meios de comunicação. Considerando a rapidez com que gafes e equívocos se espalham nas redes sociais, seria completamente inaceitável e absurdo que uma empresa contasse com um líder de mídias sociais completamente destreinado e sem experiência para representar sua marca *on-line*. Sendo assim, candidatos que não apresentem pelo menos algum conhecimento nas áreas de *marketing* ou RP significam **o fim da relação**.

Motivo Nº 3 - Pouca lição de casa.
Não necessariamente uma empresa está buscando um especialista no setor ou no produto que ela fornece. (Eu, por exemplo, ainda não consigo explicar como um motor de combustão interna funciona, mesmo depois de trabalhar na GM ao longo de quatro anos.). Porém, ela precisa de alguém que conheça pelo menos o básico sobre o negócio, já que essa pessoa irá representá-la *on-line* dentro das redes sociais.

Mas isso não se aplica apenas ao ambiente das mídias sociais. Independentemente do cargo para o qual as empresas estejam contratando novos profissionais, elas em geral buscam candidatos que tenham feito sua lição de casa e obtido pelo menos alguma informação sobre a organização contratante, seus produtos e serviços. Pelo fato de a área de mídias sociais ser ainda relativamente nova, algumas companhias se mostram intimidadas em relação ao assunto e acabam se sentindo tentadas a ignorar essa falta de pesquisa por parte dos candidatos e a contratar verdadeiros *"experts* em mídias sociais" para assumir a função. Não caia nessa armadilha. Seu candidato não precisa ser um especialista no nicho da empresa – afinal, ele poderá ser devidamente instruído depois que for contratado –, mas precisa ser capaz de dialogar com você sobre o setor em que a empresa opera. A falta de pesquisa sobre a contratante não demonstra apenas que o indivíduo em questão não se aparelhou para a entrevista, mas evidencia o fato de que, de modo geral, ele não irá se preparar adequadamente para outros programas e/ou compromisso ao representar a empresa que contratá-lo. Desse modo, se o candidato ostentar amplo conhecimento sobre mídias sociais, mas não demonstrar qualquer preocupação em conhecer um pouco sobre o nicho de mercado e/ou a empresa contratante, isso indica **o fim da relação**.

Motivo Nº 4 - Uso excessivo de jargões.
Se as mídias sociais não fazem parte do seu dia a dia no trabalho, é bem provável que você não conheça todos os termos e expressões utilizadas nas redes sociais, tampouco a etiqueta ou as gírias específicas de cada plataforma. Durante uma entrevista de emprego com alguém que talvez já trabalhe como líder no setor de mídias sociais da contratante, o candidato poderá utilizar alguns termos com os quais o entrevistador não esteja familiarizado. É óbvio que a discussão envolverá mídias sociais e, neste caso, algumas palavras-chave serão utilizadas com propósito específico e por uma boa razão; por exemplo, o termo **influenciador** serve muito bem para descrever um indivíduo cuja opinião seja extremamente valorizada dentro de um determinado nicho de mercado. (Seu uso somente se torna problemático quando é exagerado ou quando o termo é utilizado por alguém que esteja se referindo a si mesmo.) Todavia, tome cuidado com candidatos que invistam tempo demais discorrendo sobre a importância de "engajar de maneira autêntica e transparente seu público-alvo nos diálogos *on-line*" ou que prometa desenvolver uma estratégia no sentido de criar e distribuir vídeos e campanhas de *marketing* viral que não estejam claramente relacionados ao seu empreendimento, aos seus alvos ou objetivos, ou estabelecer métricas tangíveis para os resultados. Em resumo, o uso excessivo de jargões e palavras de efeito deve ser observado com cautela.

Não se deixe levar por um candidato que se utilize demasiadamente de jargões ou termos técnicos para obscurecer sua falta de conhecimento sobre o assunto. Se o indivíduo não consegue falar de modo claro sem o uso de expressões típicas do setor durante uma simples entrevista, o quão claro ele conseguirá se mostrar ao tentar dialogar com os colegas mais céticos dentro da própria organização? Portanto, se a pessoa **não for capaz de articular sua visão** pessoal do programa **sem depender de uma linguagem unicamente profissional** e do uso excessivo de palavras-chave, isso significa o **fim da relação**.

Motivo Nº 5 - O candidato já possui um bordão?
Este motivo é bem simples e está intrinsecamente relacionado aos dos números 1 e 4. Se depois de pesquisar seu candidato *on-line*, você descobrir que ele já se utiliza de um mesmo bordão ou *slogan*, tenha a certeza de que essa pessoa não apenas está investindo tempo demais em autopromoção, mas que o tem feito por meio de *gimmicks*[ii]– o que não é apenas suspeito, mas também sugere que seu estilo dure pouco nas redes sociais. Vale lembrar que o líder desse setor em sua empresa terá a responsabilidade de interagir com o público-alvo da organização, portanto, deverá fazer com que essas pessoas tenham uma impressão positiva da marca. Porém, isso não ocorrerá se a todo o momento esse indivíduo insistir em se utilizar de bordões e *slogans* no final de cada postagem ou *tweet*. Considerando o que foi exposto, se o seu candidato é do tipo que utiliza esses mecanismos para pontuar suas mensagens, teorias ou pontos de vista nas mídias sociais, isso representa o **fim da relação**.

Motivo Nº 6 - Imaturidade profissional.
Este motivo está relacionado aos de números 1, 4 e 5. Em alguns círculos do universo das mídias sociais, tornou-se comum as pessoas se referirem a si mesmas como "**ninjas**", "**jedis**" ou "**gurus**" das mídias. Supostamente, o objetivo aqui é transmitir a ideia de que elas possuem níveis de *expertise* e habilidade que ultrapassam aqueles dos profissionais considerados medianos e um grau mais elevado de **hipsterismo**[iii] e não conformidade. Entretanto, o que esses títulos autoauferidos demonstram na verdade é apenas imaturidade excessiva, e nada tem a ver com o cargo para o qual a empresa está efetivamente contratando o indivíduo. (A menos, é claro, que a contratante esteja em busca

---

ii Esse termo é geralmente utilizado em inglês nas áreas de propaganda e publicidade. Trata-se de um recurso, artifício ou macete destinado a atrair a atenção do público. Qualquer truque ou efeito que faça com que um determinado anúncio (programa ou texto) se destaque dos demais por sua originalidade, despertando assim o interesse do ouvinte, leitor ou espectador. Fonte: *Dicionário de Comunicação*. Rio de Janeiro: Campus (2002) (N.T.)

iii A palavra inglesa *hipster* é usada para descrever pessoas que adoram dar início a novas tendências, novas modas e novos hábitos. (N.T.)

de: a) um lutador trajando roupas negras e armado com *shurikens*,[iv] b) um guerreiro intergaláctico que pareça mais um semideus, ou ainda c) um mestre espiritual com um turbante na cabeça – neste caso, é bem provável que nenhum deles deixe seu cartão de visitas.) Chamar a si mesmo de ninja, jedi, guru, estrela do *rock* etc., revela apenas que o candidato está bem mais preocupado com sua imagem pessoal que com os resultados a serem obtidos em nome da empresa – trata-se de um caso em que o **estilo** prevalece sobre a **substância**. Ninguém que queira realmente ser levado a sério como profissional deveria sequer pensar em compartilhar o mesmo título ostentado por um bando de tartarugas amantes de *pizza*. Em contrapartida, qualquer empreendimento que queira que seu líder de mídias sociais – e, por conseguinte, que o seu programa nas redes sociais – seja respeitado, tanto no ambiente interno quanto externo, rejeitará esse tipo de estupidez. Sendo assim, se um candidato auferir a si mesmo um **título caricatural de autoengrandecimento**, isso representará o **fim da relação**.

Motivo Nº 7 - Resultados.

Como já mencionado no Capítulo 1, as grandes organizações não se utilizam das redes sociais apenas para terem a oportunidade de "conversar *on-line*." É claro que as empresas usam essas ferramentas para aprimorar seu serviço de atendimento aos consumidores; para firmar seu relacionamento com os clientes; e para promover produtos ou serviços por meio do diálogo, da realização de eventos e da manutenção de boas relações com seu público-alvo. Todavia, em última análise, uma companhia utiliza as mídias sociais pela mesma razão que realiza suas campanhas de *marketing*: **impulsionar seu negócio**.

Um bom programa de mídias sociais é projetado de acordo com as metas e os objetivos de um empreendimento, e um evangelista nesta área deveria compreender não apenas quais são tais metas e objetivos mas também a melhor maneira de construir um programa e uma presença *on-line* em torno deles. Ao avaliar um candidato para o cargo de líder de mídias sociais, procure por resultados tangíveis que essa pessoa já tenha gerado anteriormente – sinais de que ele/ela

---

iv Trata-se de uma lâmina em formato de estrela que é arremessada contra a vítima. (N.T.)

sabe como obter bons resultados e é capaz de contribuir não somente para o aumento dos seus ganhos pessoais, mas também dos ganhos de outros na empresa.

Quando perguntar ao candidato sobre seus resultados, será que ele/ela lhe fornecerá dados concretos? Saiba que uma lista de avaliações positivas publicadas em um livro de sua autoria ou mesmo de referências de pessoas que já o tenham ouvido falar em um evento não são suficientes; a menos, é claro, que tais avaliações e referências sejam devidamente acompanhadas de resultados que tenham sido atingidos por esse profissional para o seu cliente. Em contrapartida, se você estiver pensando em promover alguém de dentro da empresa, talvez seja mais interessante avaliar os resultados que essa pessoa já atingiu para a organização que optar por um funcionário cujo *blog* seja popular. A pessoa escolhida atingiu os objetivos estabelecidos pela companhia? Ela demonstra habilidades para trabalhar em conjunto com vários setores da empresa ou apresenta uma postura abrasiva em relação ao trabalho em equipe? Suas avaliações têm sido positivas em sua maioria? Os funcionários com os quais ela trabalha se sentem confortáveis com a ideia de ela representar toda a organização nas redes sociais? Em uma comunidade ativa, há muito mais por trás dessa função que simplesmente escrever e postar artigos em *blogs*.

Se estiver prestes a entregar o comando do seu programa a essa pessoa, certifique-se com antecedência de que ela saiba como atingir resultados não apenas para si mesma. Se tudo o que tiver como evidência de que esse indivíduo é um bom profissional se resumir a críticas positivas publicadas em um livro de sua própria autoria, a avaliações positivas de sua participação em eventos ou ao número de seguidores que ele amealhou no Twitter, saiba que isso é o **fim da relação**.

Para o caso de você estar se candidatando para uma posição de líder de mídias sociais

Quando se fala em mídias sociais, há dois lados que devem ser considerados em uma entrevista. Já vimos a situação pela perspectiva do contratante, agora é a vez de observarmos o ponto de vista do candidato. A pessoa interessada em ocupar uma vaga nesse setor deverá ficar de olhos abertos para alguns sinais de alerta. É importante ressaltar que empresas e grandes organizações são capazes de **arruinar** um programa de mídias sociais independentemente do quão competente seja o seu evangelista. Na verdade, existem vários indicadores de que a companhia para a qual o individuo está se candidatando talvez não seja **"o lugar certo"** para se trabalhar.

Motivo Nº 8 - Falta de clareza na organização sobre quem terá autoridade em relação ao programa de mídias sociais.

Quem afinal o está contratando? Que departamento determinou sua entrada na empresa? Os demais setores da companhia reconhecem a autoridade do departamento contratante sobre o programa de mídias sociais? Ou será que você acabará sendo contratado apenas para passar a maior parte do seu tempo envolvido em conflitos territoriais com setores que acreditam ser **eles** os verdadeiros responsáveis pela área, e que podem, inclusive, contratar seu próprio líder para o programa? Sua autoridade no comando do programa será reconhecida dentro da organização – o que o deixará livre para se concentrar exclusivamente em construir um bom programa e criar iniciativas *on-line* bem-sucedidas?

É fundamental que você faça todas essas perguntas aos seus empregadores em potencial durante o processo de dinâmicas e entrevistas. Você precisa se certificar de que está sendo contratado para de fato construir um programa de mídias sociais, não para ser o representante de um departamento na luta pelo eventual comando da área. Vencer nesse setor já é bem difícil sem que o profissional tenha de se envolver em "batalhas internas" pelo controle da situação antes mesmos de alcançar o público externo. Se a companhia ou organização não forem capazes de dizer claramente ao candidato que **ele** será o responsável pelo programa, e que todas as divisões ou setores da empresa concordam com isso, este será o **fim da relação**.

Motivo Nº 9 - Falta de um executivo patrocinador que defenda você e o próprio programa de mídias sociais.

Já discutimos anteriormente a enorme importância do executivo patrocinador na empresa – alguém que ocupa um cargo de liderança sênior, que se encarrega de divulgar o conceito de mídias sociais entre os colegas e que é plenamente capaz de mediar ou resolver quaisquer disputas internas. Contudo, essa pessoa não é apenas vital para o sucesso do programa de mídias da companhia; ela é fundamental para o indivíduo que assumir o cargo de evangelista na organização. Conforme as mídias sociais arrebanham cada vez mais atenção e pessoas interessadas no assunto, certamente haverá um número crescente de desavenças internas sobre sua implantação. Algumas oportunidades e ideias não contarão com apoio suficiente para serem aproveitadas. Mesmo que todos na companhia tenham concordado no início com a autoridade auferida ao contratado para o cargo, eventualmente **haverá** desafios internos à soberania desse profissional. Além disso, a despeito do quanto ele tentar agir da maneira mais correta, ainda assim cometerá erros.

Quando isso ocorrer, será muito importante saber exatamente quem estará por trás dessa pessoa. Quem se levantará diante das lideranças da empresa para endossar as atitudes do evangelista? Quem ajudará esse profissional a defender a maneira "errada" de trabalhar com as mídias sociais? Quem ajudará essa pessoa a lutar por recursos em caso de necessidade ou a seguir em frente quando a situação ficar ainda mais complicada?

É claro que com o passar do tempo as coisas tendem a mudar: políticas internas são alteradas; líderes seguem diferentes caminhos (alguns caem em desgraça); e, às vezes, até mesmo os mais ardentes defensores deixam de apoiar seus "protegidos" quando estes não conseguem justificar seus fracassos repetidas vezes. Lembre-se: o fato de alguém se mostrar um executivo patrocinador durante uma entrevista não significa que ele sempre irá apoiar o indivíduo defendido naquela ocasião. A questão é que sempre precisará existir alguém que se mostre comprometido com suas ideias no início. Se ninguém assumir essa função ou demonstrar disposição para advogar em seu favor durante as batalhas políticas internas isso deverá ser visto pelo candidato como o **fim da relação.**

Motivo Nº 10 - Falta de recursos no setor.
Sempre vale a pena repetir: o **maior mito sobre mídias sociais é dizer que são gratuitas.** Talvez os custos de um programa dessa natureza sejam um pouco mais baixos que aqueles existentes nas formas mais tradicionais de *marketing* e comunicações, mas uma coisa

é certa: um programa de mídias **não** sai de graça. Ele poderá envolver vários elementos, como: a presença de influenciadores *on-line* em seus eventos; a disponibilização de produtos e/ou serviços para que tais influenciadores possam avaliá-los; a organização de competições; e o patrocínio de eventos relacionados a mídias sociais – desde os menores e mais localizados, como os realizados pela Social Fresh,[v] até os grandes encontros como o SXSW,[vi] o BlogWorld[vii] ou o BlogHer.[viii] Talvez a empresa queira explorar parcerias ou plataformas e redes emergentes (como, por exemplo, a Gowalla ou a Foursquare). Também serão necessárias ferramentas de monitoramento como o Radian6[ix] ou o Trucast[x] (entre outras) para que seja possível medir os resultados obtidos, compilar percepções e, eventualmente, até justificar a própria existência do departamento de mídias sociais na empresa. **Tudo isso tem um custo!**

Mesmo em organizações de grande porte, nenhum diretor jamais tem à sua disposição dinheiro "suficiente" para fazer tudo o que deseja,

---

v Trata-se de uma empresa sediada em Nova York (EUA), que promove cursos sobre mídias sociais. O objetivo é aprimorar o *marketing* de seus clientes por meio do uso eficiente das mídias. (N.T.)

vi Sigla em inglês para South by Southwest, uma empresa que planeja e executa conferências, exposições, festivais e outros eventos de médio e grande porte nos mais variados setores (cinema, música, mídias etc.). (N.T.)

vii Trata-se de uma iniciativa voltada para a promoção de exposições, conferências e eventos destinados à promoção e divulgação dos *blogs* como mídia social. (N.T.)

viii Trata-se de uma comunidade voltada para mulheres blogueiras fundada em 2005 por Lisa Stone, Elisa Camahort Page e Jory Des Jardins. (N.T.)

ix Trata-se de uma ferramenta para monitorar o que está sendo dito sobre uma determinada empresa nas mídias sociais. Ela verifica desde comentários contidos em fotos até discussões no Facebook e diálogos no Twitter, fornecendo relatórios detalhados com análises e gráficos. (N.T.)

x Trata-se de uma ferramenta que compila informações publicadas em blogs, no Twitter, no Flickr, no YouTube, em novos *sites* e em fóruns. Contudo ela não pesquisa em redes sociais como o Facebook ou o MySpace, onde os usuários conseguem manter sua privacidade. Com este instrumento, as empresas conseguem obter análises relevantes e medir o nível de influência que exercem no mercado. (N.T.)

portanto, caberá ao evangelista de mídias sociais julgar cuidadosamente as melhores aplicações para os recursos disponíveis.

Todavia, a organização deverá manter algum tipo de compromisso financeiro com o programa. Não se pode esperar que, como um mágico utilizando uma cartola, o evangelista produza bons resultados a partir de meia dúzia de conversas *on-line* ou postagens no *blog* da empresa. Portanto, antes de aceitar o cargo de líder de mídias em uma grande empresa, o interessado deverá obter alguma informação sobre as ferramentas e o capital que terá ao seu dispor. Lembre-se: será bem mais fácil manter o compromisso se as limitações estiverem claras desde o início. Afinal, sem os recursos necessários, como um evangelista será capaz de garantir à organização em que trabalha uma campanha eficiente de mídias durante um evento como o SXSW, ou até mesmo o alcance dos 500 blogueiros mais importantes voltados para o meio ambiente?

Vale ressaltar que o termo "recursos" não se refere apenas a dinheiro. O mais importante investimento para o sucesso das mídias sociais ocorrerá na forma de tempo – não apenas do próprio evangelista, mas, se este tiver sorte, de outros indivíduos também. Haverá uma equipe ajudando a executar o programa e as iniciativas no setor de mídias sociais? Se ainda não houver uma equipe formada, existe alguma possibilidade de se reunir uma força de trabalho para a tarefa ou de se contratar alguém em um futuro próximo? Ou será que todos os esforços recairão sobre os ombros de uma só pessoa – o próprio evangelista? (Lembrando que este, por si só, não deve ser considerado como um motivo para o **fim da relação**. Muitos dos mais respeitados programas existentes representam o trabalho de uma única pessoa. Porém, é importante conhecer a real situação com antecedência.)

O empregador deverá ser capaz de informar ao candidato pelo menos um valor aproximado do orçamento que será destinado ao programa; ele também terá de oferecer ao evangelista em potencial uma resposta honesta e direta sobre a equipe de trabalho. Se o contratante não conseguir estimar o orçamento ou se recusar a se comprometer com os recursos necessários, este será o **fim da relação**.

Motivo Nº 11 - Fracasso em compreender a moeda básica nas mídias sociais.

O **engajamento** e a **interação** representam a **moeda básica** nas mídias sociais. Dentro desse ambiente, espera-se por um diálogo de mão dupla entre a empresa e seus públicos-alvo – tanto no que diz respeito aos consumidores já existentes quanto aos clientes em potencial. O engajamento e a interação são exatamente as características que diferenciam as "mídias sociais" dos demais canais e meios de comunicação. Sendo assim, é crucial que a empresa conheça tal realidade e esteja disposta a abraçá-la.

Infelizmente, este nem sempre é o caso. Muitas vezes, as lideranças dos departamentos de *marketing* e/ou comunicações observam as mídias sociais como pouco mais que uma série de canais alternativos por meio dos quais eles poderão se utilizar de suas **táticas tradicionais**. Produzir conteúdo especificamente para as redes sociais é uma ótima ideia – de fato, e como veremos mais tarde, se você ainda não o faz está perdendo uma excelente oportunidade –, mas isso não deve representar toda a estratégia social da empresa. Publicar comerciais no YouTube ou manter uma conta de mão única no Twitter apenas para postar *links* que levem os seguidores ao conteúdo definido pela companhia – sem jamais responder à comunidade ou permitir que ela controle o diálogo – não denota um bom uso dessas mídias sociais; neste caso, **tudo o que a empresa está fazendo é postar elementos digitais em redes sociais**!

Parte do trabalho de um bom evangelista de mídias sociais em uma grande organização é criar ou reunir conteúdo que seus públicos *on-line* queiram ver e compartilhar. Porém, se isso é tudo o que a empresa deseja fazer, é óbvio que ela desconhece o verdadeiro valor ou o real escopo das mídias sociais. Bons conteúdos são sustentados e até exacerbados pelas conversações criadas em torno deles e pelas relações constituídas por meio desses diálogos. Se o que a empresa deseja é que seu evangelista apenas distribua nas redes conteúdos publicitários ou de *marketing*, ou até mesmo mensagens do RP, isso representa o **fim da relação**.

Motivo Nº 12 - As mídias sociais são deixadas de lado.
Como visto no Capítulo 2, um dos elementos mais cruciais dentro do contexto de marca é a integração das mídias sociais com os demais esforços dos departamentos de *marketing* e comunicações. Iniciativas de mídias sociais que ocorrem de modo independente em relação às campanhas de *marketing*, aos trabalhos de posicionamento de marca, à definição dos grupos demográficos e à liberação de notícias e comunicados oficiais, ostentam um valor limitado. Talvez elas gerem alguma discussão interessante e até construam alguns relacionamentos sólidos, mas o que isso trará de positivo para a marca se as mensagens recebidas pelas pessoas não representarem aquilo em que a empresa de fato acredita e/ou o que ela defende?

As mídias sociais devem ser levadas em consideração desde o início do planejamento das campanhas de *marketing* e dos anúncios do RP. O evangelista da organização – ou seu representante – **deverá**, portanto, participar de todas as discussões estratégicas, do processo de idealização e de introdução dessas campanhas. Construir todo um projeto para somente então tentar introduzir nele as táticas de mídias sociais – como um adereço incluído em cima da hora por conta de uma reflexão tardia –, apenas contribuirá para reduzir drasticamente a **eficácia** e a **eficiência** dessas mídias na campanha. Em muitos casos, um evangelista e uma equipe bem informados desde o início sobre os planos da empresa serão capazes de conceber práticas e estratagemas para disseminá-lo nas redes sociais, consequentemente, ampliando o seu alcance. Essas pessoas também poderão sugerir influenciadores *on-line* que, aliás, terão de ser incluídos na campanha ou iniciativa desde cedo, ou pelo menos informados sobre os planos da empresa. O evangelista também poderá colaborar com as demais equipes envolvidas na iniciativa no sentido de identificar meios para tornar os conteúdos que estejam sendo desenvolvidos mais fáceis de serem utilizados na *Web*.

Como alguém que interage direta e diariamente com o público-alvo, o estrategista de mídias sociais está perfeitamente informado sobre o quê essas pessoas de fato apreciam, esperam e/ou rejeitam na marca de uma empresa. Se uma campanha ou mensagem fracassar em seus objetivos, o evangelista será sem dúvida o primeiro a saber. Ele poderá inclusive tentar estabelecer uma espécie de **"grupo de teste"** (ou "balcão de anúncios") reunindo alguns influenciadores confiáveis para observar sua reação diante da campanha ou mensagem. Empresas investem milhões de dólares a cada ano em grupos de focalização criados especificamente para prever o impacto de grandes esforços de *marketing*; por que então não tirar vantagem da percepção exclusiva dos líderes de mídias sociais?

Se a escolha do evangelista for feita de maneira inteligente, é provável que ele demonstre uma mentalidade fortemente voltada para o *marketing* e as comunicações, além de um ótimo *background* como profissional bem-sucedido nessas áreas. Ele foi escolhido para essa posição – e para representar a marca *on-line* – pelo fato de possuir ótimos instintos e saber o que está fazendo. Seus talentos e suas habilidades garantirão a ele a inclusão nos diálogos internos de caráter estratégico e confidencial.

Todas as marcas que têm usado as mídias sociais de modo mais eficiente – nos setores automotivo, de TI e aeroviário, entre outros – incluem seus evangelistas no planejamento realizado pelos respectivos departamentos de *marketing* e comunicações. Portanto, durante a entrevista o candidato a evangelista deverá perguntar ao potencial empregador se 1º) ele será ou não incluído nas discussões estratégicas de outros departamentos e 2º) se as mídias sociais serão consideradas desde o início do planejamento das campanhas de *marketing* e comunicações. Caso a resposta seja negativa, o profissional já saberá de antemão que passará praticamente todo o seu tempo tentando se manter informado sobre os esforços dos demais departamentos; neste caso, sua capacidade de demonstrar eficiência será prejudicada. Sendo assim, se as iniciativas de mídia social não forem consideradas suficientemente importantes nos esforços de *marketing* e comunicações da companhia para que o evangelista participe das decisões estratégicas, isso representará o **fim da relação**.

Em qualquer casamento bem-sucedido, deve haver um denominador comum. É claro que sempre existirá espaço para as necessidades, os passatempos e os interesses individuais – todavia, para que uma boa relação perdure, os momentos de consenso deverão prevalecer sobre os de divergência. Ambas as partes precisam concordar em relação às prioridades e aos valores, ou o relacionamento entre elas será provavelmente bastante conturbado no futuro. Neste caso, as chances de tudo funcionar de modo tranquilo diminuirão de maneira significativa. Do mesmo modo, para que o casamento entre uma marca e seu evangelista de mídias sociais funcione bem, também será preciso estabelecer um ponto em comum – marca e profissional terão de se entender sobre todos os aspectos dessa relação: 1º) a abrangência do papel que a personalidade do indivíduo contratado exercerá sobre a presença da marca; 2º) a autoridade dessa pessoa para estabelecer as direções que serão tomadas dentro do programa de mídias; e 3º) os recursos necessários para o sucesso. Assim como ocorre em um casamento, se as partes não chegarem a um acordo desde o início sobre valores e prioridades a relação provavelmente terminará de maneira prematura e infeliz.

É claro que para determinar se o relacionamento está ou não funcionando, será preciso primeiramente decidir a melhor definição de "sucesso" nas mídias sociais, tanto para a marca quanto para o evangelista. Assim que se tenha encontrado a melhor definição, o próximo passo será determinar como medir o progresso alcançado em relação aos objetivos previamente estabelecidos e então definir se tudo o que foi investido está de fato valendo à pena.

Capítulo 6

O ROI E AS MÉTRICAS

Uma das maneiras mais rápidas de se iniciar um debate acalorado em qualquer lugar do mundo é **falar sobre política**. Até mesmo dentro do ambiente mais tranquilo e controlado, as regras de civilidade podem cair por terra quando esse assunto é trazido à baila. Indivíduos que até então conversavam de maneira alegre e demonstravam grande camaradagem entre si, tornam-se completamente obstinados em defender seus mais arraigados pontos de vista.

O fato é que esse mesmo resultado pode ser obtido nos círculos das mídias sociais, bastando que para isso alguém traga à tona as questões de ROI[i] e métricas. Uma das escolas de pensamento no mundo das mídias sociais alega que o ROI de um programa de mídias ativo é evidente. Ao longo de vários anos, empresas têm investido pesadamente em grupos de focalização que possam lhes dizer o que seus consumidores pensam sobre sua marca, seus produtos e suas campanhas de *marketing*. E agora que as redes sociais possibilitam que as organizações obtenham as mesmas informações de **maneira gratuita**, bastando que para isso elas tomem parte nas discussões *on-line* com seus consumidores e clientes em potencial, o ROI, de fato, se tornou ainda mais óbvio. Ainda de acordo com essa linha de argumento, o valor

---

i Sigla em inglês para *Return On Investment* (retorno sobre o investimento). É geralmente utilizada em inglês. (N.T.)

do diálogo com o público-alvo de uma empresa não deveria jamais ser considerado como algo questionável. Afinal, as pessoas preferem comprar seus produtos de indivíduos que elas conhecem, aos quais admiram e nos quais confiam – e, mais do que nunca, os instrumentos de mídia social ajudam a organização a desenvolver tais relações de maneira mais efetiva e humana.

Scott Stratten, autor do livro *UnMarketing – Stop Marketing. Start Engaging.* (*UnMarketing – Pare de Fazer Marketing e Comece a Promover o Engajamento*), gosta de brincar sobre isso dizendo: "Cada vez que alguém pergunta sobre o ROI das mídias sociais, um gatinho morre. Assim como um unicórnio."[1] A natureza desdenhosa do comentário é a maneira de Scott reforçar alguns de seus argumentos: 1ª) nem todos os investimentos ocorrem na forma de dinheiro; 2ª) nem todo o retorno deve ser medido em termos de receita; e 3ª) os negócios de hoje de dia (pelo menos na perspectiva do consumidor) se baseiam no desejo de uma marca em investir tempo construindo uma relação com seus clientes e ganhando sua confiança.

É óbvio que qualquer pessoa que já tenha estado em um ambiente corporativo sabe que **sempre** haverá expectativas em relação aos retornos demonstráveis para qualquer investimento. Nesse sentido, há outra escola de pensamento que defende a posição de que não faria o menor sentido que uma grande organização se engajasse em qualquer atividade que não lhe fornecesse compensação e/ou retornos claros pelos esforços empreendidos – seja na forma de lucros ou vendas, no caso de uma empresa com fins lucrativos, ou de doações ou voluntariado, no caso das organizações sem fins lucrativos. Por que razão uma empresa para a qual a geração de receita é sua ***raison d'être***[ii] continuaria a praticar uma atividade que em nada contribui para isso? Qual a importância de uma organização atrair milhares de visitantes para o seu *blog*, possuir dezenas de milhares de seguidores no Twitter e centenas de milhares de fãs no Facebook se essas pessoas não geram qualquer tipo de receita no final?

Os recursos em qualquer empresa são limitados, portanto, eles precisam ser aplicados em atividades capazes de oferecer retorno confiável

---

ii Termo geralmente utilizado em francês cujo significado é "razão de vida" ou "razão de existência". (N.T.)

para o que foi investido. Olivier Blanchard, autor de *Social Media ROI* (*O ROI na Mídia Social*), afirma que o impacto não financeiro – embora valioso – não é ROI e que, a menos que os programas de mídias sociais sejam amarrados ao real desempenho de uma empresa, eles não serão viáveis em longo prazo dentro de um ambiente corporativo.[2] (Como observador, devo dizer que respeito profundamente o trabalho de Olivier e que sugiro ao leitor a leitura da obra por ele publicada.)

Como ocorre na maioria dos debates, a verdade provavelmente reside em algum lugar no meio desses dois extremos. De minha parte, confesso minha tendência pela facção que defende que as mídias sociais deveriam estar amarradas aos objetivos e ao desempenho das empresas e que, portanto, teriam de ser avaliadas de acordo. É claro que há espaço para os elementos não financeiros – até certo ponto –, mas, em última análise, eles precisam ser um meio para se alcançar uma finalidade. Pense nisso da seguinte maneira: em um ambiente comercial tradicional, as vendas não ocorrem em uma única reunião. Elas se transformam em uma série de relacionamentos e no ganho de confiança – o agente comercial vai até o cliente, faz uma apresentação e então o leva para jantar. Então ele retorna a essa empresa na semana seguinte para apresentar sua oferta a outras pessoas, incluindo a chefia da companhia. Daí é possível que todos saiam para jogar golfe ou assistir a um jogo de futebol. Então haverá outra apresentação e outro jantar. No final a venda é feita – mas nesse momento o cliente não estará "adquirindo" apenas um produto ou serviço, mas também o próprio representante comercial, tamanha sua confiança no profissional e a força do relacionamento estabelecido ao longo de todo o processo. É raro o gerente do departamento comercial se voltar para a equipe e perguntar: "Qual foi o ROI daquele jogo de golfe? Do jantar que a empresa pagou?" Assim como todo o pessoal bem-sucedido do setor comercial, o gerente sabe perfeitamente que vender é parte de um processo, e que construir um relacionamento com o cliente é parte essencial de tudo isso.

Note, entretanto, que nessa analogia o processo terminou em uma **venda** – o ROI das atividades inerentes à construção do relacionamento nunca será questionado se uma venda for celebrada. Porém, um representante comercial que constantemente leve seus potenciais clientes para jantar, jogar golfe e/ou assistir a jogos de futebol, mas que nunca consiga fechar qualquer negócio com eles, certamente terá muitas perguntas a responder sobre suas escolhas duvidosas no gasto do dinheiro da empresa – além disso, se esse indivíduo não realizar uma ou duas vendas em um curto período, ele provavelmente terá de começar a procurar outro emprego. Portanto, todas as operações que provocarem impacto **não** financeiro (como define Olivier), em qualquer parte do mundo, somente terão valor se resultarem no alcance dos objetivos desejados. Se o profissional conseguir demonstrar que um aumento nas vendas e na receita, e o alcance dos objetivos comerciais, resultam das estratégias adotadas, as táticas por ele utilizadas não serão questionadas.

Por outro lado, nem todos os objetivos comerciais são estritamente financeiros. Aliás, nem todos no setor sempre compreenderão tal visão, em especial se não tiverem um *background* em *marketing* ou em RP. Como nos recorda Geoff Livingston, cofundador da empresa de consultoria Zoetica e, ele próprio, um proeminente influenciador das mídias sociais, "Muitos executivos não compreendem a diferença entre um resultado desejado e ROI literal."[3] Contudo, essa diferença pode ser crucial para se julgar o sucesso de uma campanha ou até mesmo de todo o programa de mídias sociais de uma empresa. Se as lideranças estiverem esperando por um programa que resulte de maneira cabal em geração de receita, é melhor que o projeto desenvolvido inclua ferramentas e estratégias de medição capazes de perseguir tais objetivos. Se o impacto não financeiro é um objetivo aceitável para a campanha ou programa (ou seja, tornar o produto/serviço conhecido entre os clientes, reforçar a reputação da marca, garantir burburinho, fazer com que o nome da empresa seja mencionado *on-line* etc), desenvolva o programa de modo a atingir tais objetivos e mantenha um sistema de avaliação pronto para sustentá-lo depois que estiver terminado.

É óbvio que as questões relativas ao ROI não surgem somente na área de mídias sociais. Provar o valor de algo cuja própria idealização não esteja diretamente amarrada à geração de vendas e receita pode ser bastante desafiador nos esforços tradicionais de RP e *marketing*. Qual é o valor real de uma história fantástica publicada em um jornal de primeira linha? Ou de uma crítica inflamada em uma revista especializada em automóveis (no caso das empresas automotivas, pelo menos)? Como se pode provar o valor de uma campanha publicitária ou de um *hit* de RP? Como se consegue demonstrar que uma campanha de *marketing* é de fato responsável pela compra realizada por um determinado cliente?

Enquanto essas perguntas se mantêm firmes no universo das redes sociais, as tecnologias da Internet nos oferecem talvez uma melhor oportunidade de respondê-las de maneira mais direta. Por exemplo, com o uso de *links* abreviados é possível descobrir não apenas de onde partiu um clique em seu *site*, mas também, e em muitos casos, onde esse *link* abreviado foi acessado. Ou seja, é possível ter uma ideia de quais pontos e/ou indivíduos estão gerando tráfego para o seu *site*.

Quatro perguntas fundamentais

Antes de dar início a um programa de mídias sociais e tentar medir seu sucesso, existem quatro questões cruciais a abordar:

1. Que tipo de informação será coletada? (Que métricas são consideradas como as mais importantes?)
2. Como as informações serão coletadas? (Que ferramentas são consideradas como as mais eficientes na aquisição de informações?)
3. Que tipo de análise será aplicada? (Somente números brutos serão reportados? Que tipo de *insights* se espera obter da informação coletada e como eles serão extraídos dos dados?)
4. Como os dados serão reportados? (Por meio de que mecanismos as informações obtidas serão compartilhadas com o resto da organização?)

Uma vez que as respostas para essas quatro questões tenham sido devidamente compreendidas, as medições se tornarão menos misteriosas, e o ROI, menos abstrato.

Nesse capítulo me concentrarei nas respostas para a pergunta de número 1, que diz respeito às métricas que realmente importam nas mídias sociais e no tipo de informação que deveria de fato ser coletada. A resposta à pergunta de número 2 envolveria meu endosso pessoal a ferramentas e/ou plataformas específicas. Porém, a despeito de gostar muito de algumas delas, acredito que cada organização deva decidir pessoalmente a que melhor se encaixa em seu perfil e em sua situação. Entre essas ferramentas e plataformas estão: Radian6, Converseon, Looking Glass,[iii] Google Analytics,[iv] CoTweet,[v] Collective Intellect,[vi] Attensity360,[vii] Cymfony,[viii] BuzzLogic,[ix] Visible Technologies[x] e milhares de outras

---

iii Plataforma de monitoramento social da Microsoft. Trata-se de um "espelho", servidor ou roteador de acesso público com uma cópia da tabela de roteamento BGP (Border Gateway Protocol). Alguns têm interface *web*, outros são acessados por telnet. (N.T.)

iv Trata-se de um serviço gratuito oferecido pela Google. Depois de devidamente cadastrado, o usuário recebe um código para ser inserido na página cadastrada. Cada vez que esta é exibida, estatísticas sobre a visitação são enviadas ao sistema para que o dono do *site* possa avaliá-las. Foi criada para otimizar campanhas de *marketing* e também para o Google AdSense. Fonte: http://pt.wikipedia.org/wiki/Google_Analytics. (N.T.)

v Trata-se de um serviço *on-line* que permite que até seis pessoas dividam a mesma conta do Twitter. Isso é perfeito para grupos e companhias que desejam aumentar seu poder de influência dentro dessa rede social. Atualmente ele faz parte do *hub* de *marketing* interativo da Exact Target. Para mais informações, acesse http://cotweet.com/about. *Site* em inglês. (N.T.)

vi Empresa cujos *softwares* permitem aos clientes coletar, processar e sintetizar informações obtidas em conversas *on-line* com os consumidores. Isso possibilita ao usuário ouvir e compreender o que realmente importa para seus clientes e atentar para alertas e tendências importantes. Para maiores informações acesse http://collectiveintellect.com/about#page=approach. *Site* em inglês. (N.T.)

vii Trata-se de uma ferramenta que permite que as empresas extraiam informações valiosas a partir da verificação de suas conversas *on-line*. Isso inclui: perfil comportamental do cliente; causa básica de problemas; análises preditivas etc. Para maiores informações acesse http://www.attensity.com/products/attensity-analytics-suite/. *Site* em inglês. (N.T.)

viii Trata-se de uma empresa do grupo Kantar Media, que oferece análise de influência de mercado ao avaliar e interpretar milhões de dados na interseção entre as mídias sociais e tradicionais. Para maiores informações acesse http://www.cymfony.com/About-Us/About-US. *Site* em inglês. (N.T.)

ix Atualmente denominada Twelvefold Touch, a empresa já não descreve a si mesma como especializada em monitoramento *on-line*. Hoje ela está voltada para aprimorar métricas e ROI de seus clientes por meio de sua plataforma de indexação e análise. Para maiores informações acesse http://www.twelvefold.com/2011/11/02/buzzlogic-changes-name-to-twelvefold-media/. *Site* em inglês. (N.T.)

x Trata-se de uma empresa líder no monitoramento, na análise e no oferecimento de soluções para o mercado SMB (Server Message Block – aplicativo de nível rede, protocolo-aplicado, portas seriais etc). Para maiores informações acesse http://www.visibletechnologies.com/about/. *Site* em inglês. (N.T.)

disponíveis para grandes marcas. Cada uma delas apresenta pontos positivos e negativos; particularmente, já utilizei inúmeros serviços que disponibilizam dispositivos de "monitoramento" e métricas – e é provável que continue testando vários outros no futuro –, portanto, dizer ao leitor qual é o mais adequado seria o mesmo que sugerir-lhe o carro ideal, a companhia aérea mais eficiente ou o dentifrício mais eficaz. Uma vez que a organização tenha definido o sistema de métricas e de obtenção de informações que lhe parecer mais conveniente, ela poderá recorrer a uma entre mais de uma dúzia de ótimas opções no mercado – companhias especializadas em coletar e reportar dados aos seus clientes. Vale ressaltar que o monitoramento e a avaliação das redes sociais já não representam grandes novidades para ninguém do setor.

A questão número 3 diz respeito ao **capital intelectual**. Independentemente de a análise dos dados ser feita pela própria empresa ou por alguma agência contratada, é fundamental que alguém fique encarregado de examinar e compreender os números obtidos. Se uma companhia definir que o **"número de menções"** de sua marca no Twitter será uma das métricas principais, alguém terá de avaliar esse relatório e levantar questões pertinentes: qual foi o efeito real das 1.789 menções feitas à empresa ontem no Twitter? As vendas pelo *site* da empresa aumentaram após a campanha realizada no Twitter? Se a marca possuir um ponto de vendas físico, o tráfego de clientes em potencial nas lojas aumentou depois da campanha *on-line*? Alguém deverá reunir todos esses dados e determinar o que eles realmente significam.

A resposta para a questão número 4 – o modo como os dados serão reportados – será diferente para cada organização. As informações serão transmitidas via *e-mail*? A empresa optará por usar um *site* protegido por senha e pelo *firewall* da companhia? Os dados serão divulgados em uma apresentação em *PowerPoint* realizada durante uma reunião em que somente funcionários relevantes participarão? Quem terá acesso a esses dados – somente o departamento que solicitou a medição? Somente os executivos dos setores de *marketing*, comunicações e atendimento ao cliente? Somente a liderança da empresa? É preciso que todas essas questões tenham sido cuidadosamente analisadas e respondidas antes do início do processo.

Como mencionado anteriormente, no restante deste capítulo discutiremos quais métricas realmente importam nas mídias sociais e quais resultados refletem o verdadeiro sucesso. Porém, antes que você comece a pensar sobre o modo como medirá seu programa e quais métricas utilizará, há uma questão ainda mais básica que precisa ser abordada. Trata-se do primeiro passo para se determinar o ROI do seu programa de mídias sociais.

Antes mesmo de determinar táticas e plataformas, identifique o que representará o sucesso do seu programa

Um dos maiores erros que uma organização pode cometer é estabelecer sua presença nas mídias sociais apenas por fazê-lo, ou seja, sem reconhecer o verdadeiro significado desta ação. **"Porque todo o mundo tem sua própria página"** não é uma boa resposta para a pergunta **"Por que você deseja estar no Facebook?"**. É preciso saber de antemão o que a empresa deseja com essa atitude e o que a liderança sênior da organização espera como resultado.

Se uma empresa começa a utilizar uma determinada plataforma – dizendo, por exemplo, "Precisamos de uma conta no Twitter", ou "Vamos providenciar uma página no Facebook" – sem saber exatamente o que deseja dessa ferramenta, é bem possível que o resultado seja um programa social **disparatado, desorientado** e **confuso**. Muitas dessas empresas experimentarão um processo desarticulado conforme suas respectivas presenças sociais forem construídas em torno de submarcas, linhas de produto e/ou campanhas de *marketing*. Você consideraria a ideia de comprar tempo de TV sem ter em mente o produto que irá veicular ou a receita que deseja obter? É óbvio que não – qualquer investimento nesse sentido é cuidadosamente ponderado pelo anunciante. É preciso aplicar o mesmo grau de planejamento em relação às mídias sociais.

Identifique claramente o que representará o sucesso do seu programa e quais são as expectativas da liderança da empresa em relação ao programa. Você deseja atrair pessoas para o seu *blog*, para sua página no Facebook, para sua conta no Twitter ou para o seu canal no YouTube? Está apenas tentando espalhar seus produtos em todos os canais possíveis e transmitir sua mensagem da maneira mais ampla que for capaz? Planeja causar impacto sobre as vendas? A resposta para cada uma dessas perguntas é **importantíssima**.

- Se você está prestes a celebrar a postagem do seu vídeo em 151 *blogs*, mas o que a gerência da empresa realmente esperava era um aumento significativo no número de assinantes para seu canal no You Tube, quando este total não passou de 14, é óbvio que existe uma discrepância naquilo o que cada parte considera como sucesso.
- Se o seu objetivo é conseguir 50 mil novos fãs para sua página no Facebook (mas somente consegue atrair 9 mil), entretanto, em menos de uma semana é capaz de gerar 10 mil menções de sua empresa no Twitter, isso deveria ser visto como um sucesso inesperado ou como um fracasso inaceitável?
- Burburinho é igual a sucesso? Iguala-se aos números? Às vendas?
- Seja qual for a resposta, você já tem mecanismos prontos para medir se está alcançando suas metas? Você está monitorando as conversações *on-line* para saber quanto "burburinho" sua empresa está gerando?
- Você já tem algum sistema em funcionamento para verificar se o número de visitantes em algumas de suas páginas específicas tem aumentado durante a campanha ou para definir a partir de quais *links* esse acesso está sendo gerado?
- Se o resultado que você espera é na forma de vendas, há alguma ferramenta pronta para atestar que os níveis de comercialização de um produto estão de fato aumentando por conta das pessoas que foram alcançadas por meio dessa campanha específica?

A menos que você tenha uma ideia clara daquilo que espera em termos de sucesso – em termos **quantitativos** e **qualitativos** – jamais saberá com certeza se realmente obteve retorno para o seu investimento.

Conheça bem o seu ponto de largada

Para identificar se está causando algum efeito, é preciso saber exatamente qual é a sua situação na largada. Como afinal você poderá dizer se os seus esforços nas mídias sociais estão promovendo um ROI demonstrável se você sequer conseguiu identificar o *status quo*?

Se o seu objetivo é **causar burburinho**, terá de começar fazendo uma varredura *on-line* para saber a frequência com a qual sua empresa é mencionada nas redes sociais **antes** que uma de suas campanhas seja iniciada. Desse modo você será capaz de provar de maneira eficiente que o aumento no número de menções ou do burburinho foi de fato causado pelas suas iniciativas. Neste caso, há inúmeras ferramentas que poderão ser utilizadas – Google Analytics, SEOmoz,[xi] Radian6 e Converseon – para monitorar várias redes sociais e plataformas, e identificar a frequência e o teor das menções à sua marca. Desse modo, será possível estabelecer uma base para se calcular o número de alusões positivas, neutras ou negativas em relação à sua empresa e, então, compará-lo àquele obtidos após a realização da campanha. Seja qual for o instrumento escolhido, ele deverá ajudá-lo não apenas a medir o volume e/ou alcance de seus esforços – "Quão frequentemente somos mencionados?" ou "Quantos fãs ou seguidores possuímos? –, mas também a atestar a **fidedignidade** (a frequência com a qual o seu conteúdo é compartilhado por outras pessoas em suas próprias redes, o que demonstra que sua empresa é considerada uma fonte digna de confiança); a **responsividade** (a frequência com que a comunidade escolhe se engajar ou interagir com sua empresa e o percentual do seu público que se mostra ativo no diálogo; isso indica o quanto as pessoas estão absorvendo as informações que você publica, em vez de ignorá-las ou apenas observá-las à distância); e a **influência** (o percentual do seu conteúdo que é compartilhado ou distribuído por outros, em vez de apenas ficar exposto exclusivamente em sua própria página) demonstrada por sua marca. Afinal, se grande parte do seu **objetivo** é fazer com que o seu conteúdo seja **compartilhado** pelas redes sociais,

---

xi Trata-se de uma empresa que disponibiliza em seu *site* ferramentas de análise estatística. Para maiores informações acesse http://www.seomoz.org/about. *Site* em inglês. (N.T.)

não seria fundamental saber a **periodicidade** com a qual sua marca está sendo veiculada? Estar no YouTube ou no Facebook não significa ser bem-sucedido nas mídias sociais; você jamais alcançará milhões de exibições de um vídeo se tentar atrair todo o mundo para o **seu** *site* ou canal sozinho. Se quiser chegar a um **grande número de visualizações**, certamente precisará que outras **pessoas o compartilhem** e o **distribuam para você**. Sendo assim, não seria importante saber se você está de fato criando o tipo de conteúdo que o público em geral queira compartilhar, e então monitorar as redes para conhecer a frequência com a qual essas pessoas são influenciadas a compartilhar o que você está publicando?

Porém, independentemente do tipo de medição adotado, ainda será preciso conhecer bem a situação atual se quiser realmente compreender o impacto de tudo o que estiver propondo. Se para você o sucesso se resume ao número de pessoas que visitam sua página no Facebook ou seu *site*, não seria importante verificar o número médio de visitantes que ambos já recebem por dia ou semanalmente antes do início de sua campanha? Você é capaz de rastrear a origem de visitantes adicionais por meio de *links* abreviados ou análise de IP? Você consegue provar que é a sua campanha ou iniciativa que está influenciando este aumento no tráfego? Se isso for possível, certamente se tornará bem mais fácil ficar diante de seus superiores, reportar o sucesso do programa implantado e justificar o orçamento e os recursos investidos. Se a sua ideia de sucesso estiver associada ao crescimento das vendas ou da receita, também será fundamental definir em que pé estava a situação antes da implementação do programa, pois, somente dessa maneira poderá determinar se o impacto causado pelos seus esforços será ou não tangível.

Em última análise, é bem provável que o elemento mais crucial para a avaliação da eficácia de seus esforços no setor de mídias sociais seja o reconhecimento do *status quo*. Tal preparo se mostrará vital para que você possa demonstrar seus resultados com segurança. Esta é mais uma razão para que você não se atire de cabeça no Facebook ou no Twitter imaginando que conseguirá experimentar as plataformas e aprender com elas ao longo do caminho. A experimentação e a assunção de riscos são necessários nas mídias sociais, mas é preciso que haja um propósito por trás de seus esforços; você precisa saber exatamente o que está tentando alcançar para que saiba o que de fato representará o sucesso de suas iniciativas.

A partir do momento em que tiver definido o que deseja alcançar com o seu programa de mídias, e que já tiver determinado a situação em que se encontra atualmente para ser capaz de medir o sucesso e o retorno real sobre os investimentos realizados, os próximos passos serão: 1º) incorporar as métricas e quantificações que utilizará para avaliar os resultados obtidos e 2º) reportar suas conquistas.

Mentiras, índice de Klout e estatísticas

Com o crescimento vertiginoso das mídias e redes sociais nos últimos anos, surgiu um novo meio de obtermos uma medição mais tangível, pelo menos superficialmente, da influência e da importância de cada indivíduo: o **uso dos números**. Independentemente de eles aparecerem na forma de fãs no Facebook, de seguidores no Twitter, de um índice no Klout ou da posição no *ranking* do Technorati,[xii] tais resultados exercem no ambiente digital o mesmo papel do Rolodex – aquele enorme arquivo giratório que abrigava cartões de visita e fichas com informações de clientes – em séries como *Mad Men*[xiii] ou em filmes como *Wall Street*:[xiv] o de considerar o valor e a conexidade de um indivíduo como porta de entrada para inúmeras esferas de influência ou comunidades. Contudo, diferentemente do que ocorre no caso dos usuários desses antigos arquivos giratórios, parece que agora já é possível vislumbrar tais conexões antes mesmo de se contratar alguém para uma equipe, ou de se manter um funcionário no grupo. Basta que se verifique o **índice de Klout**, o **número de fãs e/ou de seguidores no Twitter desse indivíduo**.

---

xii Trata-se de um mecanismo de busca especializado em *blogs*; atualmente o número de *blogs* cadastrados no *site* já ultrapassa 50 milhões. (Fonte: Babylon). (N.T.)

xiii Esta série é atualmente exibida no Brasil pela TV à cabo. Ela se passa nos anos 1960 e retrata as mudanças morais e sociais ocorridas nos EUA durante essa década, usando como cenário os conflitos ocorridos em uma agência publicitária fictícia, a Sterling Cooper. (N.T.)

xiv Filme lançado no Brasil com o título *Wall Street: Poder e Cobiça*. (N.T.)

Nos últimos anos, conforme as pessoas se tornaram mais conscientes sobre o aparente valor desses números, estabeleceu-se uma mentalidade voltada para a importância de elevá-los. Serviços como o Klout afirmam ser capazes de medir as conexões de qualquer pessoa e avaliar não somente sua participação nas redes, mas também o seu nível de atividade dentro de múltiplas plataformas sociais – e até mesmo de recompensar os indivíduos que apresentarem os índices mais elevados. Durante conferência sobre mídias sociais, é bastante comum que alguém na plateia interrompa a apresentação e pergunte ao orador sobre a melhor maneira de aumentar rapidamente o número de seguidores e/ou de fãs de uma pessoa – em geral, o inquiridor recebeu essa exata tarefa de alguém do *marketing* ou de comunicações dentro de sua empresa.

Os números são universais e, pelo fato de serem tão prevalentes nos negócios, oferecem um nível de conforto e familiaridade que torna o "novo" ambiente digital menos assustador para os profissionais mais tradicionais dos setores de *marketing* e de comunicações. Em geral, essas pessoas estão bastante acostumadas com a objetividade dos números – aliás, até mesmo a própria eficiência desses indivíduos é medida por meio deles. É bem fácil, portanto, ser levado a outorgar aos números uma **importância exagerada**. Contudo, tal obsessão não é sadia, tampouco inteligente; nas mídias sociais, os números são como o "bezerro de ouro"[xv] – o falso deus que serve como uma interpretação simplista e indolente dos benefícios e/ou da eficiência do engajamento nas mídias. Em vez de realizarem um trabalho mais conclusivo, baseado em medições corretas e confiáveis, muitas empresas acabam frequentemente optando por realizar uma espécie de jogo dos números: interpretações rápidas, porém equivocadas, de benefícios e declarações de sucesso que nem sempre se sustentam diante de análises mais cuidadosas. Por exemplo, a contagem do número de seguidores no Twitter pode apresentar resultados enganosos. De acordo com uma

---

xv Alusão ao ídolo de ouro construído por Aarão a pedido dos israelitas, que se tornaram impacientes com a longa permanência de Moisés no monte Sinai. Depois de retornar, Moisés destruiu o ídolo no fogo e, com isso, obteve o perdão de Deus para os israelitas (Êxodo 32). (N.T.)

pesquisa realizada pela Experian Hitwise[xvi] e veiculada como matéria de capa pela revista *Fortune* na primavera norte-americana de 2011, cerca de 47% das pessoas que possuem uma conta no Twitter já não são usuários ativos.[4] Levando isso em consideração, se alguém que você deseja alcançar supostamente possuir uma lista com 10 mil seguidores, como você saberá com certeza quantos deles ainda estão realmente utilizando o serviço e lendo suas mensagens? Seriam 10 mil? Talvez 5,3 mil? Quem sabe uma média entre os dois?

Independentemente de você estar avaliando se seus próprios esforços devem ou não ser considerados bem-sucedidos, ou tentando determinar que pessoas devem ser abordadas em um programa ou iniciativa, não se deixe levar apenas pelos números. É mais ou menos como se deixar entusiasmar pelas belas jogadas e pelos ótimos resultados alcançados nos jogos amistosos da seleção nacional de futebol, realizados pouco antes do início do campeonato mundial. É óbvio que todos nós adoramos ver belos dribles, lindos gols de placa ou defesas mirabolantes, mas o que realmente importa são as jogadas e as vitórias alcançadas durante a competição oficial.

Ao longo de várias gerações, os profissionais de *marketing* e RP foram avaliados pelos números apresentados – especificamente pelos que denotavam visitas, impressões e tiragem. Quantas pessoas leram esse artigo? Qual é a circulação dessa publicação? Quantas pessoas assistiram a esse comercial? Quais são os índices de audiência desse programa? Porém, os números de leitores e telespectadores não eram os únicos a serem considerados na avaliação dos profissionais de RP, que também eram julgados pelo número de *releases* (comunicados) divulgados – e quanto mais longos os comunicados, mais felizes ficavam os chefes.

Mesmo com o advento da rede, continuamos a utilizar os números como os primeiros árbitros ou mecanismos de medição do valor de nossas interações. Quantos visitantes individuais, de caráter men-

---

xvi Referência à empresa de mesmo nome e à ferramenta especialmente desenhada para aprimorar o ROI no *marketing* digital. Ela mede o desempenho das campanhas realizadas na Internet, protege e amplia a participação no mercado de seus usuários e antecipa tendências de comportamento em termos de busca e navegação. (N.T.)

sal, leem/visitam um determinado *blog*? Qual é o *ranking* desse *blog* de acordo com o Technorati? Em que posição seu autor se encontra no *Power 150* da Ad Age?[xvii] Passe-me imediatamente seus índices Quantcast,[xviii] Compete[xix] e SEOmoz! Também tentamos quantificar o sucesso de *sites* corporativos por meio dos números: quantos acessos essa nova função gerou para o *site* da empresa? Durante quanto tempo cada visitante navega pelo *site*? Quantos comentários cada postagem em nosso *blog* recebe?

Quando surgiram outros canais de mídia social, o uso dos números por parte dos profissionais do *marketing* alcançou níveis obsessivos. Com a verdadeira explosão do YouTube, as empresas ficaram tão empolgadas com o conceito de **"número de acessos"** que passaram a divulgar vídeos tolamente batizados de **"virais"** – conteúdo idealizado e projetado especificamente para gerar milhões de visualizações.

Todavia, há dois problemas com essa abordagem. Em primeiro lugar, preocupar-se com o número de visualizações que um vídeo irá gerar antes mesmo de criá-lo é uma grande distração para o verdadeiro trabalho: "esculpir" sua história de uma maneira eficiente. E mais importante, o ato de designar um vídeo como "viral" desde sua idealização demonstra uma crença ridiculamente arrogante de que os profissionais do *marketing* corporativo têm a capacidade de ditar ao público *on-line* o que essas pessoas deverão considerar digno ou valioso o suficiente para compartilhar nas redes sociais. O fato é que os departamentos de *marketing* corporativo e as agências de RP **não** decidem o que se tornará "viral"; essa decisão cabe ao **público**. Portanto, se o

---

xvii A empresa *Advertising Age* (ou *Ad Age*) começou como um jornal e posteriormente transformou-se em uma revista especializada em *marketing* e mídia. Atualmente o conteúdo é publicado *on-line*. O *Power 150* (Poder 150) é um *ranking* dos 150 principais *blogs* em língua inglesa do mundo. No início o foco principal era o *marketing*, mas, atualmente, os assuntos são bem variados. (N.T.)

xviii Trata-se de um serviço de medição de público que oferece aos usuários dados demográficos, percepções dos clientes, afinidade dos *sites* e categorias de interesse. (Fonte: Wikipedia) (N.T.)

xix Produto comercializado pela Kantar Media Compete, uma empresa especializada em inteligência digital que ajuda empresas a aprimorarem seus programas de *marketing on-line*. Para maiores informações acesse http://www.compete.com/us/about/. *Site* em inglês. (N.T.)

representante de uma agência ou um consultor se aproximar de você e sugerir a "criação de uma campanha viral" para sua empresa, a melhor coisa a fazer é agir de maneira educada, porém firme, e livrar-se dessa pessoa, buscando outro profissional que: 1º) realmente se concentre na história que sua empresa deseja contar; 2º) não foque sua atenção apenas nos resultados que deseja obter; e 3º) não ouse prometer aquilo que não pode ser prometido.

Com o surgimento do Twitter, o ciclo se reiniciou novamente. Tanto os profissionais do *marketing* quanto os indivíduos comuns se embrenharam em uma corrida às cegas em busca de seguidores, acreditando que o número de pessoas que os acompanhassem nessa nova plataforma seria a melhor forma de medir sua influência. As marcas tinham agora mais um número por meio do qual determinar se deveriam ou não interagir com uma pessoa em particular: "**Quantos seguidores ele/ela tem?**" Em muitas empresas, ao deparar com postagens de teor negativo ou consumidores mais críticos, chega a ser comum escutar algum representante levantar a fatídica questão sobre "**o número de seguidores que o indivíduo possui**", antes mesmo de atentar para a natureza da crítica ou da reclamação – como se estas fossem menos válidas ou menos preocupantes se as pessoas que as levantaram contassem com um número pequeno de seguidores!

Entretanto, não foram somente as empresas que se tornaram vítimas dessa mentalidade equivocada sobre o Twitter, segundo a qual "**número**" e "**influência**" são **equivalentes**. Dentro do mundo das mídias sociais, valorizamos e respeitamos qualquer um que consiga acumular o maior número de seguidores. Toda a comunidade do Twitter acompanhou de perto a corrida entre o ator norte-americano Ashton Kutcher e a CNN para ver quem alcançaria um milhão de seguidores primeiro.[5] Em algumas conferências sobre mídias sociais, possuir um elevado número de seguidores nessa plataforma já é o suficiente para que uma pessoa seja convidada a palestrar, independentemente de ela já ter alcançado algum sucesso em sua vida ou de ter algo de importante a dizer a seus ouvintes. Muitos julgam as investidas corporativas no Twitter mais pelo número de seguidores que as companhias amealham que pela qualidade daquilo o que é compartilhado com seus públicos ou pelos diálogos mantidos. Tal ênfase no número de seguidores, assim como essa luta desvairada para garantir cada vez mais gente acompanhando nossas postagens, são parcialmente responsáveis pelo *spam* difundido em caráter universal "obtenha mais seguidores" (tanto na forma de *tweets* como em *sites*) – e cujas proporções somente haviam sido alcançadas pelo *spam* sobre **"aumento peniano"**, o que até parece fazer sentido. Como disse certa vez o fundador da HARO e influenciador de mídias sociais, Peter Shankman: "Seguidores no Twitter – está é a nova 'cobiça peniana'."[6]

Há dois ótimos exemplos no mundo do entretenimento que demonstram porque os números por si só nem sempre equivalem a "influência." O Klout, um *site* de indexação de **integração social**, classifica indivíduos nas redes sociais de acordo com o número de seguidores no Twitter, "curtidores" no Facebook, conexões no LinkedIn, menções no Google e vários outros fatores. Pois bem, em janeiro de 2011, a mídia se mostrou perplexa e alvoroçada diante da seguinte revelação: segundo o *ranking* do Klout, o jovem cantor e ídolo canadense Justin Bieber era mais influente que o dalai lama ou o presidente dos EUA Barack Obama.[7] Embora na época a empresa Klout tenha se apressado em afirmar que seus métodos de cálculo não eram perfeitos e que poderiam ser aperfeiçoados, isso demonstra o perigo em considerar os números como indicadores de influência. (Gostaria de ressaltar que, apesar de ter falhado, este sistema ainda representa uma das primeiras tentativas realmente sérias de se medir de maneira científica a influência *on-line*, portanto, ainda não deve ser descartado; **apenas precisa de aperfeiçoamento.**)

O segundo exemplo ocorreu em março de 2011. Na época o ator norte-americano Charlie Sheen foi execrado pela opinião pública durante um período bizarro de sua vida que envolveu desde incidentes com drogas e internações em clínicas de reabilitação até uma série de entrevistas quase surreais. Diante da imprensa, ele ofendeu os produtores da série de TV que costumava estrelar e fez uma série de declarações ostentosas e quase messiânicas sobre si mesmo. No dia 1º de março, uma terça-feira, ele decidiu abrir uma conta no Twitter – @charliesheen. Em pouco mais de 25 h ele conseguiu amealhar 1 milhão de seguidores, estabelecendo assim um recorde no Guinness.[8] A despeito do fato de que várias pessoas que decidiram acompanhá-lo inegavelmente estavam ali apenas para observar de perto aquele verdadeiro **"trem desgovernado"**, o número espantoso de seguidores de

Sheen superou os de importantes influenciadores das mídias sociais, como Chris Brogan[xx] e Jason Falls,[xxi] assim como o de marcas famosas que já estavam bem estabelecidas no Twitter, como a Disney e a Best Buy. Em menos de uma semana, o ator alcançou 2 milhões de seguidores – **25%** a mais que a Starbucks!⁹

Ninguém em sã consciência diria que Charlie Sheen – principalmente durante um período tão turbulento de sua vida – era mais influente que Brogan ou Falls, ou que se tornara mais capaz de afetar o comportamento *on-line* das pessoas que a Disney, a Best Buy ou a Starbucks. Todavia, a avaliação realizada com base somente no número de seguidores indicava que, naquele momento, com mais de 2 milhões de seguidores, Sheen estava anos-luz à frente de todas as pessoas e organizações anteriormente mencionadas, pelo menos no quesito **influência**. Portanto, se naquele instante uma empresa houvesse requisitado uma lista de pessoas influentes que deveriam ser alcançadas por suas campanhas, é óbvio que o resultado não seria confiável.

Por outro lado, ninguém em juízo perfeito argumentaria que Justin Bieber exerce mais influência sobre o comportamento das pessoas na vida real que o presidente Barack Obama – e é justamente aí que reside o problema: afinal, será que o objetivo do ser humano é influenciar somente o comportamento virtual das pessoas? Acho que não. O que realmente se deseja é afetar também o comportamento delas no mundo real.

Retomando a analogia com o futebol, possuir na equipe um atleta capaz de dar um chute certeiro de fora da área a mais de 150 quilômetros por hora e marcar gols magníficos durante os treinos parece fantástico. Entretanto, esse mesmo jogador somente será útil para o time se, além de executar esse mesmo tipo de jogada durante todo o campeonato, também for capaz de ajudar a equipe com passes precisos, boa marcação e capacidade de recuperação quando perder a bola. Em última análise, o fato de nos treinos e amistosos as estatísticas

---

xx   Referência ao jornalista, consultor de *marketing*, autor, blogueiro e conferencista na área de *marketing* em mídias sociais. (N.T.)

xxi   Um dos mais conceituados e respeitados palestrantes na área de mídias sociais, conhecido por suas ideias inteligentes e pelo seu estilo de comunicação objetivo e seguro. (N.T.)

para esse jogador serem ótimas, o fato é que tal potencial não ajudará a equipe a vencer uma competição oficial. Nas mídias sociais os números são muito importantes, mas, isoladamente, **não se constituem em ROI**. Conseguir um bom número de "impressões" é muito interessante e poderia até demonstrar a efetividade de uma campanha de mídias sociais, contudo, a menos que se estabeleça um elo entre elas e os objetivos comerciais da empresa, os esforços de mídia social ainda serão vistos com ceticismo pelos responsáveis pela liberação do dinheiro dentro das organizações – e também por vários outros profissionais da empresa.

No mundo real, as empresas consideradas mais bem-sucedidas em sua empreitada nas mídias sociais – e que conseguem garantir mais apoio em nível organizacional para seus programas – são justamente aquelas que observam as mídias sociais não como um fim em si mesmas, mas como um meio para se alcançar uma finalidade. Elas se utilizam desse artifício como apenas uma das táticas dentro de um arsenal projetado para atingir objetivos comerciais reais.

Na H&R Block, Zena Weist diz: "Para que se possa demonstrar maturidade ao discutir sobre ROI e quantificações, é preciso conhecer bem as métricas utilizadas pela própria empresa."[10] Entre as **"métricas maduras"** utilizadas pela H&R Block para avaliar suas iniciativas no campo das mídias sociais estão: 1º) aquisições realizadas *on-line* (número de visitas agendadas e de *softwares* comercializados); 2º) contenção de custos (redirecionamento automático de chamadas e resolução no primeiro contato); métrica para avaliação da solução dos problemas dos clientes (questões resolvidas, pesquisas do departamento de atendimento ao consumidor e clientes/contas "salvas").

Perceba que em nenhum lugar dessa lista se lê nada do tipo "adquira um número X de seguidores no Twitter", "atraia um número X de fãs para sua página no Facebook" ou "mantenha X conversações dentro das redes sociais a cada semana." Na H&R Block, as mídias sociais ajudam a atingir objetivos comerciais reais, mas não são um fim em si mesmas. Se tivéssemos tempo e espaço para listar os objetivos e metas dos programas de mídias sociais de outras companhias bem-sucedidas nessa área – Dell, Southwest Airlines, IBM, Coca-Cola e muitas outras – veríamos que esse padrão se repete. Um atributo fundamental dos programas de mídias sociais de sucesso é o fato de eles estarem diretamente relacionados aos objetivos comerciais das companhias. Nelas os resultados são medidos em comparação com as metas estabelecidas.

- O tráfego em seu *site* ou em suas páginas aumentou em função de suas atividades nas redes sociais? (Todos os seus seguidores estão de fato interessados em aprender mais sobre você por causa das conversações mantidas *on-line* ou do conteúdo publicado?).
- Com que frequência seus seguidores compartilham com os próprios contatos o conteúdo que você publica? É óbvio que 25 mil seguidores passivos não funcionam tão bem quanto 5 mil ativos, que redistribuem seu material o tempo todo.
- Seja qual for o "resultado almejado" do seu programa – visitas ao *site*, pedidos de produtos ou de informações, agendamento de visitas, compras, vendas etc. –, será que ele está sendo alcançado, mesmo que a diferença positiva seja pequena? Se a resposta for afirmativa, você já eliminou outros fatores que lhe permitam concluir que as mídias sociais de fato impulsionaram tais resultados? Se negativa, como você conseguirá defender seu programa?
- Quantos dos seus seguidores estão realmente interagindo com sua marca dentro dessas redes sociais? Eles fazem perguntas com frequência? Se este for o caso, qual o seu tempo de resposta?
- O tempo de resposta do seu departamento de atendimento ao cliente é reduzido por causa do envolvimento da equipe com as redes sociais? As taxas que demonstram a satisfação dos clientes têm aumentado? Se a resposta for afirmativa, elas estão mais altas dentro das redes sociais? Elas têm aumentado em um ritmo mais elevado que as verificadas no atendimento tradicional?

Não digo que você não deva buscar novos seguidores ou ficar entusiasmado ao atingir um número significativo de fãs e/ou leitores. Contudo, é preciso que se mantenha um senso claro do que se deseja realizar com todas essas pessoas que decidiram segui-lo no Twitter, curti-lo no Facebook ou ler suas postagens nos *blogs*. É fundamental que se tenha uma boa razão para se envolver com as mídias sociais. Os números não devem ser vistos como um objetivo em si mesmos; eles apenas indicam o quão grande é a sua oportunidade, pressupondo a existência de uma plano ou programa sólido para aproveitá-la.

Sendo assim, se decidir construir um programa com o intuito de atrair pessoas para sua página no Facebook, não pare por aí. Estabeleça uma **"fase dois"** e saiba exatamente o que fazer quanto as pessoas realmente começarem a visitá-lo.

- Considerando que, durante o período de um mês, a maioria dos usuários do Facebook somente clica no botão **"curtir" oito vezes** – e esse número inclui os cliques nas atualizações de *status* e fotos dos amigos –, como você conseguirá vencer esse obstáculo e atraí-los?[11] Não pense que as pessoas irão "curtir" sua página apenas porque sua marca é adorada e possui muitos "defensores"; existem dezenas de milhares de empresas no Facebook, e praticamente todas são orientadas por profissionais do *marketing* que têm a **mesma certeza** que você quanto ao amor e a devoção de seus clientes em relação às marcas. Portanto, independentemente de você optar por colocar anúncios no próprio Facebook ou inserir sua URL (Uniform Resource Locator, ou seja, endereço de um recurso) do Facebook em alguns de seus materiais promocionais, será preciso fazer algo mais para se sobressair em relação à concorrência e atrair a atenção do público.
- Mais importante, depois que esse público já estiver em sua página, como pretende engajá-los ou impedi-los de partir? Como pensa em fazer com que retornem regularmente? Que tipo de incentivo eles terão para **permanecer** depois que você tiver atraído sua atenção? Pense do seguinte modo: imagine que alguém o convide para uma festa e você imediatamente vislumbre uma ótima oportunidade para divertir-se. Então você cancela todos os seus compromissos para a noite e ruma para lá animado. Porém, ao chegar ao local, logo percebe que nada interessante esta de fato acontecendo; ninguém esta conversando; não há comida nem bebidas, apenas um grupo de pessoas de pé escutando alguém falar sem parar. Quanto tempo você acha que irá permanecer no local? Lembre-se: em sua página no Facebook, você é o anfitrião, portanto, não se esqueça que atrair pessoas é a parte mais fácil. O verdadeiro objetivo não é só fazer

com que elas permaneçam ali, mas também com que participem de sua comunidade.
• Se você conseguir gerar mais seguidores no Twitter, qual será a sua estratégia para engajá-los – ou melhor, quanto espaço de manobra você dará às pessoas que fazem parte de sua equipe de gerência para que elas possam fazê-lo? Você se considera pronto para deixar de lado "conteúdos pré-programados" para seus *feeds* no Twitter e dar continuidade a conversações e tópicos que não tenham sido iniciados por você mesmo? Quando as pessoas começarem a segui-lo, será que elas obterão algo diferente dessa experiência além de mais um canal para a transmissão de informações que poderiam ser obtidas por meio de outras mídias? Por que um cliente escolheria segui-lo no Twitter em vez de visitar seu *site* ou sua página no Facebook? Por que fazê-lo em vez de obter as notícias que deseja em um jornal impresso, na TV ou até *on-line*?
• Você já tem algo planejado para medir a eficácia de campanhas específicas – um *link* abreviado para uma página específica da *Web* ou talvez um código que possa ser usado por sua comunidade para obter um desconto sobre algum produto, entrada livre para uma visita à empresa ou acesso a algum conteúdo especial ou exclusivo? Como você saberá se esses seguidores adicionais estão realizando uma ação específica por causa de suas iniciativas de engajamento?
• Se atrair mais visitantes para o seu *blog*, o que deseja que eles façam depois que começarem a ler? Como você planeja dar a essas pessoas permissão e/ou poder para agir? Como pretende estimulá-las a fazê-lo? Para alcançar o sucesso é crucial que desde o início você planeje o que irá acontecer depois que tiver atraído a atenção desejada.

Compreender exatamente o que deseja alcançar ou obter por meio das mídias sociais é fundamental para que posteriormente você possa determinar se atingiu um retorno suficiente sobre o investimento realizado. Uma definição clara de sucesso ajuda a definir o que precisa ser medido. Ao observar além da superficialidade dos números e medir a verdadeira eficácia de suas ações, você evitará a armadilha de executar programas mais direcionados a ganhar competições de popularidade *on-line* que a atingir objetivos comerciais ou organizacionais.

CAPÍTULO 7

A PRIMEIRA COISA A SE FAZER É TRABALHAR COM OS ADVOGADOS

"**A** primeira coisa a se fazer é matar todos os advogados". Esta frase pronunciada por Dick, o açougueiro, um inolvidável personagem criado por William Shakespeare para a peça *Henrique VI, Parte 2*, tem sido repetida tantas vezes que acabou se tornando um verdadeiro clichê – uma condenação de caráter generalizado frequentemente utilizada para denegrir toda a classe legal, imputando-lhe uma influência negativa e perniciosa.

Trata-se de um sentimento bastante universal, não é? Até mesmo no mundo corporativo e organizacional – ou talvez, especialmente dentro dele – a ideia de se encontrar com advogados é motivo de reclamação e preocupação, e, no mínimo, justifica uma boa dose de cafeína!

Quando os departamentos de mídias sociais e jurídico se deparam um com o outro, as **queixas** de ambos os lados alcançam a estratosfera. A natureza incontrolável e "acessível a todos" dos diálogos mantidos nas redes sociais, associada ao fato de que, pelo menos em teoria, qualquer funcionário é tecnicamente capaz de engajar-se em discussões sobre a marca ou até mesmo professar-se um representante legal da empresa em que trabalha, tende a deixar o departamento jurídico de qualquer companhia bastante desconfortável. Lindsay Lebresco se recorda da época em que trabalhou na Graco: "O *'modus operandi'* das mídias sociais às vezes faz com que os colegas do departamento jurídico fiquem um pouco nervosos e apreensivos.

Afinal, em suas práticas, eles jamais se utilizaram do Facebook, nunca escutaram falar sobre o Twitter ou o Flickr e, além disso, consideram toda essa conversa sobre *'blogs'* muito estranha, pelo menos do ponto de vista legal."[1]

Mas os advogados da Graco não eram os únicos a pensar dessa maneira; costumávamos enfrentar a mesma situação na GM e acho que posso até apostar que o mesmo ocorre em sua empresa. Dito isso, também é preciso lembrar que esses profissionais não são os únicos a reagir às mídias sociais à moda antiga. (Especialistas em *marketing* que consideram o Facebook apenas como uma coleção de 900 milhões de "globos oculares" prontinhos para receber mensagens publicitárias de mão única, também nos vêm à mente.) O verdadeiro problema no caso do setor jurídico de uma organização não é o desconhecimento das mídias sociais – aliás, é bem provável que ele esteja perfeitamente ciente de sua existência –, mas sua falta de compreensão sobre o assunto. Em muitos casos, os profissionais do departamento legal das empresas encaram as mídias sociais como uma ameaça.

Em contrapartida, a extrema cautela dos advogados de uma organização é geralmente vista pelo setor de mídias sociais como prova irrefutável de que o departamento jurídico simplesmente "não entende" as novas tendências e apenas insiste em impedir o progresso. A questão é que o trabalho da equipe legal é proteger a empresa de exposições e riscos, reduzindo-os e até eliminando-os sempre que possível. Por outro lado, uma estratégia de mídias inteligente especificamente **exige** que a empresa abrace a ideia de "falta de controle" e **recompense** a assunção de riscos. Nesse sentido, pelo menos superficialmente, pode parecer que os setores jurídico e de mídias sociais sejam como água e óleo.

Porém, independentemente de essa "mistura" ser natural ou forçada, cada vez mais se exige que ambos os departamentos não apenas coexistam, mas cooperem um com o outro. Zena Weist, da H&R Block, é bastante prática em relação a isso: "O departamento jurídico precisa participar desde o início dos trabalhos."[2] Considerando-se a importância de todos compreenderem corretamente o conceito de mídias sociais, assim como as consequências de se fazê-lo de maneira incorreta, e levando em conta as perspectivas aparentemente opostas pelas quais ambos os departamentos abordam uma mesma ideia, a comunicação frequente entre ambos os grupos é crucial para o sucesso de uma organização em relação à mídias sociais. O rápido desenvolvimento de plataformas e redes sociais pode ter inicialmente superado a habilidade do setor legal em restringi-las, mas isso está mudando rapidamente – em especial agora que vários casos envolvendo mídias sociais chegam às cortes e novos precedentes são estabelecidos. Assim como nas questões envolvendo *marketing* e RP tradicionais, as equipes de mídia e legal devem cada vez mais trabalhar em conjunto.

Contudo, esse não é um "casamento" facilmente compreendido por todos. Às vezes, o que parece ser a coisa certa a fazer nas mídias sociais é um território perigoso para corporações e grandes organizações. Qualquer um que já tenha trabalhado em uma grande empresa entende tal realidade. Ainda assim, agir no sentido de proteger os interesses da empresa pode parecer uma atitude antissocial ou antiética para os públicos das mídias sociais, acostumados ao verdadeiro mantra da transparência.

Por exemplo, quando eu trabalhava na GM, fui certa vez censurado por alguns leitores do *blog* FastLane pelo fato de que durante a greve realizada pelo Sindicato dos Trabalhadores de Empresas Automotiva (UAW) contra a GM, a companhia não estava postando informações sobre sua posição na negociação nem explicando que elementos específicos da proposta da GM estavam sendo rejeitados pelo próprio UAW. Para mim, a ideia de manter qualquer pessoa associada ao *blog* estar informada sobre em que pé estavam as conversações era **simplesmente inimaginável**. O mesmo se aplicavas à possibilidade de discutir em público detalhes de negociações em andamento e prejudicar o fechamento de um potencial acordo em função de algo inadvertidamente publicado em uma postagem. Porém, para muitos leitores, nossa recusa em discutir detalhes sobre as negociações ou ir além do reconhecimento de que havia uma greve em andamento significava que não existia um completo comprometimento da empresa com a **transparência** e **honestidade** e, nos olhos desses indivíduos, isso manchava nossa credibilidade nas redes sociais. (Graças a Deus, a maioria da comunidade no FastLane permaneceu ao nosso lado, mas aquele ponto de discórdia foi importante o suficiente para manter o assunto em evidência no *blog* por pelos menos uns dois dias.) Para muitos membros das comunidades *on-line* (e para vários autoproclamados "especialistas" em mídias sociais), a transparência pode parecer um jogo sem vencedores ("soma zero").

Esta, em minha opinião, é uma das principais razões para a desconexão que às vezes predomina entre os públicos de mídias sociais e das grandes empresas. O conceito de autoproteção parece tão "corporativo" que leitores e espectadores podem se esquecer de que existem razões legítimas em nossa sociedade litigiosa para uma empresa tomar todas as medidas cabíveis para se proteger, mesmo à custa de uma comunicação mais aberta. Isso também explica porque tantos consultores e "gurus" de mídias sociais não são levados tão à sério como gostariam dentro das organizações em que operam e suas mensagens nem sempre são apoiadas pelos funcionários dessas empresas. O problema não é que as empresas não "entendem" ou não desejam se "engajar" com seus públicos; elas apenas reconhecem as limitações e os riscos de exposição intrínsecos à decisão de oferecer respostas para todas as perguntas de eventual interesse para esses públicos. Para aqueles mais acostumados à estrutura corporativa e visão legal, a constante exortação aos conceitos de **"autenticidade"** e **"engajamento"** podem frequentemente se mostrar uma atitude ingênua e até simplista. A maioria dos "gurus" de mídias sociais jamais trabalhou dentro de uma grande empresa, e, independentemente do quanto sejam espertos e inteligentes, **tal inexperiência se torna evidente**; os mesmos princípios que podem funcionar bem para indivíduos nas mídias sociais podem se mostrar um tanto impraticáveis em um ambiente corporativo. O corpo legal das empresas – assim como as pessoas que tentam se engajar em mídias sociais dentro da empresa – compreende essa questão, porém, o mesmo não ocorre com muitos indivíduos que nunca trabalharam em grandes organizações. É por isso que, com frequência, os líderes de pensamento nas mídias sociais consideram as ações das grandes companhias nas redes sociais tão frustrantes.

Dito isso, o avanço do *networking* e das tecnologias nos levou a uma espécie de **"impasse mexicano"**,[i] em que os departamentos jurídico e

---

i A expressão é usada em referência aos antigos filmes mexicanos em que todos, bandidos e mocinhos, sacavam suas armas ao mesmo tempo e se colocavam em uma situação sem saída. (N.T.)

de mídias sociais vigiam um ao outro por desconfiarem das intenções do "adversário", e esperam que suas preocupações não se tornem verdade. E bem no meio de tudo isso ficam os consumidores, ávidos para interagir com suas marcas preferidas.

Em qualquer beco sem saída desse tipo, os participantes terão de estar dispostos a depor suas armas para serem capazes de sobreviver. Mesmo que muitos aspectos das mídias sociais deixem as equipes jurídicas desconfortáveis, e até mesmo reconhecendo que ainda existe a necessidade de se manter certas medidas protetivas, os departamentos legais têm percebido cada vez mais que as empresas para as quais trabalham precisam estar presentes nas redes sociais para que sejam capazes de se manter relevantes para um número crescente de clientes.

Em contrapartida, há pelo menos uma razão fundamental para que os representantes de mídias sociais envolvam cada vez mais suas equipes jurídicas em suas atividades: porque os advogados certamente ficarão sabendo de todas as iniciativas nessa área, quer tenham sido incluídos originalmente ou não. Talvez há alguns anos até fosse possível simplesmente agir sem se preocupar com a equipe legal da organização, que não estava suficientemente atenta ao que acontecia nas redes sociais. Porém, isso já faz parte do **passado**. Mesmo que sua empresa ainda não tenha mergulhado de cabeça nas mídias sociais, posso lhe assegurar que seus advogados estão de olho nos desenvolvimentos dentro desse ambiente. As mídias sociais são um assunto importante no campo das leis corporativas, assim como nos círculos do *marketing* e RP. E, enquanto muitos advogados se mostrarão suficientemente razoáveis e inclusive dispostos a trabalhar ao seu lado se você lhes der a chance de fazê-lo desde o princípio, saiba que esses mesmos profissionais talvez não se revelem tão amistosos nas ocasiões em que apenas forem convocados para "consertar seus erros" ou tentar aplicar os padrões da empresa a algo que desde o início não estava em conformidade com a organização. Contar sempre com a participação dos advogados da empresa em seus esforços, mesmo que isso signifique que você não poderá fazer algo que desejava, evitará inúmeros ciclos de trabalho e aborrecimentos, e ajudará ambos os lados a fazerem com que as coisas **deem certo logo da primeira vez**. Essa atitude também o ajudará a manter um bom relacionamento com sua equipe legal, pois você será visto como um parceiro receptivo, não como uma ameaça.

Portanto, independentemente de os líderes pensantes nas mídias sociais gostarem ou não, as grandes organizações não podem agir de maneira tão aberta como gostariam. Querendo ou não, empresas de grande porte sabem que não devem ser tão abertas em suas comunicações como desejariam – ou pelo menos acatar todas as propostas que recebem nesse sentido. A despeito do que pensem os líderes de mídias sociais na empresa, eles não podem sair por aí colocando em prática os programas por eles idealizados sem ouvir os que as equipes jurídicas têm a dizer sobre o assunto. Por outro lado, quer as equipes legais apreciem a ideia ou não, as mídias sociais existem e as empresas perderão cada vez mais oportunidades importantes se não se envolverem nesse ambiente.

Sendo assim, já que ambos os grupos estão definitivamente amarrados um ao outro, não seria uma boa ideia encontrar um modo de fazer com que as coisas funcionem bem?

O que a equipe jurídica oferece para a estratégia de implementação

Comecemos por avaliar a razão pela qual a equipe legal pode se tornar a melhor aliada dos profissionais de mídia social de uma empresa quando o assunto é a implementação de um programa corporativo de mídias. Veja a seguir algumas coisas que o departamento jurídico poderá fazer pelo setor de mídias:

1. **Garantir o entendimento e o cumprimento das regras estabelecidas pela Federal Trade Commission (FTC)** – Em outubro de 2009, a FTC, a Federação Nacional de Comércio dos EUA, se envolveu ativamente na discussão sobre mídias sociais, ao estabelecer naquele país regras em relação a **"endossos"** oferecidos por blogueiros e fornecer às empresas instruções quanto ao que deveria ser divulgado ao público, sempre que elas quisessem obter a opinião dos blogueiros. Como você deve imaginar, grande parte das interações entre marcas e indivíduos ainda ocorre em um ambiente bastante nebuloso – e com o surgimento de tantas novas plataformas e tecnologias, e em um ritmo tão veloz, é

bem provável que os direcionamentos da FTC também evoluam de alguma maneira. A menos que seu líder de mídias sociais seja também um advogado – uma combinação bastante rara! –, ninguém em sua empresa será mais qualificado para interpretar e explicar essas regras de maneira clara e segura que os profissionais de sua equipe jurídica. Embora seja possível para sua equipe de mídias se manter atualizada em relação ao modo como outras empresas aplicam as instruções da FTC, sua equipe legal é ainda a mais adequada para interpretar regras vigentes e recém-atualizadas oriundas desse órgão. Em suma, sua empresa **precisa** contar com a equipe jurídica para se certificar de que as regras sejam compreendidas e obedecidas.

2. **Pesquisar a jurisprudência e precedentes legais** – Com tudo o que já se falou ao longo dos últimos anos sobre mídias sociais, às vezes é difícil lembrar que as redes sociais (como um fenômeno de massa) sequer celebraram uma década de existência; até mesmo Miley Cyrus[ii] já havia se tornado um ícone cultural antes da explosão das mídias sociais no mundo corporativo. Isso significa que ainda não decorreu tempo suficiente para que se pudessem estabelecer jurisprudências e/ou precedentes legais sobre vários elementos das mídias sociais. Todavia, isso não quer dizer que já não existam algumas referências anteriores ou tentativas de abertura de casos. A familiaridade com os processos que alcançam os tribunais poderá ajudar a empresa a: 1º) construir uma base sólida para sua política de mídias, 2º) escolher adequadamente os blogueiros com os quais a companhia irá interagir e 3º) definir que campanhas serão veiculadas. O departamento jurídico da organização não apenas será capaz de acompanhar tais jurisprudências e precedentes, mas também de compreender – mais que qualquer outro profissional da empresa – quaisquer contextos e dados relevantes incluídos em decisões anteriores.

---

ii Referência à atriz, cantora e compositora norte-americana que se tornou mundialmente conhecida pela série Hannah Montana, da Disney, exibida no Brasil pela TV Globo. Essa jovem de apenas vinte anos já vendeu mais de 15 milhões de álbuns em todo o mundo. (N.T.)

Manter o departamento legal da empresa bem informado sobre as leis e precedentes nessa área é crucial para solidificar os esforços de mídia social na empresa.

3. **Ajudar a desenvolver a política de mídias sociais da empresa** – Enquanto o ideal seria que vários setores da organização se envolvessem no desenvolvimento de sua política de mídias sociais (falaremos sobre isso no Capítulo 8), o departamento jurídico ou os advogados da empresa desempenham um papel bastante significativo em sua criação. Em primeiro lugar, a equipe jurídica terá condições de propor sugestões que eventualmente possam impor à empresa responsabilidades legais. Em um ambiente em que a linha que separa o pessoal do profissional se torna cada vez mais obscura, seria mesmo uma boa ideia oferecer a **cada um** de seus funcionários a oportunidade de participar de **qualquer** conversação *on-line* sobre sua companhia? A equipe jurídica também terá condições de julgar que "medidas protetivas" ela desejará incluir na política da empresa; isso tornará o programa mais palatável para os advogados e, portanto, mais passível de **aprovação**. Trabalhar ao lado do líder do setor de mídias sociais também dará à equipe legal a chance de se familiarizar com alguns dos desafios inerentes às mídias que são enfrentados diariamente pelo setor – isso ajudará os profissionais do jurídico a compreender mais claramente as necessidades da equipe de mídias.

4. **Desenvolver regras e instruções gerais para promoções e competições** *on-line* – Em algum ponto do desenvolvimento de seus programas e/ou de suas iniciativas, é bem possível que sua empresa decida promover algum tipo de concurso ou oferecer algum incentivo para fãs e seguidores. Talvez você presenteie os vencedores com algum produto ou serviço de sua própria companhia; também é possível que a competição seja do tipo em que os ganhadores recebem a oportunidade de visitar a empresa (como no caso de um parque temático, por exemplo); o prêmio pode ainda ser uma viagem para um ponto turístico famoso ou um local paradisíaco para as férias; talvez você disponibilize apenas um certificado de desconto de 5% para ser utilizado em umas

de suas lojas. Se a sua empresa não tiver fins lucrativos, talvez você possa oferecer aos participantes acesso a um dos eventos beneficentes mais aguardados e cobiçados do ano. Seja qual for o seu caso, haverá regras que precisarão ser seguidas – sejam elas estabelecidas pelo governo central ou estadual, ou até mesmo pela empresa –, que definirão: 1º) o que pode ou não ser oferecido em termos de premiação aos participantes do concurso; 2º) como os concorrentes serão autorizados a participar (Aleatoriamente? Alguma qualificação será exigida?) e 3º) como o(s) prêmio(s) será(ão) entregue(s). A equipe jurídica provavelmente já cuidou desse tipo de tramitação em outras campanhas ou programas de *marketing*. Mas mesmo que isso não tenha ocorrido, ela ainda é mais qualificada que você para identificar as exigências que deverão ser atendidas ao se executar promoções e concursos. Tais eventos são sempre extremamente interessantes nas mídias sociais – se bem realizados, eles promovem e incentivam a interação entre o público e a marca –, e você certamente precisará do departamento jurídico para guiá-lo em meio aos detalhes intrínsecos à execução do evento e à entrega dos prêmios aos vencedores.

Como fazer amigos e influenciar pessoas – mesmo que tais indivíduos sejam advogados

Nesse ponto, espero que você já esteja de acordo com o fato de que o departamento legal da empresa exerce um **papel importante** e **significativo** no desenvolvimento e na manutenção de seu programa de mídias sociais. Pelas razões apresentadas no início desse capítulo, essa pode se mostrar uma tarefa desafiadora. Aliás, é bem provável que, em comparação aos demais departamentos da empresa, a relação entre o setor de mídias sociais e a equipe jurídica seja a mais complicada. Nesse sentido, será preciso um grande esforço para que ambas as áreas encontrem um denominador comum. Todavia, acredite se quiser, é perfeitamente possível para os funcionários de mídias sociais e do departamento jurídico trabalharem bem em conjunto, bastando que para isso ambos os lados estejam dispostos a fazê-lo. Veja a seguir algumas dicas e alguns truques que poderão ajudar sua empresa a fazer com esse relacionamento funcione:

1. **Olhe no espelho, pois talvez o problema seja com você** – Você considera que trabalhar com o departamento jurídico seja um "mal necessário"? Se este for o caso, o primeiro passo para se fazer com que tudo corra tranquilamente entre o setor de mídias e o jurídico é promover uma mudança em sua própria mentalidade.

   Você não deve apenas reconhecer a importância do papel da equipe jurídica no desenvolvimento do seu programa, mas acolhê-la de maneira positiva. Todos nós já participamos de reuniões em que estava óbvio que alguns participantes simplesmente não queriam estar lá ou se sentiam ressentidos em ter de nos encontrar. Isso não é divertido, e geralmente faz com que nós mesmos estabeleçamos uma espécie de muralha entre os setores ou que mantenhamos uma atitude defensiva. Advogados são pessoas como quaisquer outras; se você deixar claro que não quer trabalhar com eles nem aprecia a ideia de ser forçado a fazê-lo, acha mesmo que poderá culpá-los por "retribuir" o mesmo sentimento? Portanto, caso você esteja buscando uma parceria ativa e saudável com o departamento jurídico, trate de abandonar esse tipo de atitude desde o início.

   O trabalho dos advogados é **proteger** a empresa; a função da equipe de mídias sociais é atuar de maneira inovadora no sentido de impulsionar os negócios e obter melhores resultados. Em última instância, ambos os objetivos se resumem a um único ideal: **fazer o que for melhor para a organização**. Sendo assim, nenhum dos dois departamentos pode ser visto como adversário. Sem dúvida sempre existirá um elemento de conflito entre a **aversão a riscos**, por parte do setor legal, e a necessidade de corrê-los, pelo **departamento de mídias**, mas ambos devem ser vistos como diferentes abordagens para se alcançar uma única meta.

   Em geral, sempre existe no setor jurídico algum indivíduo mais adepto ao pragmatismo, que encara as situações pelo que elas realmente são, reagindo de maneira adequada em vez de se portar de modo **reacionário** e tentar combater **mudanças** que lhe parecem **desconfortáveis**. Utilize seu poder de observação para identificar essa pessoa e estabelecê-la como seu alvo no departamento. (Se não houver nenhum advogado com tal característica em sua empresa, talvez seja necessária que o executivo patrocinador intervenha diretamente junto à chefia do setor legal para assegurar a cooperação da equipe jurídica.)

Construa uma boa relação com esse indivíduo e tente desenvolver com ele alguma familiaridade, ou até mesmo afeição genuína – de modo que seus encontros se tornem amigáveis, não combativos. Quanto mais você se comportar como um colega e/ou amigo, não como membro de um time adversário, melhor se sairá em sua empreitada. Tal ideia não deverá soar intimidativa, afinal, a arte de desenvolver bons relacionamentos com as pessoas está justamente na essência de se fazer um bom trabalho nas mídias sociais. Em relação ao departamento jurídico, a melhor tática é tentar lidar sempre com o mesmo profissional, construindo com ele/ela um relacionamento e ganhando sua confiança – ao ponto de essa pessoa advogar em seu favor perante os próprios colegas do setor jurídico.

2. **Transforme os advogados da empresa em membros do grupo de mídias** – Parte de sua função como líder da equipe de mídias sociais é ajudar os advogados da empresa a alcançar níveis de conhecimento nessa área tão elevados quanto aquele dos demais integrantes do seu setor; fazer com que isso aconteça facilitará muito seu trabalho. Como mencionado anteriormente, embora exista uma grande possibilidade de que os profissionais do setor jurídico reconheçam a existência do *networking* social, é bastante improvável que eles detenham o mesmo grau de compreensão em relação ao potencial e às ramificações desse tipo de interação.

A primeira coisa a fazer, portanto, é transmitir aos advogados a ideia de que as mídias sociais não são uma moda passageira – **elas não irão desaparecer** –, tampouco algo que possa ser ignorado ou evitado pelas grandes marcas. Depois de deixar essa questão absolutamente clara (e isso não deve exigir grandes esforços em termos de convencimento), você deverá agir rápido e incluir a equipe jurídica em seu planejamento desde o início; não deixe para convocá-los somente depois que tudo já estiver pronto, quando já não haverá mais tempo nem condições de fazer qualquer alteração no programa.

Na GM, nossas reuniões do Clube Social sempre incluíam pelo menos um representante do departamento jurídico da empresa. Embora nem sempre compartilhássemos as mesmas opiniões, é impressionante como o relacionamento entre ambas as equipes se tornou bem mais tranquilo depois dos nossos esforços no sentido de informar e até mesmo educar o setor legal sobre o verdadeiro significado e as reais aplicações das mídias sociais.

Esse tipo de iniciativa ajudará a fazer com que esses profissionais reconheçam que, embora eles prefiram se manter distantes das mídias sociais, essa já não é mais uma opção. O trabalho deles, portanto, não é o de simplesmente dizer não ou obstruir a realização do programa, mas compreender os objetivos por trás de cada atividade nessa área e ajudar o pessoal do setor de mídias a encontrar os meios menos arriscados de implantar seus projetos. Na Dell, Richard Binhammer faz questão de ressaltar o quanto a abordagem de sua equipe jurídica foi construtiva ao longo do processo. Ele se recorda: "O pessoal do departamento jurídico não abandonou todas as suas preocupações, mas todos participaram de nossas reuniões com uma atitude do tipo: "Como faremos para isso funcionar?', não com o pensamento: 'Como devemos impedir que isso continue?'"

A realidade é clara: todas as marcas que conheço que conseguiram alcançar sucesso nas mídias sociais até agora contavam com a participação do departamento jurídico em suas reuniões sobre o assunto. A equipe legal era incluída em todas as discussões relacionadas ao desenvolvimento do programa de mídias da empresa. Desconheço qualquer grande organização que tenha se saído bem em seus esforços nessa área mantendo seus advogados fora do processo.

3. **Crie especialistas em mídias sociais dentro do setor jurídico**
– Da perspectiva do departamento legal, é importante que um advogado específico seja designado para interagir com a equipe de mídias sociais e se especializar nos aspectos legais desse assunto. Às vezes, esse profissional poderá ser definido pelo

próprio setor com base em suas habilidades e interesses; em outras ocasiões, pode ser alguém cujo nome surja naturalmente a partir de conversas informais ocorridas durante os intervalos para o café ou em encontros casuais pelos corredores da empresa. Independentemente da forma escolhida para manter esses contratos, é preciso que haja um advogado específico ao qual a equipe de mídias possa recorrer sempre que precisar.

Depois que esse profissional já estiver definido, é fundamental que a equipe responsável por desenvolver o programa trabalhe diretamente com ele no sentido de ajudá-lo a se tornar um especialista em mídias sociais. Não se restrinja a dizer a essa pessoa o que sua equipe deseja para a organização – demonstre a este profissional exatamente como operar de modo efetivo dentro das plataformas sociais. O evangelista de mídias deverá investir um bom tempo ao lado desse advogado, oferecendo a ele toda a ajuda que precisar para aprender sobre o assunto e se familiarizar com as ferramentas disponíveis – é importante aproveitar todas as oportunidades nesse sentido: *white papers*,[iii] "webinários", conferências etc.

Zena Weist, da H&R Bloco, também compartilha tal avaliação. Ela aconselha: "Faça com que o seu contato na equipe jurídica se mantenha engajado no setor de mídias sociais e conheça todas as suas nuanças – por meio de conferências, conselhos empresariais do setor e comunidades privadas. Considero importante que você se mantenha ao lado do profissional do setor jurídico durante seu aprendizado, pois desse modo ambos trabalharão de modo conjunto na administração de eventuais problemas – e talvez você acabe aprendendo um pouco mais sobre as leis que regem o setor!"[4]

Considere a possibilidade de convidar seu novo colega do departamento jurídico para participar de alguma conferência sobre o assunto ou estar presente em uma reunião do Clube Social. Outra boa ideia é designá-lo para assistir a um webinário ou se

---

iii A tradução literal é "papel branco". Trata-se de uma expressão surgida no Reino Unido e aplicada aos documentos governamentais, informes e anúncios políticos. Desde o começo da década de 1990, se refere também aos documentos originais usados por empreendimentos como ferramenta de *marketing* ou de vendas. (N.T.)

juntar a uma comunidade privada (um grupo no Facebook, por exemplo) em nome da empresa. Forneça a essa pessoa uma lista de livros e *blogs* escritos por influenciadores proeminentes – nada que seja demasiadamente longo ou complexo, mas cujo conteúdo seja representativo no espaço virtual e esteja de acordo com o que a empresa deseja. Envie para esse colega artigos e postagens que considerar interessantes sobre o assunto. Conforme novas redes e plataformas surgem, sugira ao seu colega do jurídico que abra uma conta para que ambos possam aprender sobre elas simultaneamente. Se conseguir construir um bom relacionamento *on-line* com alguém cuja opinião seja respeitável e a influência reconhecida – ou cujo endosso para seu produto ou sua marca você ambicione – apresente o representante do setor jurídico a esse indivíduo. Quanto mais o funcionário do departamento jurídico da empresa souber sobre as mídias sociais, mais ele poderá ajudar você e a empresa – e mais tranquilo será o relacionamento entre ambos. Se você não se esforçar para informar e treinar esse profissional, certamente não poderá reclamar mais tarde que ele "não entende" as mídias sociais, não acha?

Em última análise, a ideia de trabalhar ao lado de advogados não deveria causar um nó na garganta nem a elevação da pressão sanguínea. Você alguma vez já foi a um parque de diversões e passou horas diante da montanha russa, tremendo e tentando ganhar coragem para finalmente entrar na fila do brinquedo – plenamente convencido de que não sairia vivo do carrinho –, somente para descobrir depois que a experiência não foi assim tão assustadora e, inclusive, foi o que tornou o dia perfeito? Trabalhar em conjunto com o departamento jurídico ao tratar de mídias sociais funciona mais ou menos da mesma maneira. Não se pode simplesmente evitar esse tipo de contato e esperar ser bem-sucedido. Portanto, coloque o cinto de segurança, respire fundo e aprecie o passeio. Isso talvez até torne seu trabalho mais fácil com o passar do tempo.

CAPÍTULO 8

UMA SÓLIDA POLÍTICA DE MÍDIAS SOCIAIS

Uma das mais populares histórias em quadrinhos dos últimos vinte anos é *Dilbert*, criada pelo cartunista norte-americano Scott Adams. Atuando como uma crítica impiedosa à cultura corporativa, Dilbert zomba dos aspectos mundanos, contraditórios e enlouquecedores típicos da vida profissional do mundo de hoje. Praticamente todos que trabalham em escritórios com mais de vinte funcionários já elegeram uma tirinha favorita desse personagem para pendurar em sua própria estação de trabalho.

Poucos assuntos são mais dignos de serem abordados nesses quadrinhos que políticas empresariais. (Na verdade, uma de minhas histórias favoritas fala sobre a necessidade de se desenvolver um procedimento para a criação de políticas, o que gera questões sobre a estratégia de se criar procedimentos. Isso, por sua vez, leva toda a equipe a buscar um "livro branco" (*white paper*) sobre políticas para desenvolver procedimentos que lhes permitam criar políticas.[1] Toda vez que leio essa história eu começo a dar risadas.) Nada parece tão **burocrático** quanto **procedimentos** e **políticas** – e nada pareceria mais contraditória ao mundo livre de controles das mídias sociais.

Contudo, é provável que não exista nenhum item mais importante em seu programa de mídias sociais e digitais que o desenvolvimento e a comunicação, em caráter regular, de sua política corporativa. Idealmente, sua política de mídias deveria conter alguns componentes que estejam de acordo com as instruções da FTC e com as etiquetas das comunidades digitais e sociais, e também alguns elementos que sejam intrínsecos à própria corporação, que sejam consistentes com os demais direcionamentos e as demais políticas da empresa. Sem uma política de mídias sociais, os departamentos jurídico e de RH talvez jamais se sintam confortáveis em ver os funcionários da empresa interagindo na rede social. Em contrapartida, seus empregados talvez nunca se sintam suficientemente seguros para se engajar nesse ambiente em nome da empresa. Nesse caso, as mídias sociais poderão de fato se tornar um risco para a organização.

A primeira razão para se estabelecer uma política de mídias é **proteção**. Com ela, você estará criando defesas para sua empresa, respaldo para seus funcionários, além de regras e parâmetros claros para todos os envolvidos. De uma perspectiva organizacional, você está estabelecendo regras e comunicando-as de maneira clara a todos os seus colaboradores. Isso não é diferente de oferecer a seus empregados com um conjunto de regulamentações e expectativas em relação a outras questões corporativas, como, por exemplo, o relatório mensal de despesas, éticas no trabalho e uso interno de novas ferramentas de informática. Considerando-se a velocidade e abrangência das redes sociais, você não concorda que uma abordagem mais formal e coordenada faz ainda mais sentido nesse campo? Na era das mídias sociais, não possuir uma política de mídias formal e absolutamente clara é tão absurdo quanto não contar com um conjunto de instruções bem definidas sobre ética e conduta.

Uma política de mídias sociais sólida também ajudará a ressarcir a empresa no caso de: 1º) eventuais acusações quanto ao uso inconsistente desses canais ou 2º) reações injustas contra a atividade dos funcionários da organização dentro desses espaços. Estabelecer uma política clara desde o início não apenas ajuda a fixar as expectativas da organização, mas também colabora no sentido de justificar quaisquer ações necessárias contra funcionários caso as regras sejam violadas.

Digamos, por exemplo, que sua política estabeleça claramente que os empregados terão todo o direito de tecer críticas à empresa, mas, em função do respeito que se deve a todo e qualquer indivíduo, não lhes será permitida a expressão de opiniões contra integrantes da organização. Caso um empregado escreva um artigo em seu blogue ou faça uma postagem no Twitter contendo comentários ríspidos sobre o CEO da companhia, o RH terá condições de se valer da política da empresa para indicar ao referido funcionário que ele **sabia** que tal conteúdo violava a política da organização. Portanto, sem uma política de mídias preestabelecida, os limites de cada um tornam-se nebulosos. Estaria o funcionário em questão apenas exercendo seu direito de expressão? A empresa informou aos seus colaboradores que atitudes dessa natureza seriam consideradas inadequadas de acordo com os limites impostos? Sem uma política de mídias, sua reação a qualquer ocorrência poderá se tornar no mínimo impulsiva e bem desestruturada.

Uma vez que sua empresa tenha se decidido sobre o que será, ou não, permitido aos seus funcionários na rede social, coloque todas as regras por escrito e comunique a todos os seus colaboradores (no Capítulo 9 discutiremos como fazê-lo da maneira mais eficiente).

Os empregados, por sua vez, não deverão observar essa política como um instrumento da organização, mas como uma proteção contra avaliações e julgamentos inconsistentes e excessivamente cautelosos sobre atividades nas mídias sociais. Uma política bem estabelecida na forma escrita deverá funcionar como uma prevenção contra indivíduos na gerência que não entenderam corretamente o conceito das mídias sociais. Todo empregado tem o direito de esperar que seu empregador estabeleça regras e expectativas claras. Sem uma política transparente, o contratante teria o direito de punir ou até mesmo demitir um empregado que jamais tivesse se distanciado das normas e etiquetas aceitas pela sociedade e pelo setor, ou que fossem aplicadas por um antigo empregador – pelo menos potencialmente, é claro.

Além disso, ao estabelecer claramente o que constitui um comportamento inaceitável, o empregador está, de várias maneiras, protegendo os direitos dos próprios funcionários de se mostrarem ativos nas mídias sociais dentro de parâmetros definidos. Em outras palavras, qualquer atitude que não seja proibida ou vista com maus olhos pela política corporativa é permitida e não poderá provocar reprimendas ao colaborador, tampouco danos em sua carreira. Principalmente em ambientes que se desenvolvem de maneira tão rápida como o de mídias sociais, às vezes é difícil saber com certeza o que é ou não aceito. Richard Binhammer, da Dell, coloca isso da seguinte maneira: "Nossa política protege nossos empregados para que eles não se envolvam em situações complicadas por conta de atitudes inocentes."[2]

Portanto, desde que **limites claros** sejam **estabelecidos** – e **respeitados** –, **não haverá penalidades**. Em última análise, uma política de mídias sociais jamais deverá ser vista como uma lista de proibições para o funcionário, mas como uma relação de tudo o que lhe é permitido fazer dentro das redes sociais.

Coloque em campo sua melhor equipe

O primeiro passo no desenvolvimento de uma política de mídias sociais sólida, capaz de proteger os interesses tanto da organização como de seus empregados, é identificar todas as partes da empresa que, de algum modo, estarão relacionadas às mídias sociais – em especial as áreas que serão fundamentais no direcionamento dessas políticas –, e então reuni-las. O departamento de RH será um parceiro fundamental, assim como o setor jurídico, tanto do ponto de vista dos direitos dos empregados como da política corporativa. Certamente você também desejará incluir nessa empreitada o setor de tecnologia de informação (TI), em especial se estiver construindo ou incorporando plataformas sociais internas de compartilhamento de dados – seja na forma de blogues individuais de funcionários ou de microblogues, como o Socialcast[i] ou o Yammer[ii] –, ou ainda permitindo que seus colaboradores acessem *sites* de redes sociais de dentro do ambiente corporativo.

Também deverão ser envolvidos setores para os quais as mídias sociais são parte da própria responsabilidade. Enquanto o RH, os departamentos jurídico e de TI são necessários a partir de uma perspectiva de apoio e política corporativa, as áreas de comunicações/RP, *marketing* e atendimento ao consumidor trarão consigo a experiência no uso das mídias sociais. Encontrar o equilíbrio adequado entre o entendimento institucional das mídias e as pessoas que regularmente

---

i   Trata-se de uma ferramenta que permite a comunicação dos funcionários de uma empresa em tempo real. (N.T.)

ii Trata-se de um aplicativo *on-line* para empresas e grandes organizações. Ele permite aumentar a produtividade, gerenciar tarefas e monitorar o desempenho de todos os membros da comunidade. (N.T.)

desenvolvem e mantêm políticas organizacionais será uma questão crucial se o objetivo for fazer com que as políticas sejam aceitas e realmente abraçadas por todos na empresa, e se mantenham firmes diante de eventuais desacordos e escrutínios.

Lembre-se de que nem sempre as lideranças da empresa detêm todo o conhecimento sobre mídias sociais na organização – ou o melhor entendimento sobre o que a cultura corporativa é capaz de suportar nesse aspecto. Como disse de maneira sagaz o vice-presidente de comunicações estratégicas da IBM, Mike Wing: "Nem sempre se consegue saber com certeza para o que uma empresa está realmente preparada perguntando isso a seus **executivos**."[3] De todas as pessoas que contribuíram para estabelecer as regras do sistema de blogues original da IBM (que, aliás, já foi atualizado várias vezes), um grupo com cerca de duas dúzias de participantes, três quartos não eram executivos ou líderes funcionais. Éramos apenas funcionários da IBM que, por acaso, já possuíamos nossos blogues pessoais e, portanto, sabíamos um pouco mais sobre esse ambiente. Na época, não estávamos nesse negócio por dinheiro ou por questões profissionais. Todos nós utilizávamos os blogues porque apreciávamos postar mensagens e dialogar com as comunidades que desenvolvemos. E mesmo depois de seis anos de sua criação, os direcionamentos que ajudamos a desenvolver ainda permanecem com alguns dos melhores e mais frequentemente citados no setor. Todavia, o mérito de tudo isso não é apenas das pessoas que optaram por se envolver no processo e trabalhar diretamente no desenvolvimento do conjunto, mas também das lideranças da IBM, que se mostraram dispostas a entregar o controle criativo do programa a um grupo de pessoas que, segundo as palavras do próprio Mike Wing: "se empenhou no projeto por amor à causa."[4]

Entretanto, isso não significa que entregar a criação da política de mídias sociais da empresa aos funcionários surtirá efeito em qualquer tipo de organização. É claro que não é preciso dizer que, em geral, pelo menos alguns empregados da empresa já se mostram ativos no uso de mídias sociais – estejam elas formalmente sancionadas ou não –, nem que algumas dessas pessoas talvez detenham conhecimento ou perspectivas que poderiam ajudar bastante nos esforços de criação de uma política corporativa. Portanto, se você conhecer em sua empresa funcionários que possuam blogues já bastante visitados e respeitados, ou contem com um bom número de leitores e/ou seguidores, talvez seja uma boa ideia incluí-los no processo de desenvolvimento da política da empresa nessa área. Isso não apenas proporcionará à empresa um maior embasamento no que se refere às informações necessárias ao processo, como também permitirá que você encontre talentos escondidos dentro da organização – indivíduos que estão à espera de uma simples oportunidade para brilhar.

Forneça informações atualizadas a todos da equipe

Não se pode projetar uma política forte e perfeita começando do zero, ou seja, sem qualquer conhecimento sobre o assunto. Portanto, o primeiro passo depois de reunir sua equipe é oferecer-lhes um curso intensivo sobre mídias sociais. Esse treinamento rápido deverá incluir regras básicas sobre a etiqueta no uso dessas mídias, as expectativas dos vários públicos, famosos exemplos de "fracassos" enfrentados por outras empresas e políticas de outras organizações que estejam disponíveis e já tenham sido aclamadas como significativos, sensatas ou progressistas. É claro que nem sempre o que funciona para uma empresa de tecnologia se aplicará, digamos a outra, do ramo farmacêutico; o que é viável para uma companhia do setor automotivo também poderá não ser ideal para uma agência governamental ou empresa sem fins lucrativos. Contudo, se você estudar cuidadosamente as políticas mais respeitadas ou citadas como exemplos dentro do ambiente de mídias sociais, certamente encontrará pontos em comum que, de algum modo, poderão ser incorporados em sua própria política, mesmo que alguns ajustes tenham de ser implementados e algumas alterações tenham de ser feitas para se adequarem ao seu setor ou à sua cultura.

A equipe jurídica poderá oferecer perspectivas adicionais ao revisar casos recentes que tenham envolvido as mídias sociais, em especial aqueles que incluem grandes organizações. Exemplos de situações em que outras companhias tenham falhado também poderão ser usados como **"momentos de ensinamento"** na empresa – não apenas para que você possa evitar cometer os mesmo erros, mas também antecipar a reação do público a elementos que você decida incluir em sua política.

Postagens e interações em blogues devotados ao seu setor poderão fornecer algumas informações valiosas sobre o que exatamente o público *on-line* espera em termos de conteúdo dos debates e de demonstração de sinceridade de uma organização em seu nicho. Iniciar contas individuais no Twitter e seguir influenciadores proeminentes, concorrentes e/ou jornalistas que costumam cobrir sua empresa também poderá lhe dar uma ideia sobre os tipos de discussões que se poderá manter nesta e em outras plataformas. Praticamente todos em sua equipe de desenvolvimento de política de mídias terão alguma *expertise* específica para oferecer ao grupo durante esse período preparatório, portanto, cada um dos envolvidos deverá estar preparado para "sugar" o máximo de dados, perspectivas, histórias e estudos de caso que lhe for possível. Quanto mais bem informada estiver toda a equipe antes de embarcar no processo de formulação das políticas da empresa, melhor será o resultado alcançado.

Encontre um meio termo

Depois que todos já estiverem devidamente informados e atualizados sobre o mundo das mídias sociais, é chegada a hora de projetar a política da empresa. Existem, entretanto, alguns pontos que todas as partes integrantes deverão manter em mente antes de se voltarem para o conteúdo dessa política.

Para que sua política se encaixe bem no mundo das mídias sociais, ela precisará se utilizar de uma **linguagem informal** e **não corporativa**. Nada fará com que sua empresa pareça mais burocrática e/ou tradicional que o uso de uma **linguagem jurídica** que aparente ser mais adequada em materiais de leitura para convenções destinadas a gerentes de RH. Todavia, também é preciso considerar que o que se está elaborando nesse momento é um documento corporativo oficial, ou seja, uma política organizacional e não um *e-mail* requintado para um amigo ou as regras para um grupo privado do Facebook. Por algum tempo, foi moda dentro das empresas utilizar uma política de mídias breve e sucinta. Isso aparentemente tinha o objetivo de demonstrar ao mundo o quanto a companhia era "descolada", além de uma "grande conhecedora das mídias sociais;" uma das políticas mais famosas durante a época do surgimento das mídias sociais foi utilizada pela empresa Sun, e se resumia a quatro palavras: **"Não faça nada estúpido."**[5]

Embora ela ganhe alguns pontos em termos de estilo por confiar no bom senso dos funcionários, uma frase no modo imperativo como essa já não se encaixa mais nos dias de hoje. Um dia, sua política poderá ter de se defender em um tribunal ou enfrentar uma disputa com um de seus empregados diante de um juiz. Você realmente se sentiria tranquilo em ir para o tribunal munido apenas de frases como: "Não faça nada estúpido" ou "Não faça nada que não gostaria que seu chefe descobrisse mais tarde"? **Definitivamente não.** É importante que sua política seja mais explícita e abrangente, e que esteja mais de acordo com outras políticas da organização. Talvez isso soe um pouco antagônico no ambiente de mídias, mas é a pura realidade.

Dito isso, é preciso que sua política seja concisa. Uma frase com quatro palavras é breve e sucinta demais. Em contrapartida, se optar por algo que mais se pareça com o romance *Guerra e Paz*, de Tolstói, tenha a certeza de que nenhum de seus funcionários a lerá. O máximo que farão será dar uma breve espiada no documento antes de afirmar sua concordância, seja clicando em um botãozinho no final da página ou assinando um termo atestando que leram o conteúdo, mas **certamente não se preocuparão em ler tudo.** Mas, lembre-se: isso não será culpa deles. Seus empregados já têm o suficiente a fazer e certamente não investirão muito tempo ao longo do dia, nem deixarão de realizar outra tarefa, somente para **ler a política da empresa.** Na medida em que começar a preparar sua política, procure criar algo que possa ser lido em poucos minutos – um documento que inclua tudo o que a empresa precisa, sem se tornar uma obrigação enfadonha. Pense em alguma coisa com uma ou duas páginas, no máximo – mas, se realmente precisar de algo mais longo, opte por disponibilizar também uma versão compilada de apenas uma página que possa ser rapidamente examinada e compreendida pelos funcionários.

Por fim, é preciso que você saiba e entenda desde o início que nem todos no grupo de criação da política ficarão totalmente felizes com o resultado final. Os especialistas em mídias que fizerem parte do grupo [(provavelmente profissionais dos departamentos de RP, *marketing* ou de GRC – Gestão de Relação com o Cliente (a sigla em inglês é CRM)], provavelmente considerarão a política demasiadamente restritiva; eles dirão que ela não está de acordo com o espírito das mídias sociais ou não oferece aos funcionários liberdade suficiente para fazer alguma diferença sobre as perspectivas externas de sua marca ou empresa. Já a equipe de suporte organizacional (provavelmente os colegas dos setores de RH e jurídico) poderá se sentir desconfortável em relação ao conteúdo e considerar a política muito liberal ao garantir aos funcionários permissões que poderão expor a organização a riscos. Cada "lado" observará o resultado final e encontrará detalhes que gostaria de alterar. Isso não ocorre pelo fato de sua empresa ser problemática (embora seja tentador pensar desse modo!), mas pelo fato de a própria natureza das mídias sociais nas organizações provocar tal conflito. Isso não é algo que já não deva ser esperado, tampouco representa algum tipo de fracasso para a companhia.

Essa foi uma das lições mais difíceis que tive de aprender quando a GM atualizou sua política de mídias sociais ao longo de praticamente todo o ano de 2010, em um processo liderado por Mary Henige, do setor de comunicações corporativas. Quando li pela primeira vez a política final aprovada depois de meses de discussão, fiquei chocado e conclui que era demasiadamente restritiva – mas logo percebi que a política representava um compromisso e um grande desejo de todos os envolvidos de encontrar um meio termo.

Um conteúdo tão indulgente quanto aquilo que eu – um profissional de mídias sociais – teria certamente adorado, jamais encontraria o apoio do resto da organização. Essa é uma das realidades com as quais deparamos ao trabalhar em uma grande empresa e é algo que o líder de mídias terá de aceitar e compreender ao assumir a liderança do programa de mídias sociais de uma companhia.

E uma vez que já está claro que nem todos ficaram completamente contentes com os resultados finais, todos os envolvidos terão de aceitar que, quando o assunto é mídias sociais, o **"perfeito" não é um inimigo do "bom"**. É melhor possuir regras já determinadas e ajustá-las ou emendá-las quando necessário que **atrasar a implementação** e a **liberação de uma boa política** somente porque a equipe responsável prefere esperar até que todos estejam plenamente felizes e satisfeitos com o teor do documento. Se assim proceder, sua organização jamais terá uma política de mídias.

Agora vem a parte "fácil": escrever a política

Finalmente você está pronto para redigir a política da empresa. Comece fazendo as perguntas mais difíceis relacionadas aos departamentos jurídico e de RH. Veja alguns exemplos:
1. Que tipo de declaração feita por um funcionário dentro das redes sociais, ou em um blogue, constituiria uma ofensa passível de demissão? Essa questão pode incluir o seguinte:
    - **A revelação de informações confidenciais e/ou legais da empresa** – Isso deveria ser evidente; a Internet não é o lugar para discutir sobre produtos que ainda serão lançados nem sobre aqueles que serão aperfeiçoados (atualizados). Não se trata apenas de agir inadvertidamente ao fornecer alguma dica sobre o lançamento de uma novidade no mercado; dependendo do quão significativo for o produto ou a informação, tal lapso ou vazamento poderá inclusive afetar o preço das ações da companhia. Outros tipos de informação liberadas ou postadas *on-line* são capazes de impactar processos judiciais ainda pendentes ou expor a organização a responsabilidades legais. Comece o trabalho prescrevendo cuidadosamente os tipos de revelações que de fato constituiriam ofensas passíveis de demissão. Também seria interessante preparar um processo de avaliação que possa ser agregado à política e cujo objetivo seja identificar se o vazamento em questão ocorreu de maneira involuntária, por falta de cuidado ou, até mesmo, propositadamente.
    - **Difamação de uma empresa concorrente ou de indivíduo** – Qualquer crítica ou ofensa a uma empresa concorrente ou a membros da comunidade social seria ruim para a empresa. Contudo, quando a "bordoada" ultrapassa o limite da discussão sadia e se transforma em afirmações falsas ou calúnias, isso poderá fazer com que toda a organização seja responsabilizada – portanto, é preciso estabelecer claramente que, além de perder o emprego, o funcionário terá de enfrentar as repercussões legais de suas críticas.
    - **Promoção do ódio e declarações racistas** – Isso pode parecer óbvio, mas, mesmo assim, precisa constar da política. Há uma linha tênue entre liberdade de expressão e promoção de ódio

em relação a outras pessoas, e até mesmo de perigos para outros indivíduos. Isso talvez seja um assunto para ser discutido em outro livro, mas quando um funcionário se envolve nesse tipo de discussão suas opiniões acabam sendo consideradas como um reflexo daquelas da organização, o que possivelmente causará sérias dores de cabeça para todos. Trabalhe ao lado do departamento de RH no sentido de desenvolver a linguagem apropriada que substituirá todas as expressões consideradas proibidas na empresa e certifique-se de que tal informação faça parte de sua política.

- **Recompensa financeira a blogueiros externos por conta de avaliações positivas da empresa ou de seus produtos** – Esse tipo de problema normalmente não surge logo nas fases iniciais dos programas, mas em organizações em que as iniciativas no setor de mídias sociais são descentralizadas ou informais – o programa começa a ganhar força e os empregados e departamentos ocasionalmente desenvolvem programas ou esforços paralelos. Enquanto o uso de blogueiros na publicidade da empresa é algo perfeitamente válido e aceitável, cruzar certos limites – em que a compensação financeira é oferecida em troca de críticas positivas – poderá comprometer sua empresa em **termos de ética**. Isso certamente provocará danos sérios e duradouros para a reputação da empresa. Portanto, se o objetivo de sua organização é manter os programas publicitários e editoriais nas redes sociais tão separados como ocorrem nas mídias tradicionais, é melhor que essa informação esteja clara em sua política, para que todos os funcionários saibam de antemão que sua empresa não remunera conteúdos e críticas positivas.

2. Que ações por parte dos funcionários provocariam a tomada de medidas disciplinatórias por parte da empresa, embora não provocassem o desligamento do empregado? Por exemplo:
    - **Crítica pública e aberta a concorrentes** – Mesmo sem incorrer na publicação de calúnias ou difamações do concorrente, o fato de um de seus funcionários tecer comentários grosseiros nas redes sociais poderá exercer efeitos negativos sobre sua marca. Isso é inconveniente e faz com que sua empresa pareça insegura

ou defensiva. (Isso sem mencionar que tal ação poderá provocar retaliações por parte de quem tiver sido criticado. Lembre-se que esse tipo de "troca de ofensas" *on-line* representará uma distração negativa e não trará qualquer benefício para você.) Certifique-se, portanto, de que seus funcionários saibam que não serão aceitas demonstrações de agressividade contra qualquer concorrente.

- **Uso não autorizado do tempo da empresa ou de seus equipamentos (computadores) para acesso às redes sociais** – Essa questão é bastante "sensível", já que, num certo sentido, com isso você está justamente encorajando seus funcionários a se engajarem nas redes sociais. Contudo, nem todos na empresa terão autorização para se engajar nesse ambiente no trabalho – além disso, cada empresa terá opiniões distintas sobre o grau de atividade nas mídias sociais que será aceitável por parte de colaboradores que não estejam diretamente ligados às mídias sociais. Seja qual for a perspectiva de sua organização quanto ao acesso às redes a partir da empresa, certifique-se de que tal informação esteja clara em sua política.

- **Permissão para que interações nas mídias sociais interfiram nas responsabilidades diárias do funcionário na empresa** – Este item está diretamente relacionado ao anterior. Embora você queira que seus colaboradores se engajem nas redes sociais, é óbvio que isso não poderá afetar o cumprimento de suas tarefas diárias. Faça com que seus funcionários se lembrem de que devem se manter responsáveis em relação ao uso dessas redes – e que a permissão de seu uso na empresa não significará que outras incumbências sejam negligenciadas.

- **Proibição da apresentação do funcionário como porta-voz da posição oficial da empresa** – Este é um elemento importantíssimo em função da rapidez com que comentários e rumores se espalham na Internet. Se o funcionário em questão não tiver a autorização de falar em nome da empresa, ele deverá deixar claro para o público/leitor que os pensamentos, *tweets* e artigos por ele compartilhados representam sua opinião pessoal, não da empresa. A política da organização deverá estabelecer claramente que incluir esse tipo de aviso (*disclaimer*) em suas ponderações é obrigatório para todos os funcionários.

3. Que ações não provocariam ações disciplinatórias, mas, ainda assim, não seriam totalmente aprovadas pela empresa? Tais atitudes variam de acordo com a empresa, portanto, são mais difíceis de prever. Elas poderiam incluir:
    - **Discussão política (nível governamental)** – Diferentes culturas ostentam opiniões distintas sobre quão ativos seus empregados poderão se mostrar em termos de política governamental. Sendo assim, a política da empresa poderia incluir prescrições sobre a conduta e/ou o grau de interação dos funcionários em *sites* ou em assuntos de ordem política.
    - **Questões relativas ao serviço de atendimento ao consumidor** – Talvez a empresa prefira que todas as questões relativas ao atendimento ao consumidor sejam dirigidas especificamente ao setor responsável. Nesse caso, a política da empresa deverá instruir todos os funcionários a redirecionar esses tipos de solicitações ao departamento indicado.

Cada organização terá expectativas e aspectos culturais únicos que determinarão a conduta que será aceita para seus próprios funcionários nas redes sociais. Sejam quais forem as regras estabelecidas, certifique--se de que elas façam parte de sua política de uso das mídias. Não se pode exigir que as pessoas adiram e cumpram regras e/ou instruções sobre os quais jamais foram sequer avisadas.

Inicie o processo identificando as transgressões mais óbvias e graves das quais você deseja proteger sua organização e esteja pronto para incorporá-las à política assim que começar a planejá-la. Nem sempre é uma boa ideia se basear primeiro naquilo que os funcionários **não** estarão autorizados a fazer, em detrimento do que de fato lhes será **permitido** – contudo, já que as mídias sociais representam um espaço emergente, e a lista do que é possível cresce em caráter diário, talvez seja mais **prudente começar** por aquilo que você **definitivamente não autorizará**.

O próximo passo é observar os aspectos legais específicos para as mídias sociais e identificar o modo pelo qual você conseguirá fazer com que seus funcionários adiram a esses elementos. Como, por exemplo, você irá assegurar que todos sigam as especificações da FTC – permitindo que apenas os colaboradores autorizados pela empresa interajam com influenciadores de opinião em nome da empresa e administrando cuidadosamente a lista desses "influenciadores"? Você embarcará em um programa de treinamento com o intuito de familiarizar o maior número possível de funcionários com as expectativas da FTC? Considerando o fato de que a FTC estará de olho em seu programa, é preciso que você determine um meio de garantir que o órgão não encontre nada que pareça reprovável.

Além disso, dependendo do setor em que você opera, talvez haja exigências legais ou de caráter regulatório dentro da esfera do atendimento ao cliente que precisarão ser incorporadas em sua política. Por exemplo, a GM está obviamente no nicho automotivo. Nos EUA, empresas desse setor são controladas pela TREAD (Transportantion Recall Enhancement, Accountability and Documentation Act., ou seja, Lei de Documentação, Responsabilidade e Aprimoramento no Serviço de Recall Automotivo) – que, entre outras coisas, exige que as montadoras reportem ao NHTSA (National Highway Traffic Safety Administration, ou seja, Administração Nacional da Segurança no Tráfego Rodoviário) informações relacionadas a defeitos em seus produtos e/ou a relatos de ferimentos ou mortes que, de algum modo, estejam ligados a eles.[6] É óbvio que atuar de acordo com a TREAD é fundamental para a GM, assim como para todas as empresas automotivas dos EUA, portanto, quando começamos a expandir nossa atuação nas mídias sociais, discutimos bastante quais eram nossas responsabilidades dentro das redes sociais no que diz respeito a essa lei norte-americana.

Resolvemos essa questão inserindo informações sobre a TREAD nos módulos educacionais disponibilizados a todos os nossos funcionários. Com o intuito de preparar todos os nossos colaboradores que precisassem se engajar nas mídias sociais como parte de suas funções, decidimos incluir nesses módulos informações completas sobre as responsabilidades da GM nessa área. **Todos os funcionários** foram instruídos a redirecionar qualquer cliente com dúvidas e perguntas sobre nossos veículos para o departamento de atendimento ao cliente – seja por meio das redes sociais, por *e-mail* ou por telefone. Os representantes do serviço de atendimento ao consumidor são especificamente treinados em relação à obediência por parte da empresa à lei TREAD, portanto, queríamos que todo e qualquer assunto nessa área fosse tratado por um grupo de especialistas que soubessem como resolver eventuais problemas.

Sua organização pode ou não estar sujeita às exigências regulatórias mencionadas anteriormente, ou a outras, dependendo do seu negócio específico ou do setor em que você opera. Por outro lado, talvez existam em sua empresa procedimentos relativos ao serviço de atendimento ao cliente que já sejam automaticamente acionados quando a empresa for informada de um problema. Independentemente de quais sejam as exigências ou os procedimentos adotados, é fundamental que todos estejam explicitamente inseridos em sua política de mídias sociais para garantir que sejam seguidos por todo e qualquer funcionário que se tornar ativo nas redes sociais.

É claro que a política de mídias de sua empresa deve se manter consistente com as demais condutas e orientações de caráter ético da organização. O passo seguinte é revisar a política mais ampla de conduta profissional da companhia e incorporar nela quaisquer elementos que possam ostentar ramificações no mundo *on-line*.

Em primeiro lugar o que é mais importante: a política vem antes da etiqueta

Um dos maiores erros que acredito ter cometido na GM foi que, quando entrei em 2007, ao projetar a primeira política de mídias da empresa – um projeto que, aliás, foi idealizado e executado por mim, sem qualquer colaboração dos demais departamentos, e somente então compartilhado com o resto da empresa –, concentrei-me quase que totalmente na **etiqueta** utilizada nas mídias sociais, **não em torná-la sólida e duradoura**. Na verdade, eu tentei escrever uma nova política social corporativa que fosse absolutamente adorada, respeitada e frequentemente citada dentro do mundo das mídias sociais; aquilo não era de fato uma política, mas algo que funcionaria como um guia de procedimentos repleto de lembretes sobre: 1º) a importância da transparência na comunicação da empresa; 2º) a necessidade de que, como representantes da empresa, todos os empregados da GM trilhassem sempre o caminho mais correto em suas discussões na Internet, independentemente do quanto fossem incitados a agir de outra maneira ou do modo como outras pessoas estivessem atuando no ambiente; e 3°) o grande mérito em se oferecer contribuições valiosas aos diálogos, que fossem além de simplesmente promover nossos produtos. Você consegue imaginar esse tipo de documento sendo utilizado em um tribunal caso um empregado tivesse sido demitido da empresa por causa de sua "conduta supostamente inadequada" nas redes sociais?

As regras da "comunidade de mídias sociais" são importantes para aqueles em sua organização que terão de interagir regularmente nas redes sociais, porém, muitas dessas informações podem ser perfeitamente transmitidas aos empregados ao longo de programas de treinamento. O planejamento da política da empresa é a oportunidade perfeita para se discutir atitudes que serão consideradas pela organização como violações sérias que, inclusive, poderão justificar diferentes ações punitivas contra o funcionário.

O que deve ser incluído

Entre os elementos comuns em inúmeras políticas de mídias sociais, estão:
- A afirmação de que todos os funcionários da organização deverão seguir os preceitos éticos da empresa.
- Um lembrete de que cada empregado será considerado responsável por suas próprias postagens e ações nas redes sociais; portanto, caso alguém viole as regras *on-line*, a pessoa será individualmente responsabilizada pelo ato, não a empresa.
- A proibição de que os funcionários se apresentem como representantes oficiais da empresa ou como seus porta-vozes; todos deverão informar claramente que os pensamentos particulares expostos em suas mensagens são de caráter pessoal.
- A instrução para que todos os funcionários sejam absolutamente transparentes em sua interação com o público, divulgando sempre sua ligação pessoal com a empresa ao discutir qualquer assunto sobre a organização.

- Uma declaração de que todos os funcionários deverão respeitar as leis de direitos autorais e *fair-use*.[iii]
- A proibição da divulgação pelos funcionários de quaisquer informações exclusivas ou confidenciais da organização, incluindo – e especificamente – as de cunho financeiro.
- Um lembrete de que sua conduta sempre se refletirá na empresa – sendo assim,
- quaisquer atitudes desrespeitosas como 1º) calúnia e difamação, 2º) comentários de caráter étnico ou 3º) promoção ao ódio, não serão toleradas.
- Um lembrete de privacidade que faça com que os funcionários percebam que os dados publicados na Internet permanecerão lá para sempre, portanto, o que quer que seja postado será passível de ser pesquisado e encontrado por alguém. Todos deverão ser cuidadosos em suas manifestações nas mídias sociais.

O que deverá ser incluído no guia de usuário, não nas políticas da empresa

Somente depois de tratar das proibições e da obediência às leis e regulamentações do setor, e também de assegurar a consistência entre sua política de mídias sociais e as demais condutas da organização, será o momento de cuidar da "etiqueta nas mídias." "Tratar o próximo como gostaria de ser tratado" é sem dúvida uma ótima filosofia de vida, porém, traduzi-la em leis pode se mostrar bastante complicado. Dentro desse raciocínio, é sempre bom compartilhar com seus funcionários as coisas que costumam funcionar bem nas redes sociais e, assim, ajudar sua empresa a evitar críticas ou chatear seu público – contudo, muitas dessas sugestões não possuem respaldo legal e, portanto, não cabem

---

iii Esta expressão inglesa pode ser traduzida como uso **honesto** ou **justo**, mas também é entendida como uso razoável ou aceitável. Trata-se de um conceito da legislação norte-americana que limita o direito autoral sob certas circunstâncias, como em usos para crítica, comentários, divulgação de notícias, ensino (incluindo cópias para utilização de material em sala de aula), educação (sem fins lucrativos) e pesquisa. Outros países possuem leis semelhantes, mas essa doutrina específica não se aplica no Brasil. Em nosso país há uma lei específica para limitação de direitos autorais. (Fonte: Wikipédia) (N.T.)

em uma política legal. Sendo assim, considere a ideia de colocá-las em um guia de usuário ou em algum tipo de documento suplementar que ofereça "dicas e truques interessantes" e possa ser agregado à política oficial da empresa. Esse guia deveria conter algumas das regras "não escritas" do mundo social, e a adesão a elas tornará a entrada ou participação nesse universo bem menos assustadora para os empregados – além disso, essa atitude poderá evitar algumas dores de cabeça para a empresa ao longo do caminho. Veja algumas ideias que poderiam estar incluídas nesse guia:

- **Reconheça seus erros quando perceber que os cometeu e corrija-os antes que outra pessoa tenha de chamar sua atenção** – Não espere que um erro passe despercebido ou simplesmente o esconda empurrando-o para outra página com várias atualizações. Admita-o e corrija-o rapidamente.
- **Nunca apague qualquer postagem ou erro factual, sejam quais forem as circunstâncias (em praticamente qualquer situação)** – Deletar uma postagem que você considerar embaraçosa ou controversa apenas irá realçar sua natureza e fazer com que você se mostre menos confiável ou transparente. Se a postagem ou comentário ofendeu alguém, peça desculpas e admita que aprendeu uma lição com o ocorrido. Se a publicação gerou algum tipo de controvérsia, reconheça o fato, mesmo que opte por não tecer qualquer outro comentário sobre o assunto. Somente em casos em que informações confidenciais da empresa forem inadvertidamente divulgadas, a supressão da postagem poderá se mostrar aceitável – mesmo assim, será preciso que você assuma que removeu a mensagem e explique a razão para tê-lo feito. (Um alerta: mesmo que uma informação seja apagada, as pessoas interessadas ainda poderão acessá-la em cachê[iv] ou por meio de *sites* como o waybackmachine.org; deletar uma postagem raramente a torna inacessível.)

---

iv Em computação, trata-se de um dispositivo que permite acesso rápido a informações dentro de um sistema específico. Ele funciona como um espaço intermediário entre um operador e o sistema de armazenamento acessado por ele. Com ele, evita-se o acesso frequente ao sistema central, o que pode ser demorado. (N.T.)

- **Respeite os outros, mesmo quando as pessoas não demonstrarem o mesmo respeito em relação a você** – Algumas pessoas poderão se tornar incoercíveis e, em algumas ocasiões, insultuosas e até mesmo cruéis *on-line* – em especial se tiverem a chance de se engajar em um diálogo sem terem de se identificar. Esse é um lastimável efeito colateral da Internet. Todavia, como representante de uma marca, envolver-se em um embate verbal ou agir de maneira desrespeitosa não lhe proporcionará nenhum benefício. Se o fizer, demonstrará pouca preocupação com sua marca e transformará o agressor em vítima de uma empresa grande e arrogante. Independentemente do quão desafiador um indivíduo se mostrar, aja de maneira educada como representante da empresa.

- **Refira-se com frequência a postagens feitas por outras pessoas** – Demonstre um pouco de *"link love"*[v] (amor pelos *links*) quando alguém escrever algo que o faça pensar ou sentir vontade de compartilhar, especialmente se for uma crítica positiva sobre sua marca. As moedas nas redes sociais são as **conexões** e os **compartilhamentos**. Você se mostrará mais relevante e digno de confiança se optar por divulgar o que outras pessoas estão dizendo, em vez de apenas se restringir àquilo que precisa dizer.

Um guia de usuário funciona otimamente como um adendo à sua política oficial e, em várias ocasiões, fará com que seus funcionários se sintam mais confortáveis em se jogar de cabeça nas redes sociais que a própria política de mídias. Apenas certifique-se de reconhecer qual deles – o guia ou o manual de política da empresa – é mais adequado em cada situação, sugerindo o que for mais adequado.

---

v Referência ao ato de postar um *link* para *sites* ou *blogs* que você considere interessante ou útil, em geral sem que isso lhe seja solicitado. (N.T.)

Prepare-se bem – e somente então compartilhe sua política

Digamos que a política de mídias de sua empresa esteja pronta, tenha sido analisada de maneira fria e cuidadosa e revisada uma dúzia de vezes por todos os envolvidos em sua criação. **Isso significa que está tudo pronto, certo?** Ainda não!

Antes de mais nada, será preciso retornar à mesa e reescrever tudo o que puder se lembrar em termos de linguagem corporativa e formal, utilizando-se dessa vez de palavras simples e de uso diário. Isso não será fácil, pois você terá de preservar a intenção e o significado de cada ideia dentro da política estabelecida. Entretanto, as mídias sociais são plataformas utilizadas por pessoas reais, portanto, dentro do possível, os conceitos e prescrições que constarem de sua política deverão ser escritos em uma linguagem informal – como as pessoas normalmente falam em seu dia a dia. Isso não significa retornar ao "Não faça nada estúpido"; o objetivo aqui é apenas evitar que seus funcionários soem como um bando de advogados.

Depois que essa fase já estiver terminada, entregue o texto final ao executivo patrocinador para obter a imprimátur[vi] de um dos líderes seniores da organização. Em seguida, passe-o para todos que precisarem aprová-lo antes que se torne uma lei dentro da empresa.

Por último, quando todos já estiverem de acordo com a política, compartilhe-a com o mundo exterior: 1º) publique-a em seu *site*; 2º) coloque um *link* em uma página no Facebook; e 3º) compartilhe a informação no blogue da empresa.

Existem três razões para fazê-lo. Em **primeiro lugar**, você certamente desejará receber tantos *feedbacks* quanto for possível – de seus funcionários, dos clientes, dos investidores e até de eventuais doadores. Se houver algo demasiadamente rígido, indulgente, vago, com certeza você receberá informações sobre isso. Em **segundo lugar**, isso está de acordo com a expectativa de transparência nas mídias sociais. Você precisa fazer com que o mundo todo saiba que você tem uma política para mídias sociais; você quer que todos os clientes saibam o que poderão esperar de seus colaboradores ao interagir com sua empresa.

---

vi Autorização para a publicação.

Em **terceiro lugar**, se a sua política for sólida e bem planejada, o ato de publicá-la dará à classe de influenciadores a oportunidade de vê-la e de falar sobre ela, pelo menos potencialmente. (Isso tem ocorrido com menos frequência atualmente do que no passado, quando as organizações começavam a entrar nas redes sociais, mas, ocasionalmente, essas políticas ainda oferecem material para boas postagens em blogues.) Se você estiver acabando de entrar nesse ambiente (*Web* social), a divulgação de uma política inteligente poderá ajudá-lo a anunciar sua chegada.

O próximo passo será o de comunicar sua política de maneira clara e efetiva a todos os seus funcionários, seja de modo isolado ou como parte de um programa educacional ou de treinamento mais amplo sobre mídias sociais. Todavia, possuir uma política sólida de mídias sociais representa a **vitória de uma batalha, não da guerra**. A partir de agora você terá de se certificar de que todos na organização saibam sobre ela e tenham a oportunidade de aprender sobre o engajamento nas redes sociais. Suas iniciativas internas em termos de cursos poderão representar um elemento crucial em seu programa. Faça-o da maneira correta e promoverá o pensamento criativo na empresa, o que ajudará a revelar alguns líderes em sua organização. Em contrapartida, se o fizer do modo errado, estará prejudicando seus próprios esforços e até mesmo destruindo seu programa antes mesmo de ter a possibilidade de fazê-lo decolar.

No próximo capítulo, conversaremos sobre a construção de um programa eficiente para educar os funcionários não apenas em relação á política de mídias, mas também sobre o engajamento nas redes sociais como um todo.

CAPÍTULO 9

ENSINANDO A ORGANIZAÇÃO A "PESCAR"

Você conhece a antiga questão filosófica: "**Se uma árvore cai bem no meio da floresta, mas ninguém está lá para ouvir o som de sua queda, será que este som realmente existiu?**" Gostaria de oferecer-lhes minha própria adaptação para essa máxima: se uma organização constrói um grande programa e uma ótima política de mídias sociais, mas não envolve seus funcionários, será que essa empresa está de fato conectada às mídias sociais?

Nem toda empresa dará a **todos** os seus empregados poderes para se engajarem nas redes sociais. A despeito disso, é uma boa ideia planejar um programa educacional sobre o assunto que reúna todos os colaboradores da empresa. Considerando a grande difusão das redes, há grandes chances de que pelo menos alguns de seus empregados já sejam ativos em uma ou mais plataformas; talvez esses indivíduos até mantenham *blogs* atualizados. O mínimo que se deve oferecer neste caso é um curso de nível básico, pelo menos para familiarizar a todos na organização sobre a política que acaba de ser desenvolvida.

Mas, e se você quiser ir ainda mais longe? E se os objetivos da empresa forem ainda mais ambiciosos? E se a ideia for introjetar a capacitação em termos de mídias sociais no próprio DNA da companhia?, ao ponto de que em vez de contar com apenas um ou dois especialistas nessa área, sua empresa naturalmente integre as mídias sociais em cada programa, plano e campanha? Como deveria ser o programa educacional para que tal meta seja alcançada, e que tipo de informações deveria conter?

Uma organização é capaz de realizar muitas ações interessantes e grandiosas no espaço social sem investir em uma iniciativa educacional para seus funcionários, contudo, articular as mudanças culturais frequentemente necessárias para que todos abracem as mídias sociais – e, por extensão, se tornem parte integrante e instintiva daquilo que a empresa faz – requer mais que apenas montar um centro de *expertise*, capacitar alguns novos especialistas no assunto ou até mesmo manter uma estrela das mídias sociais em sua equipe. As empresas precisam educar todos os seus funcionários e fornecer-lhes toda a informação de que irão precisar para se engajarem de maneira efetiva nas redes sociais.

Um único par de sapatos, muitos tamanhos diferentes

O primeiro passo para se desenvolver um programa educacional de mídia social é reconhecer que um modelo único não se encaixará em todos os casos. Nem todos na empresa utilizarão as informações fornecidas ou se envolverão no processo – e, dependendo do que estiver estabelecido em sua política, nem todos estarão sequer autorizados a fazê-lo. Todavia, depois da implantação do programa, alguns colaboradores começarão a interagir nas redes sociais; outros utilizarão o sistema somente de vez em quando em seu próprio trabalho. Haverá ainda colaboradores para os quais as mídias sociais se tornarão parte integrante e direta de suas responsabilidades.

Considerando tal realidade, cada uma dessas **"camadas"** profissionais ostentará diferentes necessidades e, nesse sentido, um bom programa educacional de mídias terá de atender corretamente a cada uma delas. Sendo assim, nenhuma empresa deveria pensar em planejar séries obrigatórias de webinários de nível avançado ou exames certificados para todos os funcionários. A maioria de seus empregados não será convocada a utilizar regularmente as ferramentas sociais como parte de suas funções diárias, portanto, expor essas pessoas a mais informações do que elas jamais irão precisar em termos de mídias – ou de qualquer outro tópico – somente elevará os riscos de que elas se desinteressem pelo assunto e voltem a se concentrar única e exclusivamente nas questões relevantes para a execução de sua própria função.

Cada indivíduo deve ser um especialista na área para a qual foi contratado e é remunerado, portanto, não é necessário que um profissional do setor de finanças ou engenharia se torne um *expert* em *marketing* social – aliás, essas pessoas já têm muito em que pensar para serem obrigadas a dominar outros conhecimentos. A ideia aqui é fornecer aos empregados que não usam as mídias sociais como parte de suas funções diretas informações suficientes para que não cometam algum erro grave que possa causar problemas à empresa e a você.

Entretanto, alguns de seus empregados serão incumbidos de usar as mídias regularmente em seu trabalho diário – outros ainda terão como atribuição atuar como especialistas na área e também como gerentes de comunidades. Não será o suficiente oferecer a essas pessoas apenas um conhecimento básico sobre o assunto, afinal, elas serão responsáveis por representar a empresa nas mídias. Toda empresa deve munir seus especialistas com todas as informações e todo o treinamento necessários para que estes possam desempenhar bem suas funções.

Nível 1 - Não "graduados" (iniciantes)

O nível de base para todos os empregados, independentemente de eles jamais utilizarem mídias sociais em seu trabalho, deveria incluir a familiarização com a política da empresa. Mesmo que um empregado não escreva em um *blog* nem poste *tweets* em nome da organização, talvez em sua vida pessoal ele seja bastante ativo nas redes e, por causa disso, também deverá ser exposto à política e aos direcionamentos da empresa. Do mesmo modo como você faria no caso de precisar divulgar as novas regras para a comprovação de despesas ou de conduta comercial na companhia, também será preciso montar um módulo institucional básico para esse **grupo iniciante**, e certificar-se de que **todos** na empresa participem dele. Essa parte do programa não precisa ser muito abrangente, mas, com certeza, deverá enfocar tudo o que os funcionários serão ou não autorizados a fazer nas redes sociais.

Por exemplo, considere o sistema que foi implantado pela H&R Block. Zena Weist nos explica o seguinte: "Contamos com mais de 100 mil funcionários, portanto, há muita interação acontecendo o tempo todo (nas redes sociais). Como fazer para garantir que, no trabalho, todas essas pessoas conversem o tempo todo sobre a marca? Para que a voz de todos seja uníssona, educamos todos os nossos colaboradores de acordo com a nossa política de comunicação *on-line*, que, aliás, está diretamente ligada ao código de conduta da empresa. Incluímos nossa política de comunicações *on-line* em todos os acordos fechados com parceiros e fornecedores, de modo que qualquer um que, de algum modo, represente nossa marca tenha sempre em mente o compromisso de nossa empresa e as expectativas de nossos clientes."[1]

A abordagem da H&R Block reflete uma sólida compreensão do ambiente. Ela reconhece que empregados e associados se mostrarão ativos nas redes sociais e que, portanto, tentar restringir ou controlar todas as suas conversações seria absolutamente inútil – isso sem contar que limitaria sua potencial efetividade no trabalho. Para proteger a marca e assegurar consistência, a H&R Block oferece a todos na empresa cursos sobre a política de comunicação *on-line* da empresa (na área de mídias sociais) – chegando ao ponto de incluir essa mesma política em seus acordos com parceiros e fornecedores. A percepção de que, para servir aos clientes, os associados, parceiros e fornecedores também de certa forma ficarão expostos nas redes, é, aliás, bastante perspicaz. Os esforços da H&R Block no sentido de compartilhar sua política com todos que tiverem alguma ligação com a empresa não apenas promovem mais consistência na interação com os clientes, mas também protegem a própria organização e seus associados, ao garantir que todos conheçam as regras básicas.

Mas o que afinal deveria ser incluído em um módulo básico de instruções?

- **Análise crítica da política de mídias sociais da organização** – Comece o processo certificando-se de que os empregados estejam cientes sobre a existência de uma política de mídias sociais na empresa, e cobrindo alguns pontos básicos. Por exemplo, antes que um candidato a motorista ocupe o assento atrás do volante será preciso que ele faça um curso teórico. Durante esse treinamento ele aprenderá importantes regras de trânsito que lhe darão mais segurança antes de se aventurar nas ruas da cidade – com isso o indivíduo terá pelo menos uma ideia do que deverá fazer quando chegar a hora de trabalhar. Não há substituto para a experiência de dirigir, mas conhecer as regras ajuda a preparar o candidato para a tarefa. O mesmo acontece com as mídias sociais. Instrua a todos sobre as regras da empresa antes que os funcionários adentrem o mundo virtual.

- **Familiarização básica com algumas das plataformas mais populares no universo das mídias sociais** – Isso inclui informações sobre Twitter, Facebook, Foursquare e Gowalla e a respeito do funcionamento de *blogs*, *bookmarkings*,[i] RSS, Alertas do Google, Quora e outras ferramentas que surgirem ao longo do caminho. (E saiba que elas continuarão aparecendo; o Google+ foi lançado em junho de 2011 e, em seu primeiro mês de vida, imediatamente atraiu mais de 20 milhões de usuários, mesmo estando ainda em versão beta.[ii]) Mas não se preocupe em oferecer detalhes excessivos, apenas certifique-se de que todos aprendam o **básico** – o que é a plataforma; como ela funciona; como abrir uma conta; forneça também informações cruciais sobre como interagir dentro dela. Em geral, o uso de vídeos funciona muito bem nesses casos. Na GM, licenciamos vários vídeos da série *In Plain English* (*Em Inglês Simples*), produzidos pela Common Craft,[iii] de Lee LeFever. O material é bem fácil e, ao mesmo tempo, divertido; seu objetivo é evidenciar a utilidade e os benefícios da plataforma ou do dispositivo que estiver sendo discutido. Esses vídeos são uma ferramenta bastante interessante para cursos rápidos e, portanto, eu os recomendo.

---

i O *social bookmarking* (marcação social), normalmente utilizado em inglês, é um sistema de identificação de *sites* como favoritos, o que facilita o acesso mais rápido por parte do interessado. (N.T.)

ii Trata-se de um termo usado na área de computação que se refere à última fase de testes de um programa antes de ele ser oficialmente lançado no mercado. (N.T.)

iii Trata-se de uma empresa norte-americana especializada na criação de vídeos educacionais sobre uma grande variedade de tópicos. Todo o material utiliza uma abordagem bem fácil, o que permite que até mesmo pessoas sem qualquer conhecimento técnico sobre os tópicos apresentados, aprendam sem maiores dificuldades. No Brasil, o *site* é http://www.commoncraft.com/brazilian-portuguese-home. (N.T.)

- **Um guia de etiqueta para iniciantes ou uma lista de "dicas e truques" sobre as plataformas mais comuns nas redes sociais** – De modo ideal, os funcionários envolvidos em mídias sociais já estarão familiarizados com as regras básicas das redes mais comuns. Eles deveriam saber, por exemplo, como vincular mensagens, *blogs* e *sites* em suas correspondências virtuais e também que o primeiro comentário no *blog* de uma pessoa jamais deveria incluir "campanhas agressivas de venda" da marca representada. Você certamente desejará que essas pessoas saibam que ao usar *hashtags* (#) no Twitter, isso não apenas as ajudará a rastrear conversações sobre um determinado tópico, mas também a atrair novos leitores para um determinado *feed* – ou sobre o quão infeliz é a ideia de acessar as redes que monitoram a localização como o Foursquare e fazer um *check-in* na sua própria residência pois, sempre que ele fizer um *check-in* em outro lugar, toda a rede saberá que não está em casa tornando sua residência vulneravel a invasão ou furto. Ao discorrer sobre esses aspectos mais profundos do uso das redes, o objetivo da empresa é diminuir a probabilidade de um empregado cometer um erro não intencional ou dar um passo em falso que possa causar problemas à organização – além disso, a empresa também visa proteger seus empregados de uma exposição involuntária que possa representar qualquer constrangimento legal ou em sua reputação fora do ambiente *on-line*.
- **Um guia de desenvolvimento para indivíduos que queiram aprender mais sobe o assunto** – Que *sites* possuem informações e características particularmente úteis sobre o setor de mídias sociais? Onde os funcionários poderão encontrar informações sobre as próximas "grandes novidades" do setor de mídias? Que *blogs* eles deveriam incluir entre seus favoritos? Que pessoas influentes eles deveriam seguir no Twitter – seja na área de mídias ou no setor em que a empresa atua? Tente ajudar seus empregados a se tornarem tão preparados quanto eles próprios desejarem em termos de mídias sociais e ofereça a eles tantos recursos de aprendizagem quanto for possível. É preciso encarar o fato de que seu módulo de treinamento estará parcialmente desatualizado poucas semanas depois do lançamento, portanto, tais recursos ajudarão seus funcionários a se manterem atualizados sobre os

elementos que acabam de surgir ou que tenham sido desenvolvidos após o treinamento ser preparado.
- **Pontos de apoio dentro da organização capazes de responder a outras perguntas sobre mídias sociais** – Quem será o ponto focal de seus funcionários, ou seja, a pessoa responsável por fornecer-lhes informações e perspectivas que os ajudem se e quando 1º) precisarem ou quiserem saber mais, 2º) necessitarem de algum esclarecimento sobre a política ou 3º) depararem com um problema a resolver? Quem afinal estará lá para apoiá-los em questões que vão além do que é coberto nos módulos de treinamento? Quanto maior sua empresa, menos provável que todos os empregados conheçam uns aos outros e saibam exatamente quem são os líderes do setor de mídias sociais (o evangelista talvez possa atender sua própria equipe internamente, mas e quanto ao resto da equipe?) – então, certifique-se de que todos saibam a quem deverão recorrer.

O módulo básico não é algo apenas "interessante para se criar", tampouco um programa opcional que tornará seus colaboradores mais "antenados" no campo das mídias sociais. Na era das redes sociais, ele é um requisito básico e de caráter simples e engenhoso para qualquer empresa, tenha ela ou não um programa social. Todos na empresa precisam estar cientes sobre 1º) que atividades serão permitidas nessa área; 2º) o código básico de conduta a ser seguido por todos que se envolverem nas mídias sociais; e 3º) que atitudes irão gerar medidas disciplinares e/ou a demissão do funcionário.

Nível 2 – Instrução para funcionários com alguma vinculação com a mídia social (intermediários)

O segundo nível educacional deveria ser direcionado a todos que trabalham em funções que, eventualmente, e de algum modo, exijam a **utilização das mídias sociais** – comunicações, *marketing* e serviço de atendimento ao consumidor. Independentemente de o "social" fazer parte da descrição de suas tarefas, há grandes chances de que em algum ponto da careira, as pessoas nessas áreas tenham de fazer algum tipo de planejamento tático relacionado a mídias sociais, ou de se mostrarem ativas nas redes como parte de alguma campanha. Esses colaboradores precisarão ter acesso a mais informações que apenas a política da empresa. Neste caso, o mais adequado é oferecer uma boa introdução às plataformas de mídias, à história por trás delas, às ferramentas utilizadas e às etiquetas que as regem, tudo isso em um nível mais aprofundado.

As responsabilidades de se representar uma marca dentro das mídias sociais

O fato de uma pessoa saber como se engajar nas redes sociais – e de ela até possuir seguidores – não significa que ela esteja ciente sobre tudo o que está envolvido em atuar como representante de uma empresa dentro delas. O modo como um indivíduo costuma se comportar dentro desse ambiente virtual nem sempre continua a se mostrar adequado depois que seu nome se torna associado a uma marca.

A Chrysler, uma das empresas automotivas congêneres da GM, em Detroit, aprendeu isso da maneira mais difícil em março de 2011. Um dos jovens funcionários que trabalhava para sua agência de mídias – e que tinha acesso à conta oficial da empresa no Twitter – sentiu-se frustrado ao ter de enfrentar o pesado trânsito da cidade durante certa manhã e resolveu tuitar sua desaprovação a esse respeito: **"Acho irônico o fato de Detroit ser conhecida como a capital do automóvel quando, aparentemente, ninguém sabe dirigir por aqui."**[iv]

O problema é que a mensagem não foi publicada na conta pessoal do jovem, mas, acidentalmente, na conta @ChryslerAutos.[2] É claro que esta não é uma situação que somente aconteceu com a Chrysler – aliás, esse tipo de incidente pode ocorrer em qualquer tipo de organização. Porém, o resultado da controvérsia provocada não custou apenas o emprego do rapaz, mas o próprio contrato da agência com a montadora.

Pela minha ótica pessoal, o problema aqui não foi o incidente propriamente dito, mas o fato de ninguém jamais ter se preocupado em instruir os funcionários da agência – tampouco da própria Chrysler – sobre a nova realidade que passaram a vivenciar à medida em que

---

iv Tradução livre do comentário original em inglês: *"I find it ironic that Detroit is known as #motorcity and yet no one here knows how to f------------ drive."* (N.T.)

se tornaram representantes da marca: de que a partir do momento em que um indivíduo passa a ser o rosto ou a voz de uma empresa, há um novo padrão ao qual está oficialmente enquadrado, e, portanto, certas atitudes já não lhe serão mais permitidas (como, por exemplo, utilizar-se de palavras de baixo calão em suas postagens.) Mesmo quando, estando associado a uma grande marca, uma pessoa tuita a partir de sua conta pessoal ou escreve em seu próprio *blog*, **ela ainda está associada à marca da empresa em que trabalha**. Por exemplo, é óbvio que na época em que eu trabalhava na GM, todos sabiam perfeitamente bem que eu não ficava 24 h por dia dentro da empresa. Entretanto, mesmo quando tuitava a partir de minha conta pessoal – @cbarger – ou escrevia sobre assuntos privados, todo o mundo ainda me conhecia como **"o cara da GM"**. O fato de eu usar palavrões, ser rude ou deliberadamente controverso, ou ainda oferecer minha opinião particular em questões polêmicas, certamente teria refletido na GM do mesmo modo como se eu estivesse utilizando o *blog* da organização, o FastLane, ou tuitando a partir da conta @GMBlogs, portanto, eu precisava agir de modo diferente. E é isso o que ocorre com **qualquer** pessoa na companhia que seja incumbido de comandar as contas da empresa nas redes sociais. Mesmo que supostamente o nome do funcionário não seja assim tão conhecido, tal responsabilidade ainda prevalece. No final o público acabará fazendo tal conexão, portanto, certifique-se de que o funcionário escolhido para ser o rosto ou a voz da marca atente para as seguintes regras:

- Não usar palavras de baixo calão nas redes sociais, mesmo quando achar que está utilizando sua conta pessoal.
- Não se envolver em discussões políticas ou de cunho religioso que, em tese, dentro do ambiente bastante polarizado em que vivemos, poderão refletir mal sobre a marca ao, inadvertidamente, ofender e até afastar clientes em potencial. Ninguém discute o fato de que o empregado que exerce função no setor de mídias sociais continua a ter o seu direito de opinião preservado, todavia, o engajamento desse indivíduo em debates políticos raramente tem efeito positivo sobre a marca que representa. Portanto, eventuais discussões sobre política devem ser deixadas para o bar ou a academia de ginástica.

- Não se envolver em brincadeiras de cunho sexual – ou de qualquer outro caráter agressivo – que possam de algum modo ofender pessoas cujas perspectivas de vida sejam diferentes em relação ao que **é** ou **não "adequado"**.

Tudo isso pode soar como se eu estivesse defendendo a ideia de que ao aceitar suas funções no trabalho de mídia social o representante de marca deve sublimar sua personalidade. Não necessariamente. O que estou enfatizando neste caso é que representar uma empresa exige por parte do funcionário a adoção de um **diferente padrão comportamental**, portanto, se o indivíduo não se sentir confortável com isso, talvez não seja uma boa ideia representar a marca nas redes sociais. Certa vez, depois de palestrar sobre este assunto, tive a oportunidade de conversar com uma mulher que trabalhava para uma grande empresa do setor de tecnologia. Ela parecia bastante furiosa ao dizer: "Essa sou eu; é assim que eu sou; é assim que eu me comunico. Se eles não gostam do meu estilo não deveriam me pedir para representar a empresa." Tudo o que pude pensar foi: "Então você deseja contar com toda a visibilidade intrínseca em representar uma marca e acredita que isso lhe confira o direito a vantagens especiais e até promoções (ele deixou isso bem claro), mas, ao mesmo tempo, você se nega a agir de modo suficientemente responsável para estampar de forma respeitosa o nome da organização."

Análise de casos

Selecione vários estudos de caso – tanto entre os mais conhecidos quanto os menos famosos – que possam ser considerados exemplos de empresas **"que atuam corretamente"** e de companhias que **"cometem equívocos"** nas mídias sociais. Explore cada um desses casos cuidadosamente. Alguns deles denotarão uma sólida execução do plano de mídias, outros, uma péssima implantação do programa da empresa. Discuta em detalhes todos os aspectos positivos e negativos de cada um deles e como as lições obtidas poderão ser aplicadas em sua organização. (No Capítulo 12 você encontrará vários exemplos específicos que poderão lhe ser úteis.)

Planificação de cenários e "jogos de guerra" (simulações)

Estabeleça grupos pequenos na empresa; cada um deles deverá ser moderado pelo evangelista ou por um dos especialistas em mídias sociais. Então planifique diversos cenários nos quais os times sejam obrigados a reagir em "tempo real" a eventos que estejam ocorrendo na empresa ou que tenham a ver com ela ou com a marca. O aprendizado por meio de livros ou de lições teóricas é interessante, mas não exerce sobre o indivíduo o mesmo impacto que forçá-lo a reagir dentro do "tempo" das mídias sociais e a desenvolver as respostas instintivas necessárias nesse tipo de ambiente. Portanto, o propósito desse exercício é aclimatar a equipe ao espaço e às mudanças rápidas que ocorrem no mundo das redes sociais.

Enquanto o objetivo da primeira fase de treinamento é oferecer ao maior número possível de funcionários uma compreensão básica sobre o funcionamento das mídias sociais e o modo que a empresa pretende conduzir seu programa, a meta da segunda etapa é começar a desenvolver uma especialização dentro de grupos menores de profissionais que poderão assumir responsabilidades e até mesmo representar a marca nas redes sociais, sem causar dores de cabeça ou atuar de maneira arriscada para a empresa.

Nível 3 – Educação avançada

O último nível do programa educacional é voltado para os funcionários cujas atividades diárias ou a própria descrição da função incluam significativas responsabilidades em termos de mídias sociais, **em especial** aqueles encarregados de cuidar das contas corporativas e de suas marcas. Os indivíduos que participarão desse treinamento já terão cumprido as duas primeiras etapas do curso ou terão experiência suficiente no gerenciamento de programas e contas sociais.

Para esse grupo, seria uma boa ideia trazer de fora palestrantes ou autores de trabalhos na área de mídias sociais. Sim, eu sei que já disse anteriormente que a premissa por trás deste livro é de que, muitas vezes, o consultor externo e os especialistas em mídias sociais não entendem ou percebem os desafios enfrentados pelos funcionários de uma empresa ao representarem a marca nas redes, em vez de si mesmos. Na verdade, gostaria inclusive de reforçar tal premissa (é óbvio que deveria fazê-lo, certo?), contudo, **pensamentos novos** e **arejados** e **oriundos de fora** da organização podem ser **revigorantes**. Toda empresa e todo setor deve ser estimulado pelo mundo exterior para evitar se tornar demasiadamente confortável ou presa aos próprios métodos. Na GM costumávamos convidar pensadores e autores como Joseph Jaffe, Jason Falls, Chris Brogan e David Merrman Scott para falar aos membros de nossa equipe expandida de mídias sociais – às vezes em sessões bem restritas, outras direcionadas a grupos de até cinquenta pessoas. Cada um desses encontros se mostrava bastante positivo, não apenas por conta das novas perspectivas que esses indivíduos traziam para a empresa, mas também por causa dos surtos criativos que eles provocavam em nosso pessoal; depois de cada uma dessas sessões, todos começavam a realizar *brainstorms* ("tempestade de ideias") e a pensar de maneiras mais inovadoras.

Há também outra razão para se trazer pessoas de fora para falar à sua equipe: infelizmente, faz parte da natureza humana – e também das organizações – atribuir mais **credibilidade** àquilo que é dito por **pessoas externas** ao seu convívio diário e, portanto, que não façam parte da empresa. O evangelista de mídias e os membros de sua equipe poderão falar e repetir suas ideias até ficarem roucos, mas sempre haverá dentro da organização, funcionários que resistirão às mensagens compartilhadas ou permanecerão céticos. Em contrapartida, uma pessoa de fora talvez consiga converter esses desgarrados dizendo exatamente a mesma coisa que já foi dita internamente um milhão de vezes – em especial se ela já tiver publicado um livro sobre o assunto ou possuir um número estrondoso de seguidores. É importante que a equipe de mídias reconheça essa realidade, um tanto frustrante, e aproveite quaisquer relacionamentos que tenham construído com influenciadores externos para reforçar suas boas ideias. Em última análise, desde que o conhecimento seja compartilhado e aceito pelos funcionários, não importa quem eles terão ouvido ou quem receberá o crédito por isso no final. (É claro que isso colocará nos ombros dos líderes de mídias sociais a responsabilidade de avaliar cuidadosamente suas fontes externas. É óbvio que será bastante contraproducente trazer para dentro da empresa um influenciador cujas perspectivas sejam dramaticamente distintas daquelas que você deseja disseminar na empresa.)

Uma última consideração sobre esta questão – que, aliás, raramente se aplica de modo exclusivo às mídias sociais e precisa ser mencionada: não cometa o erro de achar que toda a educação de seus empregados ocorrerá dentro dos limites físicos da empresa. Seus profissionais de **"nível 3"** terão de sair em campo para ver o que as pessoas estão fazendo em relação às mídias sociais; elas precisarão ter acesso a tecnologias emergentes ainda em estágio beta ou, pelo menos, interagir com outros indivíduos que tenham objetivos parecidos e estejam enfrentando desafios similares. Os relacionamentos são absolutamente fundamentais nas mídias sociais; nesse sentido, talvez a interação face a face com influenciadores e colegas seja ainda mais crítica que em qualquer outro setor. É importante que a empresa invista tempo na identificação de boas conferências e bons webinários para os funcionários mais envolvidos no processo. A visibilidade e a participação nesse circuito de eventos de mídia também são necessárias no sentido de fazer com que a "câmara de eco" das mídias sociais reconheça que sua empresa é ativa nesse campo e possui um programa que vale à pena ser observado.

Fazendo com que as coisas aconteçam: oferecendo treinamento eficaz

Uma vez que a empresa tenha se decidido quanto ao que irá ensinar a cada grupo de empregados, é hora de realmente **conduzir** ou **difundir** o treinamento. Particularmente, já vi o processo ser realizado por meio de módulos disponibilizados na *Web* via intranets – na verdade, dentro da GM o primeiro módulo era oferecido dessa maneira. É claro que é possível alcançar mais gente utilizando esse tipo de tecnologia; além disso, há mecanismos que permitem verificar quem já completou o curso. (Isso também torna mais fácil para a empresa atualizar o conteúdo e, conforme o espaço continua a se desenvolver, criar um sistema para a obtenção de certificações anuais pelos funcionários.)

Entretanto, para o segundo grupo discutido, seria bem mais interessante considerar a disponibilização de uma série de sessões presenciais, dedicadas a colocar todos em um mesmo patamar e no mesmo ritmo. Você poderá ajudar esses funcionários a abrirem uma conta no Twitter, caso eles ainda não possuam, explicar-lhes sobre o uso de plataformas e instrumentos que forem utilizados na empresa, planificar cenários e avaliar estudos de caso. Contudo, embora as sessões presenciais permitam um maior aprofundamento das questões durante o treinamento, elas demandam mais tempo e mais recursos; além disso, nem todas as empresas possuem pessoal capacitado para oferecer treinamentos como esse. Se a sua empresa puder optar por esse sistema, saiba que ele disponibilizará mais conhecimento entre os funcionários e proporcionará a eles maior compreensão do programa. O investimento de apenas algumas horas agora poderá fazer uma enorme diferença no futuro.

Outra opção a considerar – embora isso exija um comprometimento em termos de tempo e recursos – é a criação de mecanismos para que os funcionários treinem uns aos outros e transmitam as informações entre si. Essa era uma das práticas mais eficientes quando eu estava na IBM. Conforme lançamos as regras para a utilização do nosso sistema de *blogs* no início de 2005, a empresa também criou uma plataforma interna de *blogs* (que, aliás, de maneira muito criativa, foi batizada de "Central de *Blogs*") na qual qualquer empregado poderia iniciar um *blog* interno que ficaria visível para qualquer outro funcionário da organização. O objetivo era permitir o aprendizado em grupo e o compartilhamento de informações, fossem elas sobre os vários negócios da própria IBM ou sobre a emergência de *blogs*, *sites* ou plataformas que diferentes funcionários da empresa estivessem descobrindo. Em apenas um ano, mais de 3 mil empregados da "gigante azul" (IBM) já possuíam *blogs* pessoais na Central. Obviamente alguns eram mais populares que outros – porém, o mais importante foi o fato de que, por intermédio desses *blogs*, alguns "líderes de ideias brilhantes" se tornaram visíveis; indivíduos cujo conhecimento foi considerado vasto pela comunidade formada pelos funcionários e cujo valor para a empresa aumentou justamente na medida em que ela percebeu não apenas a sapiência dessas pessoas, mas o respeito que os colegas mantinham por elas. Os *blogs* eram pesquisáveis por palavras-chave e os cinco mais populares do dia e da semana eram listados para referência; as informações eram compartilhadas livremente por toda a organização e entre os empregados. Enquanto isso, esse sistema colaborava para tornar algumas lições menos "centralizadas" ou "autorizadas," o que nem sempre era uma coisa ruim. O aprendizado era mais orgânico, às vezes gerava mais credibilidade entre os colegas, pois vinha de "**todos**", não "**dos homens**

da gerência", e, portanto, já não era apenas uma responsabilidade da equipe de mídias sociais. (Como blogueiro-chefe, eu tinha o dever de analisar o conteúdo postado na Central de *Blogs* para me certificar de que nada contraproducente ou incorreto estivesse sendo transmitido, mas esse era todo o controle que a empresa exercia sobre o sistema. Você ficaria surpreso ao perceber o quanto seus empregados sabem e o quão rápido informações incorretas ou incompletas são corrigidas e autopoliciadas.)

Mais uma vez, nem todas as organizações terão os recursos necessários, sejam eles financeiros ou de TI, para lançar uma plataforma interna de *blogs* (embora ferramentas de *microblogging* como o Socialcast ou o Yammer ofereçam funcionalidades similares sem a inconveniência de se ter de manter uma infraestrutura especial na empresa), mas esse sistema poderá se mostrar um instrumento fantástico para a autoeducação e o compartilhamento de conhecimento na empresa.

A construção de um esquema de aprendizado por níveis poderá ajudar muito no sentido de aumentar a base de conhecimento e compreensão dos departamentos de RP, *Marketing* e Atendimento ao Consumidor em relação a plataformas, redes, ferramentas e expectativas do público. Entretanto, não existe substituto para a experiência real – nem para os funcionários nem para o programa como um todo. Somente a experiência vivenciada poderá instilar um compromisso sistemático e amplo entre os colaboradores e as mídias sociais enquanto prática comercial. É por isso que dentro da GM nós desenvolvemos uma filosofia projetada não apenas para criar campanhas de mídia vencedoras e ganhar o respeito desses círculos, mas também para gerar uma capacidade permanente de integrá-las na maneira como a GM faz seus negócios. Na próxima seção, defenderei a ideia de que todos os empregados deveriam ter algum tipo de exposição às mídias sociais. Também discorrerei sobre meios de agregar tal exposição à sua estrutura organizacional.

Imersão e dispersão

Uma equipe central de especialistas em mídias sociais é definitivamente capaz de criar um programa vencedor – porém, este estará sempre centrado nesse grupo específico e, portanto, vulnerável à saída de funcionários e à influência exercida internamente pela equipe. Um programa que exponha o maior número possível de indivíduos a campanhas reais de mídias sociais poderá ampliar a perspicácia intelectual e a *expertise* das pessoas em toda a organização – e, ao fazê-lo, contribuirá para agilizar a adoção das mídias sociais em toda a empresa.

Ao criar um programa de mídias sociais, talvez lhe pareça tentador tentar transformar um de seus funcionários em uma **verdadeira estrela das mídias sociais** – ou até atrair uma estrela de fora –, capaz de representar suas iniciativas. É fácil observar a atração em tudo isso: uma estrela chama a atenção das pessoas, garante um nome forte para a marca e oferece ao público um rosto específico, um nome e uma personalidade com a qual possam identificar a marca. Se o objetivo maior em interagir nas redes sociais é humanizar sua marca e torná-la algo mais que apenas um logotipo, porque não personificar sua marca por meio de um indivíduo?

Todavia, existem alguns problemas com essa abordagem. O maior e mais óbvio é o fato de as organizações se tornarem extremamente vulneráveis à saída dessa pessoa. Se eu tivesse construído o programa da GM em torno de uma única pessoa, a empresa teria sido forçada a recomeçar do zero depois que saí de lá, em março de 2011. (Felizmente o departamento abrigava dúzias de funcionários, incluindo alguns que desenvolveram sólidas listas de seguidores por conta própria; como resultado disso, minha saída não prejudicou em nada a presença da GM nas redes sociais.)

Além disso, manter a *expertise* em mídias nas mãos de apenas um pequeno grupo de pessoas acaba por apequenar o propósito de se ter um programa. Quando se opta por não integrar práticas e táticas de mídia em todas as campanhas da empresa, desde a sua idealização, a companhia está contando com alguém para explorar o conhecimento e a *expertise* de sua equipe de mídias – ou mesmo para se familiarizar com a existência e com o papel desse pequeno grupo – e então se tornar capaz de levar o conceito de "social" a estratégias mais amplas. Se quiser que as mídias sociais realmente sejam parte daquilo que sua empresa faz, você precisa distribuir o conhecimento tanto quanto possível.

Um problema mais significativo com a abordagem de "equipe central" diz respeito à escala. Independentemente do quão prolífico eu seja, seria humanamente impossível dar conta de mais de uma centena de conversações com clientes reais e/ou em potencial todos os dias. Além disso, mesmo que eu conseguisse persuadir muitas das pessoas com as quais fizesse contado a adquirir algo da empresa à qual estivesse representando, tenho certeza de que o impacto de meus esforços individuais seria relativamente mínimo para o fechamento do mês ou até do trimestre. Nenhum ser humano seria capaz de conversar com todos os que desejam atenção ou resposta de uma grande marca global diariamente. Este é, desde o início, o grande desafio por traz da implantação de um programa de mídias sociais corporativo, assim como o mais difícil de ser superado: a eficácia das mídias sociais é alcançada por meio da construção de relacionamentos e isso é muito difícil de dimensionar.

Pior que isso, a credibilidade no espaço social advém da capacidade de o ser humano ser coerente com aquilo que diz e colocar em prática tudo o que promete dentro das comunidades de interesse. Mas a despeito do quanto um representante de mídias sociais estude ou se dedique ao trabalho, será incrivelmente difícil para este profissional apresentar-se como um especialista capaz se discorrer com segurança sobre todas as questões relativas ao empreendimento que sejam relevantes para o consumidor real ou potencial. Imagine, por exemplo, um diretor de mídias sociais no setor varejista. Ele teria de ser um *expert* em cada produto comercializado por sua rede de lojas e pela estratégia de *marketing* da empresa e por responder as perguntas dos investidores sobre o desempenho da empresa e pela cadeia de abastecimento da organização e pelas atividades específicas de cada ponto de venda independente e pelo programa beneficente da companhia e pelos esforços na área de responsabilidade social? Em algum ponto, a imagem de **"pau para toda obra, porém, sem qualquer especialização"** acabará se revelando, já que ninguém é capaz de conhecer profundamente todos os aspectos que regem uma grande marca ou organização.

Nesse sentido, não seria bem melhor e mais adequado treinar e dar poder de decisão a grupos de funcionários de cada setor da empresa, preparando-os para se engajar com as comunidades que estejam interessadas em obter informações sobre cada área específica de especialização? Em vez de a empresa possuir apenas um ou dois representantes de mídias sociais, não seria melhor se ela contasse com seis, dez, doze, vinte ou até mais? Afinal, se uma pessoa consegue dar conta de cinquenta conversações por dia, cinco seriam capazes de atender a 250 clientes; dez conseguiriam responder a 500 contatos; quinze, a 750 chamados, e assim por diante. A maneira correta de se resolver o problema de dimensionamento no mundo das mídias social não é apenas distribuindo conhecimento entre seus funcionários, mas também outorgando a eles a **autoridade** necessária para adentrar comunidades e engajar-se em diálogos em nome da empresa. A menos que isso seja feito, você sempre irá deparar com o problema de escala.

Na GM lidamos com esse desafio desenvolvendo uma filosofia à qual denomino **"imersão e dispersão"**. Tal filosofia se tornou a espinha dorsal de nosso programa, além da razão pela qual ele alcançou o tamanho que ostenta atualmente. O conceito básico é bem simples: em vez de possuir uma equipe permanente de especialistas em mídias ou estrelas reconhecidas em todo o mundo, construímos um grupo que funcionava como uma espécie de "porta giratória" em termos de contatos. O mecanismo foi desenvolvido com o objetivo de conduzir as pessoas ao longo do sistema, conectando-as aos profissionais mais adequados de cada área da organização.

Veja como funciona o sistema: uma vez que um evangelista ou líder de mídias seja escolhido, torne-o o único membro permanente da equipe. Outros funcionários – às vezes recém-contratados, em outras ocasiões, pessoas que já trabalham na organização há algum tempo – são enviados para o grupo por um curto espaço de tempo. Algumas companhias optam por períodos de seis ou nove meses, enquanto outras aplicam o prazo de 18 meses; na GM, obedecíamos a períodos de 12 meses, aproximadamente.

Ao longo desse tempo, os empregados encaminhados para o setor se veem completamente imersos em mídias sociais – aquilo se torna sua principal e até mesmo única responsabilidade. Digamos que eles recebam ali uma espécie de "batismo de fogo." O fato é que, a despeito da área sobre a qual o indivíduo tenha interesse em aprender, não há substituto para a verdadeira experiência – e é justamente isso que a imersão visa oferecer. Esses funcionários passam o período estabelecido se tornando especialistas em mídias, e são responsáveis pelas seguintes atribuições:

- Pilotar as contas da marca – atualizando as páginas da empresa no Facebook, administrando a comunidade que participa dos *blogs* da organização ou interagindo com o público pelo Twitter em nome da companhia.
- Aprender sobre plataformas novas e emergentes de mídias, reportando as informações obtidas ao evangelista ou ao resto da equipe para verificar a possibilidade de elas serem utilizadas na empresa.
- Realizar campanhas e/ou programas de mídias sociais em torno de produtos, coordenando a presença da marca em importantes eventos da área ou estabelecendo públicos-alvo específicos (por exemplo, mães ou ambientalistas, dependendo do caso).
- Participar de conferências e seminários sobre mídias sociais, não apenas para aprender sobre o que outras empresas estão fazendo e as próximas "novidades" do setor, mas também para construir relacionamentos com outros profissionais da área, blogueiros e influenciadores.
- Palestrar em pequenas conferências em nome da marca (quando o individuo estiver preparado para a tarefa), compartilhando o programa e os esforços da empresa e construindo seu próprio perfil como especialista em mídias sociais junto aos públicos externos.

No final do período designado, mova o empregado para outras áreas da empresa – outras seções dos departamentos de *marketing* ou comunicações; para trabalhar com submarcas, caso a organização as tenha (no caso da GM, a Chevrolet, a Buick etc.); para os setores de desenvolvimento de produtos, planejamento de negócios ou até mesmo finanças, contabilidade e RH. Assim que esses empregados se tornarem confiáveis especialistas em mídias, **disperse-os** por outras partes da empresa, onde eles atuarão como *experts* e serão capazes de ensinar aos novos colegas e disseminar por toda a organização o conhecimento adquirido sobre as práticas nesse campo.

Os processos de imersão e dispersão não apenas ajudam a agilizar a adoção e a compreensão institucional das mídias por parte de toda a empresa, mas também lidam com o maior desafio para a eficácia das mídias sociais: o **dimensionamento**. Eles criam e desenvolvem mais pontos de acessos pelos quais o público poderá interagir com a marca – e cada um desses indivíduos terá condições de treinar seus colegas e prepará-los para se engajar eficientemente nas mídias. Nenhuma dessas pessoas conseguiria individualmente se aproximar de uma estrela das mídias em termos de alcance ou número de seguidores, mas, trabalhando de maneira coletiva, eles não somente demonstrarão uma abrangência similar, mas também conseguirão manter uma interação mais personalizada, regular e relevante com as comunidades *on-line*. Talvez igualmente importante seja o fato de que, ao distribuir as presenças *on-line* e social da empresa a uma grande variedade de indivíduos igualmente qualificados, esses processos dão segurança à companhia contra o impacto que poderia ser causado pela saída de um profissional.

Continue a ensinar

Como é o caso com a maioria das carreiras e até mesmo com a própria vida, a chave para o sucesso não está no nível educacional que um indivíduo alcança inicialmente, mas no quanto ele está preparado para **continuar a aprender** e a se **desenvolver de maneira contínua**. Enquanto fenômeno, as mídias sociais ainda estão apenas na "infância", portanto, ainda há muito que fazer em termos de avanços e desenvolvimento. Novas tecnologias e plataformas surgem a cada período de poucos meses. Nenhuma iniciativa de instrução sobre mídias sociais jamais estará completa ou será totalmente abrangente; ninguém dentro de uma organização conseguirá saber tudo o que é mais atual ou mais "correto" em termos de mídias sociais. Sendo assim, na impossibilidade de agir com mais frequência, programe para que revisões e atualizações sejam feitas pelo menos uma vez por ano em seu módulo educacional. Veja a seguir alguns métodos para descobrir ou decidir o que deverá constar da próxima versão:

- Certifique-se de que seu evangelista e (se Deus quiser) alguns outros profissionais da empresa estejam participando regularmente de conferências para aprender sobre as mais novas tendências ou novos avanços.
- Tenha a certeza de que o indivíduo responsável por criar o treinamento se mantém ativo nas redes sociais e não investe todo o tempo participando de reuniões ou concentrando-se em dinâmicas

internas. A atmosfera *on-line* muda rapidamente, portanto, o que "funcionou" ou possibilitou uma ótima interação da marca há apenas seis meses pode já não oferecer resultados tão bons no presente. A interação constante e regular é a melhor maneira de se manter atualizado.
- Mantenha sua equipe ativa em termos de leitura, sugerindo-lhe vários *sites* de mídia social e *marketing* (Mashable, Adrants, ReadWriteWeb, Ad Age e inúmeros *blogs* sobre mídias). Embora seja importante aprender a observar alguns exageros com cautela, estes ainda são bons lugares para se obter ideias e aprender sobre novas plataformas ou tecnologias. Peça aos seus funcionários que, ocasionalmente, compartilhem alguns artigos interessantes, ou, melhor ainda, que analisem o conteúdo para verificar a possibilidade de implantar as novas sugestões dentro da companhia.
- Participe de pelo menos algumas conferências sobre mídias sociais a cada ano – não apenas por causa do conteúdo programático desses eventos, mas focando nas conversações que certamente ocorrerão durante coquetéis e até mesmo no *hall* de entrada; em geral, esta é a parte mais importância da conferência.

Faça com que seus colaboradores, até mesmo os mais experientes, se atualizem e renovem seus conhecimentos com frequência. Reconheça o fato de que o ritmo acelerado das mídias pune atitudes complacentes, e que as mesmas práticas que se mostraram inovadoras há pouco tempo são hoje lugar comum e até desinteressantes. Portanto, se quiser ser um líder nesse ambiente, terá de constantemente atualizar suas informações, suas ações e seus métodos. Assim como na vida, a **educação nas mídias sociais jamais termina.**

Ensinar uma empresa a pescar é a maneira mais eficiente de dimensionar as iniciativas de mídias sociais e transformar a interação nas redes em parte **daquilo que a organização já faz**, não em uma "atividade especial" que somente alguns poucos profissionais selecionados realizam. O verdadeiro objetivo ao se construir um programa de mídias para uma empresa é incorporar a *expertise* e as práticas relacionadas a ele no DNA da organização, tornando-o tão integral para a companhia como o *marketing* tradicional, a publicidade e as ações de RP. Quando toda a base de funcionários de uma organização é treinada em relação a questões fundamentais e surge dentro dela um núcleo de empregados formado por praticantes bem informados e capazes de assegurar que as táticas e estratégias sociais se tornem parte de cada programa ou iniciativa de *marketing* e comunicações, fica evidente que a marca de fato abraça o conceito de mídias sociais e possui um programa que se destaca entre os concorrentes e dentro do setor.

Capítulo 10

TRABALHANDO COM BLOGUEIROS

Na deliciosa comédia dos anos 1990, *Um Tira no Jardim da Infância*, o ator Arnold Schwarzenegger faz o papel do detetive John Kimble, um homem que, para conseguir capturar um criminoso, trabalha disfarçado de professor em uma escolinha para crianças pequenas. No início, Kimble subestima a natureza do serviço que irá realizar, assim como os desafios que lhe serão apresentados por seu público. "Eles têm apenas 6 anos de idade", diz ele a sua parceira. "Que tipo de problema eles poderão me causar?" Entretanto, depois de um primeiro dia desastroso em que, escapando ao controle do "professor", os alunos o deixam absolutamente extenuado, ele muda seu discurso. "Eles são terríveis", murmura Kimble depois de cair exausto sobre a cama do seu quarto em um hotel. "Eles são como pequenos terroristas!", concluiu Kimble.

No que diz respeito a lidar com as redes sociais, pode-se tecer um paralelo entre o personagem de Schwartzenegger e a maioria das grandes organizações. No início, muitas empresas talvez tratem os blogueiros e/ou outros influenciadores *on-line* de uma maneira não muito diferente das mídias tradicionais. Todavia, depois de serem execradas por conta do envio a algum blogueiro de *spams* com *releases* corporativos tipicamente iniciados com "Caro jornalista", ou do cometimento de algum outro erro considerado crasso dentro das regras não escritas das mídias sociais, muitas dessas mesmas organizações também retornam para seu "quarto de hotel" resmungando: "Eles são terríveis!"

Contudo, o trabalho com blogueiros não precisa causar medo a ninguém, tampouco a caótica energia da blogosfera tem de ser exaustiva. Na verdade, trabalhar em conjunto com blogueiros e influenciadores *on-line* pode se mostrar inclusive mais gratificante e divertido que fazê-lo em torno da mídia tradicional. (Particularmente, eu nunca me diverti tanto como um homem de RP como nas ocasiões em que trabalhei com influenciadores *on-line*.) Neste capítulo, compartilharei algumas práticas padrão que tornarão as coisas bem mais fáceis para você leitor, para os blogueiros com os quais estiver trabalhando e para todos que visualizarem a interação entre ambas as partes – desde os leitores do *blog* até os profissionais da Federal Trade Commission (FTC).

Interações *on-line*

A primeira interação entre empresas e blogueiros (ou influenciadores em mídias sociais), geralmente ocorre *on-line*. O praticante de mídias de uma organização poderá reparar nos altos índices obtidos por uma determinada pessoa no Quantcast ou no Klout e decidir que precisa do público amealhado por aquele profissional. É possível também que o blogueiro faça algum comentário no *site* da empresa ou alcance um gerente de comunidade por meio do Twitter ou Facebook. Às vezes a interação começa a partir de uma conexão compartilhada ou pela iniciativa do próprio blogueiro, mas, com frequência, são os representantes da marca que se aproximam diretamente do blogueiro, sem qualquer interação anterior. Seja de que modo for, suas relações profissionais com blogueiros e influenciadores *on-line* terão um início mais tranquilo e um futuro mais promissor se você aderir a algumas regras básicas de etiqueta.

Lembre-se de que você não é tão importante quanto pensa que é

A maioria dos blogueiros não está tão acostumada a ser abordada pelas grandes marcas quanto os jornalistas. Isso, entretanto, não significa que essas pessoas ficarão tão surpresas e boquiabertas com o logo da empresa, ou com o fato de uma grande corporação ou de seus representantes terem notado sua existência, que ficarão absolutamente histéricas com a oportunidade oferecida e prontas para escrever o que a empresa quiser sobre elas. Eles não ficarão tão envaidecidos pela sua atenção ao ponto de não perceberem táticas e abordagens grosseiras e ineptas. Eles também não irão considerar seu *e-mail* sobre o mais novo produto de sua empresa ou a respeito de novidades internas da organização como o mais importante que eles receberam durante toda a semana.

Lembre-se: os blogueiros que conseguiram construir um público bom o suficiente para atrair a sua atenção, o fizeram **sem o seu conteúdo**. Isso significa que eles não precisam de você e que as notícias sobre sua empresa não interessarão mais aos leitores deles – que por acaso são consumidores dos seus produtos – simplesmente por partirem da famosa empresa XYZ. Correspondências do tipo "Caro blogueiro" com *releases* de imprensa anexados têm tanta chance de ir parar diretamente no lixo nesse caso quanto teriam se caíssem nas mãos de jornalistas, se não mais. (Na verdade, abordagens desse tipo se tornam até mais arriscadas que aquelas feitas aos profissionais do jornalismo, uma vez que alguns blogueiros optarão por não apenas publicar sua "obra pré-fabricada, mal acabada e pouco pesquisada", mas também por envergonhá-lo publicamente pela iniciativa de enviar-lhes tal material.) Talvez os seus chefes acreditem realmente que seu comunicado de imprensa sobre o lançamento da versão 2.3 do *SuperWidget* seja a notícia mais aguardada da semana, mas a maioria dos blogueiros e de seus públicos não concordará com eles.

Isso faz parte do curso básico de RP em qualquer faculdade, mas, vale repetir: qualquer pessoa que queira enviar uma história a um blogueiro deverá encontrar um ângulo que se encaixe com o próprio *blog*, com os assuntos nele discutidos e com o público ao qual ele se destina. Porém, mesmo quando todos os cuidados nesse sentido tenham sido tomados, ainda é possível que o blogueiro e/ou a comunidade para a qual ele escreve não considerem o conteúdo tão interessante ou relevante para eles quanto você. Neste caso, você não deverá se sentir irritado, chateado ou indignado. Não tome nenhuma atitude impensada apenas porque seu material não foi publicado, tampouco parta do pressuposto de que o blogueiro gosta mais do seu concorrente. Concentre-se apenas em realizar um trabalho melhor da próxima vez, enviando-lhe algo mais relevante.

Antes de qualquer coisa, leia os *blogs* desses profissionais

Ao utilizar o verbo **"ler"**, não estou sugerindo apenas que você "encontre um *blog* com altos índices Quantcast e dê uma olhada rápida e superficial nas duas ou três últimas postagens para que possa se referir a elas quando enviar seu material." Os blogueiros são profissionais espertos o suficiente para saber quando alguém não está familiarizado com seus interesses, com o seu estilo ou com a sua comunidade – na verdade, o ato de demonstrar conhecimento superficial de um *blog* em vez de confessar o completo desconhecimento do material torna-se ainda mais insultuoso para o blogueiro!

Portanto, se você estiver pensando em contar com um blogueiro – seja com o intuito de lhe dar uma chance de avaliar seu produto; de perguntar sua opinião sobre uma campanha que estiver desenvolvendo; ou de convidá-la para um evento que estiver planejando – você **realmente** terá de começar lendo o *site* desse profissional. Não apenas leia as postagens dessa pessoa, mas observe o modo como ela se relaciona com sua comunidade na seção de comentários. Examine os arquivos com atenção para ter uma ideia clara dos assuntos sobre os quais ela escreve com mais regularidade e também do estilo desse indivíduo. Ele já avaliou produtos alguma vez? Ele já escreveu sobre o fato de outras grandes organizações o terem abordado no passado? Se este foi o caso, como as coisas se desenrolaram? Ele explicou o porquê?

Contudo, é impressionante como essa medida aparentemente tão simples **não** é adotada por um número alarmante de profissionais do RP e do *marketing*, quando, de fato, deveria ser considerada como parte fundamental de sua **"lição de casa"** ao contatar blogueiros. Porém, fazer o dever de casa leva tempo. Para alguns, o ato de familiarizar-se com o conteúdo de um *blog* ou com os interesses de seus leitores é como deixar de lado a mensagem da empresa. E com a grande quantidade de *blogs* e *sites* que surgem o tempo todo, muitos profissionais de RP e *marketing* que estiverem apenas superficialmente familiarizados com as mídias sociais poderão sentir-se pressionados a alcançar o maior número deles e no menor prazo possível. Todos aqueles "globos oculares" nas comunidades e tão pouco tempo, certo? Mas não caia na tentação de escolher atalhos ou de enviar textos repletos de informações importantes. A blogosfera está cheia de mensagens ofensivas do tipo "Esses RPs são um bando de chatos", escritas em momentos de frustração depois que um blogueiro recebe seus escores de pesquisa com números relativamente baixos – lembre-se: você não está querendo fazer inimigos, apenas tentando ganhar a confiança do profissional e de seu público. Portanto, leve o tempo que precisar, independentemente do quão duro seja o trabalho. Isso fará com que você se destaque. Os blogueiros mais espertos apreciarão o fato de você ter feito uma pesquisa e investido algum tempo para aproximar-se deles da maneira mais apropriada, enquanto aqueles não acostumados a serem abordados por uma grande marca provavelmente se sentirão mais lisonjeados pelo fato de você ter **lido** o material por eles publicado.

Talvez você se recorde do que eu disse anteriormente sobre a questão de os blogueiros não ficarem tão impressionados com a ideia de serem notados por uma grande marca. Há uma grande diferença entre ser notado e ser **pesquisado**. Qualquer um é capaz de checar os índices da Quantcast, da Compete ou da Klout ou as avaliações da Alexa;[i] nem todo mundo se importa em familiarizar-se genuinamente com as preferências, o estilo, o conteúdo e a comunidade de um redator de *blogs*. Em última análise, notar um blogueiro leva apenas um ou dois minutos; pesquisá-lo demandará esforço genuíno – e é exatamente **isso** que irá gerar uma reação positiva do seu **"alvo"**.

Essa leitura mais aprofundada não leva somente à criação de um material mais bem formulado e que esteja mais de acordo com o *blog* que se queira utilizar. Na verdade ela faz com que a empresa fique mais preparada para os resultados dessa interação. Esse blogueiro é do tipo sarcástico, cujo objetivo é não apenas **informar**, mas **entreter** seus leitores? Nesse caso é melhor avisar seus chefes que possivelmente algumas postagens trarão comentários irônicos. O blogueiro parece do tipo antiautoritário ou anticorporativo? Se este for o caso, mesmo tendo gostado do produto o blogueiro poderá incluir algum comentário depreciativo ou elogio duvidoso (o que não necessariamente será algo ruim, desde que a liderança de sua empresa esteja perfeitamente capacitada para lidar com alguns golpes duros). O blogueiro é do tipo

---

i   Mais uma ferramenta para verificação do número de acessos, do alcance e da influência de sites na internet. (N.T.)

espirituoso, mas bastante irreverente? Ele costuma apelar para piadas de mau gosto e de conotação sexual que fariam com que a chefia de sua empresa ficasse ruborizada? Ou pior, que todos ficassem sobressaltados ao ver sua marca ou produto associada a esse tipo de linguajar? Em situações como esta, talvez seja melhor desistir de utilizar um blogueiro com tais características, pois não valerá a pena correr um risco tão grande; por outro lado, pedir que o blogueiro deixe de ser ele mesmo não é uma atitude justa, tampouco realista.

Na verdade, conhecer seu alvo é uma regra de RP mesmo quando o objetivo é abordar jornalistas tradicionais. Porém, essa fase é com frequência negligenciada quando as empresas estão se preparando para contatar influenciadores *on-line*. Não deixe que isso aconteça com você; faça sempre o seu dever de casa. Certifique-se de que a pessoa que estiver pesquisando "alvos" compreenda os parâmetros estabelecidos. Prepare-se não apenas para estabelecer uma ordem dos blogueiros que estiver pensando em utilizar para cada iniciativa específica, mas também para explicar às lideranças de *marketing* e comunicações a razão pela qual esses profissionais estão listados nessa ordem. Registre todas as informações que já tiver obtido em relação aos blogueiros em uma base de dados, para que todos em sua equipe tenham acesso a tudo o que precisarem: que blogueiros escrevem sobre qual assunto; se já foram utilizados pela empresa; se já foram convidados para algum evento anteriormente; e como reagiram. Desse modo, todos do grupo estarão mais bem preparados e equipados para construir relacionamentos com influenciadores sociais e seus públicos-alvo. Em alguns casos, se um *blog* é comandado por um único indivíduo, talvez você possa designar um funcionário de sua equipe para cuidar daquele relacionamento de modo exclusivo; já nos casos de *blogs* mais amplos que contam com um grande número de autores e postam artigos variados sobre um setor específico ou que abriguem influenciadores significativos que se interessam por várias facetas do seu negócio – o que é mais comum –, serão necessários vários funcionários para, ocasionalmente, contatar tais profissionais e manter com eles uma boa relação. Tudo isso só torna ainda mais importante a atitude de registrar o modo como alguém em sua empresa tenha abordado recentemente um determinado blogueiro – você certamente não desejará bombardear ninguém com uma quantidade excessiva de contatos telefônicos e/ou e-mails simultâneos oriundos de diferentes funcionários da empresa.

Isso não difere muito do que fazem as equipes de RP em relação à mídia tradicional. **Lembre-se: você não deve tentar reinventar a roda; isso é apenas RP básica.**

Sempre que possível, tente não fazer com que sua primeira interação gire única e exclusivamente em torno de você mesmo

Serei o primeiro a admitir que nem sempre é possível preparar o terreno antes da batalha. Se a liderança da empresa lhe der apenas 24 h para montar uma lista de alvos em potencial para um programa específico de mídias sociais, talvez você não possa se dar ao luxo de incluir nessa lista somente os nomes de profissionais com os quais já tenha mantido contato anteriormente. Todavia, se isso for possível, sempre é mais educado e prudente localizar potenciais alvos **antes** de precisar utilizar seus serviços.

Pense nisso: como você prefere ser abordado quando alguém deseja lhe vender um produto? Quando entra em uma loja do *shopping*, você aprecia ser cumprimentado antes, não é? (Empresas como a Walmart transformaram o "cumprimento" em um item da lista de atribuições de seus funcionários, não apenas em uma ação individual.) Mesmo que seja um diálogo curto e superficial – "Olá, como está?" ou "Bem-vindo à nossa loja!" –, **sempre reagimos de uma maneira mais agradável quando somos cumprimentados ou percebidos como seres humanos**, não como humanos ambulantes. E quando os vendedores se aproximam logo que você entra não é mais interessante ouvir algo do tipo "Posso ajudá-lo?" que "Hoje temos uma promoção especial: os suéteres estão com um desconto de 20%; e a cada dois pares de meias você leva um de graça!" Você quer, pelo menos, ter a ilusão de que o pessoal da loja realmente quer ajudar **você** a encontrar aquilo que **você** deseja, e que não estão ali apenas para vender o que quer que tenham sido instruídos a empurrar nos clientes naquele dia.

O mesmo ocorre em relação às redes sociais. A maioria dos blogueiros já sabe que se o representante de uma marca faz um comentário em uma de suas postagens, ou responde a eles no Twitter, uma tentativa de abordagem logo ocorrerá. Portanto, não se trata apenas de educação neste caso, mas de inteligência estratégica – pois as pessoas gostam de ser tratadas como seres humanos; elas querem que seus *blogs* sejam lidos com a devida atenção; desejam ser reconhecidas como mais que apenas um bom "veículo de publicidade" **antes** de a "venda" começar. Portanto, faça o que for preciso para iniciar uma relação com seus "alvos" antes que precise realmente abordá-los. Deixe um comentário ou dois no *blog* ou no *site* de cada um desses indivíduos. Responda a algum comentário que eles tenham publicado no Twitter. Faça **algo** que demonstre que você investiu algum tempo para conhecê-los como autores e também como pessoas, em vez de somente como blogueiros cujos públicos-alvo deseja atrair para si mesmo.

Discuta sobre questões que nada tenham a ver com o seu produto ou sua marca

Se tudo o que um blogueiro e/ou sua comunidade ouvir de sua boca estiver relacionado ao seu produto ou ao **quão maravilhoso seu produto é**, ninguém prestará atenção ao que tem a dizer por muito tempo. Se jamais tecer qualquer comentário sobre outros artigos que o blogueiro publicar, ele e seu público-alvo logo ficarão cansados de vê-lo ali; você será encarado como aquele sujeito que no meio de um jantar festivo, tenta aproveitar todas as oportunidades para vender alguma coisa para alguém. Você certamente não deseja assumir o estereótipo do vendedor de automóveis usados. Nesse sentido, trate de eventualmente fazer algum comentário que nada tenha a ver com o objetivo pelo qual você procurou esse blogueiro em especial. Você não precisa sempre apelar para frases genéricas do tipo "Concordo plenamente", "Ótimo artigo!" ou "Você não poderia estar mais correto!", apenas para tentar impressionar. Se, ao longo do tempo, você conseguiu construir uma relação sólida com um blogueiro e sua comunidade, estará habilitado a falar sobre qualquer coisa, de esporte a cultura popular, de música e *shows* de TV a questões mais sérias da vida cotidiana – problemas enfrentados na criação dos filhos, doenças na família ou até um grande marco em sua vida. (Algumas das discussões mais tocantes e sinceras que já tive com blogueiros na Internet diziam respeito à morte de seus bichinhos de estimação. Se você já teve um cão ou gato em casa, sabe perfeitamente bem o quão triste é quando eles nos deixam; particularmente, já compartilhei lembranças sobre o meu cachorro e recebi mensagens de apoio de pessoas que jamais encontrei em toda a minha vida. Isso não parece ter nada a ver com a venda de carros, mas você ficaria surpreso com o número de vezes em que pessoas com as quais eu mantive conversas totalmente aleatórias acabaram voltando a me procurar mais tarde para perguntar sobre veículos da GM.)

Com frequência, esses diálogos entre você e o blogueiro ocorrem na seção de comentários do *blog*. Às vezes, se estiver mantendo uma conversa mais pessoal e prolongada, talvez você prefira torná-la *off-line* e continuá-la via *e-mail* privado. Tudo depende do quão confortável você se sentir com o blogueiro – use o bom-senso no que diz respeito a fornecer informações demais –, mas o fato é que essas conversações de âmbito não profissional serão capazes de aprofundar bem mais sua relação com o blogueiro que qualquer interação relacionada à sua marca e aos seus produtos.

A propósito, também é normal discordar do blogueiro em relação a algo que ele tenha postado, desde que de maneira respeitosa, é claro. Ninguém espera que você se comporte como um robô ou que evite publicar sua própria opinião com medo de desagradar o proprietário do *blog*. Mais uma vez, tudo se resume ao tipo de relacionamento que você mantém com ele e com sua comunidade. Contudo, assim como na vida real, as relações nessa plataforma somente funcionarão se as pessoas se mostrarem como elas realmente são e forem honestas. Como profissionais do *marketing* e de RP, às vezes cometemos o erro de pensar que precisamos nos concentrar única e exclusivamente em nossa "mensagem" quando estamos *on-line*. Porém, afastar-se desse caminho de vez em quando faz com que seu público preste mais atenção à sua mensagem no momento em que você expressá-la.

Interações *off-line*

Mesmo se um blogueiro ou influenciador *on-line* postar um artigo sobre seu produto ou suas campanhas, em algum momento você irá desejar que ele se encontre pessoalmente com seus colegas na empresa.

Aliás, você também irá querer que indivíduos que não sejam especialistas em mídias sociais conheçam esse blogueiro. (Isso o ajudará a fazer com que todos na organização deixem de lado o estereótipo do *nerd* da informática que, em geral, vem à mente quando pensam nesses profissionais, e vejam essas pessoas como fontes críveis de informações que exercem influência em espaços que a empresa normalmente não alcança. Também é uma ótima maneira de permitir que os funcionários de uma organização – sejam eles dos departamentos de comunicações, *marketing*, desenvolvimento de produtos, atendimento ao consumidor ou até mesmo da liderança executiva – ouçam perspectivas diferentes de "pessoas reais", que estão fora dos círculos usuais do setor em que a empresa atua no mercado.)

Vale à pena reparar que existe certa estratificação nos tipos de blogueiros com os quais irá lidar. Os indivíduos que escrevem sobre o seu setor podem ser profissionais remunerados e tão conhecedores do assunto quanto seus colegas que redigem para jornais e revistas. Dentro do setor automotivo, por exemplo, surgiram nos últimos anos várias publicações *on-line* poderosas que, inclusive, **contrataram diversos jornalistas** que até então trabalhavam na mídia tradicional. Em geral, escritores que operam nessas agências *on-line* especializadas em um determinado setor não encontram muita resistência por parte de seus colegas mais tradicionais. Entretanto, até mesmo os profissionais que não são remunerados, ou que se apresentam como **"independentes"**, também demonstram tanto conhecimento e tanta experiência na área que qualquer resistência que inicialmente possa surgir da mídia tradicional, ou até mesmo dos tradicionalistas dentro das equipes de RP da empresa, provavelmente irá desaparecer rapidamente. E assim que você conseguir fazer com que todos se mostrem mais confortáveis ao lado de seus novos colegas, incluir os influenciadores de mídias sociais do setor em eventos de mídia tornar-se-á relativamente simples. (Na GM, por exemplo, blogueiros do setor automotivo já não são tratados como pessoas de "mídias sociais"; eles são considerados simplesmente como profissionais de "mídias automotivas", e levados tão a sério pela equipe de RP quanto seus colegas que trabalham na mídia impressa ou televisiva.)

Em contrapartida, se você representar uma marca de consumo em vez de uma empresa B2B é bem provável que você depare com mais frequência com uma segunda categoria de blogueiros: indivíduos de fora do seu setor cujo foco principal é a vida cotidiana, ou seja, a criação dos filhos, o meio ambiente, entretenimento de modo geral, cultura popular e, também, o *marketing* de mídias sociais.

Convidar esses influenciadores para participar de eventos tradicionais de mídias – em especial se você se responsabilizar pela locomoção e pelas despesas de viagem dessas pessoas – poderá representar desafios um pouco maiores. Entre eles estará a necessidade de enfrentar o ressentimento de jornalistas tradicionais, irritados com o fato de terem de compartilhar seu acesso aos produtos e aos líderes das empresas. (Ao longo do primeiro ano e meio do programa de *blogs* da General Motors, nos acostumamos a ouvir reclamações sobre, por exemplo, o número de **"verdadeiros" jornalistas** que não puderam participar dos eventos para dar lugar aos **"amadores"**.) Além disso, é bem provável que um grande número desses blogueiros jamais tenha sido tratado como "mídia" por alguma marca até então – talvez eles tenham sido abordados por alguma empresa ou solicitados a avaliar produtos, mas diferentemente do que ocorre com redatores acostumados ao setor, que, por acaso possuem um *blog*, muitos desses blogueiros são de fato "amadores" no sentido de que não estão familiarizados com o tipo de relacionamento que existe entre marcas e jornalistas, com o que é esperado desses profissionais ou com o próprio funcionamento dos programas de mídias sociais.

Por essas razões, às vezes torna-se um pouco mais complicado contar com a ajuda desses blogueiros em um programa de mídias. Por exemplo, quando eu estava na GM, acredito que pudéssemos ter utilizado um blogueiro especializado em viagens, pois sabíamos que o público-alvo do novo modelo da marca Buick em geral aprecia viajar. Contudo, as chances de esse profissional conhecer a mesma terminologia e os detalhes técnicos que já são comuns para os redatores acostumados ao setor automotivo – ou de sequer ter algum interesse por essas características nos carros – não eram muito elevadas. Trazer esse profissional a bordo de um programa de mídias sociais no setor automotivo talvez tivesse garantido à GM alguma atenção extra, mas também é possível que tivesse provocado nele alguma inibição; essa não é uma posição justa e confortável para se colocar um indivíduo.

Portanto, a primeira regra para se trabalhar pessoalmente com blogueiros é identificar conscientemente suas oportunidades. Às vezes isso significará promover eventos distintos para blogueiros e representantes de mídias sociais. Em alguns casos, talvez seja uma boa ideia apresentar seu programa de mídias em eventos **já frequentados** por esses blogueiros.

Programas para conferências e outros eventos sobre mídias sociais

Às vezes pode ser difícil sair da rotina em que os profissionais da área de comunicações acabam caindo em seus setores específicos. Todos nós sabemos perfeitamente quando serão realizados os grandes eventos comerciais e as grandes exposições em nossas áreas de atuação e até planejamos programas de mídia especificamente para tais ocasiões. Também sabemos quando serão os próximos lançamentos de novos produtos. É comparativamente fácil criar um programa para um evento do qual se participa todo ano, e sobre o qual se conhece todos os detalhes e se exerce algum controle.

Mas com que frequência nós saímos de nossa zona de conforto e nos aventuramos em áreas frequentadas por indivíduos que não fazem parte do nosso nicho – grupo que, aliás, inclui a maioria dos consumidores que desejamos alcançar? O fato é que o desabrochar das mídias sociais promoveu o surgimento de uma grande variedade de novas conferências – eventos cuja magnitude é exacerbada pelo fato de que muitos de seus frequentadores compartilham suas experiências e seu conhecimento *on-line*. South by Southwest, BlogWorld Expo, BlogHer, SOBCon, Type-A Mom, BlogWell e Social Fresh nos EUA estão entre os maiores, mas existem centenas de outras conferências e outros eventos relacionados a mídias sociais que ocorrem atualmente e atraem não apenas públicos *on-line*, mas também influenciadores de opinião em pessoa (como é o caso da Campus Party no Brasil). Inúmeras marcas de todo o espectro de bens de consumo já começaram a reparar em muitas dessas conferências e até já desenvolveram programas voltados para os frequentadores desses eventos, sendo que, em muitos casos, até patrocinam os encontros.

Quando você estiver considerando um evento cujo alvo seja o público interessado em mídias sociais, construir uma experiência voltada para o cliente é fundamental para o sucesso da marca. Simplesmente mergulhar de cabeça em um popular evento de mídias apenas para se mostrar "na moda" ou para gerar *leads*ⁱⁱ ou interações com sua marca, como uma espécie de remuneração por essa participação, não trará nenhum benefício para sua marca. A maioria dos participantes desses grandes eventos de mídia é suficientemente inteligente e perspicaz para reconhecer quando campanhas de *marketing* e *branding* lhe estão sendo enfiadas goela abaixo sem oferecer qualquer vantagem pessoal – e é bem provável que alguém acabe levantando essa questão em algum momento. Pense a respeito: você está interagindo com as pessoas em um evento do qual **elas** resolveram participar. Esses indivíduos não estão lá para ver a sua marca nem para experimentá-la; eles estão presentes por conta do que lhes foi prometido pela própria conferência. Portanto, se a presença da marca no evento se resume a uma espécie de comercial em que você busca apenas promover seu logotipo e suas mensagens, o público presente não terá nenhuma motivação para prestar mais atenção em você do que em um comercial de TV que estivesse sendo veiculado no mesmo espaço. Contudo, ao ajudar a exacerbar uma experiência à qual **eles** se dispuseram a vivenciar (ao contrário de utilizar-se de artifícios para forçar esse público a interagir com a empresa), uma marca tem muito mais possibilidades de criar uma impressão positiva nos participantes – e de fazer com que suas mensagens de *marketing* sejam recebidas em vez de simplesmente ignoradas.

Os resultados também serão bem melhores se o seu programa for desenvolvido como parte da experiência a ser vivenciada pelo público, em vez de tentar criar uma experiência paralela, complementar e coincidente que tente atrair as pessoas para longe do verdadeiro objetivo pelo qual elas vieram. Em outras palavras: você lucrará mais se o seu programa **ajudar o público a fazer o que quer que eles tenham vindo fazer**. Seu objetivo é exacerbar a experiência que esses indivíduos estão dispostos a vivenciar, não forçá-los a outra que esteja relacionada a você, ao seu produto e à sua marca.

Particularmente, eu não sou um grande fã da ideia de expor a marca em grandes eventos como o SXSW, o BlogHer e a BlogWorldExpo. Nos de grande porte, ela facilmente poderá desaparecer em meio aos inúmeros patrocinadores que pagaram valores elevadíssimos pelo espaço.

---

ii Referência ao termo *Sales leads*, geralmente utilizado em inglês. O significado em português é "indicações de vendas". (N.T.)

São raras as interações construtivas e interessantes que são desenvolvidas nesses locais; por outro lado, o **estande de sua empresa poderá se tornar pouco mais que um ponto de distribuição de brindes**. É claro que a visibilidade ajuda a reforçar a ideia de que sua organização possui um programa de mídias; é possível que você até consiga manter algumas conversações interessantes com indivíduos que queiram se aproximar de você por vontade própria. Mas, no geral, a exposição da marca nesses ambientes serve apenas para "compensar" o patrocínio; ela não fará com que sua empresa se torne uma parte mais intrínseca da experiência do participante do que se você tivesse apenas pago pelo espaço para publicidade tradicional. Seu relacionamento com o inacreditável número de interessados no evento começará no dia em que ele for aberto ao público e terminará no momento em que todos retornarem para suas casas. Talvez isso seja eficaz em termos de *marketing*, mas não funciona bem em termos de mídias sociais. Lembre-se de que um dos valores das mídias sociais para os negócios é a habilidade de **construir relações pessoais** e **duradouras** com as **pessoas**. O objetivo não é se colocar diante de milhões de "globos oculares" e promover conscientização de massa, mas **dar início a bons relacionamentos. Você não precisa de "olhos", mas de corações e mentes.**

Se o seu orçamento for limitado, será bem mais interessante e eficiente investir seu dinheiro em atividades menores, mas voltadas para a edificação de relacionamentos mais profundos. Nesse sentido, em vez de se colocar presente em um evento de grande porte em que milhares de pessoas verão sua marca, mas pouquíssimas **conversações** serão geradas, é bem melhor optar por construir um programa que permita que 25 ou 35 indivíduos tenham a chance de realmente conhecer seu produto, sua marca, seus profissionais e sua paixão. Então deixe que essas 25 pessoas, ou mais, atuem como seus evangelistas nesses eventos. Acredite: eles serão mais eficientes nesse trabalho do que você! Lembre-se: o nome do jogo nas mídias sociais é interação e **engajamento**, não **visibilidade** ou **"globos oculares"**; você não quer ser apenas visto, mas construir relacionamentos verdadeiros!

Você chegou ao local: e agora?

Independentemente do tipo de evento em que esteja trabalhando – algo como o South by Southwest, um evento do setor, o lançamento de um produto da sua marca, ou algo organizado por um cliente do qual você jamais tenha participado – há um conjunto de regras que deve ser obedecido. É claro que cada programa, cada marca e cada blogueiro é diferente, mas, de modo geral, as orientações a seguir tornarão qualquer programa mais bem-sucedido em longo prazo.

1) **Pergunte a si mesmo o que há de interessante no evento para os blogueiros e para seus leitores.**

   Sua organização está com um evento em andamento. Talvez a sua empresa esteja lançando um novo produto ou até o setor em que ela opera esteja oferecendo o maior evento do ano na área. Você está promovendo a participação de influenciadores *on-line* como convidados ou conduzindo um programa de alcance a públicos pré-definidos para agências virtuais cujos leitores interessem à sua organização. Seja qual for o evento ou a razão pela qual você esteja convidando pessoas para compartilhar uma experiência, certamente há algo que deseja alcançar: **visibilidade**, **avaliações positivas do seu produto**, **burburinho** e/ou até mesmo **vendas**. Talvez você queira que as pessoas entendam que sua marca leva as mídias sociais a sério, mas também é possível que o seu objetivo seja iniciar ou aprofundar sua relação com um blogueiro e sua comunidade.

   Desculpe-me pela franqueza, mas, e daí? Suas necessidades, seus desejos, as **notícias** que deseja divulgar são importantes para você, é **óbvio**. Mas nada disso realmente importa para o blogueiro ou para o público que ele amealhou ao longo do tempo, a menos, é claro, que você pense no processo de interação a partir do ponto de vista do blogueiro e dê a ele uma boa razão para se importar. Francamente, já observei inúmeras marcas abordando esses profissionais como se acreditassem que "porque somos uma grande marca, eles nos darão toda a atenção."

   Acredite, ao planejar atividades face a face, o melhor a fazer é deixar de agir como uma grande marca e passar a agir como um consumidor. É pensar cuidadosamente, e de antemão, no que o blogueiro e seu público irão ganhar a partir dessa experiência. Em muitos casos, um blogueiro que não ganha dinheiro com o *blog* que escreve terá de se afastar do trabalho ou arrumar alguém para cuidar dos próprios filhos para participar de um evento. O que você faria neste caso para fazer com que todo esse esforço valesse à pena para este indivíduo? Se a situação fosse inversa e você fosse o blogueiro, seria de fato interessante antecipar dias de suas férias ou pagar alguém para tomar conta das crianças somente para não perder o evento? É fundamental combinar seu produto ou as notícias sobre a sua empresa com alguma experiência que seja tão especial e/ou intrigante para o blogueiro que este opte por investir seu tempo ao seu lado, a despeito dos desafios que isso possa representar.

Em situações como essa, a maioria dos blogueiros também pensará em seus leitores – e o mesmo deveria ser feito por você. Lembre-se: para que seja possível influenciar verdadeiramente o público de um blogueiro, a experiência ofertada ao profissional precisa ser pelo menos parcialmente transferível. Não seria correto, por exemplo, oferecer a um blogueiro uma oportunidade única que não pudesse ser estendida aos leitores e esperar que eles se tornem seus fãs. Por outro lado, uma experiência exageradamente elaborada também é capaz de causar o efeito contrário: neste caso, o que quer que o blogueiro tenha experimentado se tornará menos descritível e o público verá seus esforços apenas como uma ação de RP – alguns leitores poderão, inclusive, repreender o blogueiro por aceitar brindes ou amostras grátis da grande empresa sobre a qual ele discursou.

(Veja, por exemplo, a reação do público à experiência de Peter Shankman com a Mortons's Steakhouse [churrascaria Morton], em agosto de 2011. Brincando, Shankman publicou uma postagem no Twitter quando ainda estava a bordo de um avião. Na mensagem ele dizia estar faminto e completou que adoraria que o restaurante – do qual é assíduo frequentador – o estivesse esperando no saguão do aeroporto com um suculento bife. Alguém dentro do restaurante que estava bastante alerta percebeu a mensagem e providenciou tudo: assim que Shankman desembarcou, um garçom perfeitamente uniformizado estava lá para encontrá-lo e entregar-lhe o jantar quentinho. É claro que ele comentou sobre a ocorrência em seu *blog* e no Twitter – **você não faria o mesmo?** –, e também é óbvio que ele e o restaurante também receberam enorme publicidade por conta de tudo isso.[1] Mas embora muitas pessoas tenham ficado impressionadas com a resposta rápida do Morton's, um percentual similar de indivíduos nas redes sociais argumentou que o incidente não refletia o serviço de atendimento ao cliente da churrascaria, apenas um golpe de RP – um ótimo golpe, aliás, mas nada mais do que isso. Alguns inclusive se questionaram em seus próprios *blogs* ou contas no Twitter se um cliente comum, que não possuísse mais de 100 mil seguidores, teria recebido o mesmo tratamento.[2] No final, aquilo que parecia ser uma vitória certa no uso das mídias sociais acabou acumulando tantas críticas e demonstrações de ceticismo e sarcasmo, quanto elogios.)

Portanto, ao construir seus programas ou iniciativas, certifique-se de que mesmo ao oferecer uma oportunidade para um blogueiro específico, a experiência que lhe for ofertada esteja acessível a todos os seus leitores, ou pelo menos a muitos deles. Na GM, por exemplo, quando desenvolvemos um programa de *test-drive* para um novo veículo que estávamos lançando, não foi suficiente oferecer uma oportunidade para que o próprio blogueiro pilotasse o carro. Neste caso, mesmo o profissional **adorando** o automóvel e escrevendo uma avaliação positiva, não conseguiríamos causar uma grande experiência para os leitores acostumados a visitar seu *blog* – estes somente teriam acesso a uma avaliação escrita por alguém teoricamente mais conhecido e confiável que um jornalista especializado em automóveis (e que, aliás, estaria um pouco fora de contexto em relação ao que normalmente era encontrado na página). Porém, quando construímos um programa em que a experiência era completa – e no qual o carro propriamente dito se tornara apenas parte da atividade –, repentinamente transformamos aquela avaliação em histórias compartilháveis sobre viagens de automóvel, turnês a restaurantes para avaliar o cardápio ou férias em família. Os leitores adoraram acompanhar essas aventuras e frequentemente viam a si mesmo nas narrativas. Dentro dessa abordagem, o carro se tornou uma parte orgânica da história, não algo completamente artificial e destoante do cenário – e passou a ser desejado tanto quanto o restante da experiência.

Na ocasião, levamos blogueiros especializados em escrever sobre alimentos em uma turnê por restaurantes de *chefs* famosos que possuíam programas na TV. Durante os passeios tentávamos descobrir quem servia as melhores tortas, os mais deliciosos sanduíches, os bolos mais gostosos ou as *pizzas* mais saborosas; em outro exemplo, nós oferecemos aos blogueiros não somente os veículos para participarem de conferências de mídias sociais, mas também para que eles próprios participassem de competições criativas ao longo do caminho; em outra situação, disponibilizamos veículos aos amantes de vinho e os levamos em uma turnê por vinícolas da cidade; também levamos alunos de faculdade que estavam estudando feito loucos para os exames finais em viagens pelo circuito das *pizzas*, bem tarde da noite.

Alguns desses programas foram mais bem-sucedidos que outros (embora todos os exemplos citados tenham se mostrado pelo menos moderadamente vitoriosos). Mas, em sua maior parte, a abordagem funcionou. Depois dos eventos, coletamos páginas e páginas de informações e *feedback* de nossos convidados, sugerindo que o programa ajudou a abrir a mente dos participantes em relação ao produto e à marca. Muitos blogueiros escreveram artigos em que discutiam não apenas os automóveis da GM, mas também os funcionários e o tipo de empresa que parecíamos ser, um feito importantíssimo principalmente durante nossa recuperação da crise vivenciada em 2009, quando a empresa se vira enquadrada no Capítulo 11 da legislação norte-americana que regulamenta falências e concordatas. Além disso, nossa equipe conseguiu identificar dúzias de blogueiros que haviam adquirido um de nossos veículos depois de serem expostos aos modelos durante um desses programas.

Em última análise, se trabalhar sempre considerando o que há de importante em seu programa para os blogueiros e seus leitores, no final você acabará colhendo os frutos e alcançando seus objetivos. Será capaz de medi-los não apenas no volume de postagens que resultará e no conteúdo das mensagens, mas também na reação dos blogueiros e de suas comunidades, em sua disponibilidade para trabalhar com sua empresa novamente e também pela frequência com que os artigos escritos por esses profissionais são associados ou republicados por indivíduos de outros grupos. É muito difícil medir a boa vontade das pessoas, mas certamente é mais fácil percebê-la nas mídias sociais que em qualquer outra mídia tradicional. Uma coisa é certa: **há uma grande diferença** entre uma **avaliação positiva** de um produto feita pela **mídia tradicional** e um **abraço apaixonado** à sua **marca** oferecido por um **blogueiro** e pela sua comunidade.

2) Não suponha nada e seja direto e claro sobre suas expectativas.

Uma das mais famosas desavenças entre marcas e blogueiros ocorreu durante a conferência BlogHer, de 2009, em Chicago. Na expectativa de atrair muitos dos influentes participantes do universo de blogueiros que estaria presente no BlogHer, incluindo aqueles que escrevem com frequência sobre questões relacionadas à maternidade e aos cuidados com os filhos (a quem, infelizmente, muitos se referem como "mamães blogueiras"), a Nikon decidiu realizar um evento em um bar a vários quarteirões do McCormick Place Convention Center, onde a conferência estava sendo realizada. Porém, quando algumas dessas blogueiras que de fato eram mães e estavam acompanhadas de seus bebês tentaram entrar no bar, elas foram **impedidas pela própria empresa**. O evento era destinado somente a **adultos**. No início demonstrando sua frustração em tom de brincadeira, e posteriormente com toda sua fúria, algumas dessas blogueiras passaram a utilizar a *hashtag* #nikonhatesbabies (#nikondetestabebês), à medida que tuitavam a respeito da situação. Isso deu início a um verdadeiro frenesi. Em pouco tempo, conforme a história caiu na Internet e ganhou vida própria, a Nikon se viu diante de um furacão provocado pela indignação dessas pessoas. Considerando o tamanho e a proeminência do BlogHer (uma das maiores conferências sobre mídias sociais do ano), a Nikon logo se tornou um tópico favorito de discussão no Twitter – mas não da maneira como gostaria.

Na época, surgiram duas correntes de pensamento em relação ao incidente. A primeira considerava que a Nikon deveria ter percebido que em uma conferência direcionada para blogueiras, muitas das quais eram mães e escreviam sobre experiências relacionadas à maternidade, as chances de existirem participantes com filhos pequenos no evento eram muito elevadas. Um alto percentual de mães com bebês em fase de amamentação compunha o público dessa conferência, e isso também deveria ter sito previsto pela empresa.[3] A segunda linha de pensamento defendia que nem a presença em uma conferência para mulheres nem o fato de que algumas dessas senhoras haviam acabado de se tornar mães podia obscurecer o bom julgamento de alguém ao ponto de essa pessoa concluir que trazer um bebê para um bar seria uma atitude acertada. De acordo com esse raciocínio, a Nikon havia agido de maneira responsável ao não permitir a entrada dessas mães; ainda segundo essa corrente, o bom senso dos que haviam se irritado com a situação era questionável, não o da empresa.[4]

Não houve nessa história uma linha bem definida entre o **certo** e o **errado**; não existiram heróis nem **vilões**. A Nikon certamente não quis enfurecer nenhuma mãe com sua atitude, e é bem provável que ninguém tenha ido àquele bar com o objetivo de perseguir a empresa. O grave problema ocorreu pelo simples fato de não ter sido estabelecida uma comunicação clara e adequada entre a marca e o público desejado em relação às expectativas ou regras da Nikon para aquela noite. Aparentemente a companhia partiu do pressuposto de que os convidados não trariam suas crianças de colo para um evento em um bar (ou não participariam dele se não tivessem uma babá para tomar conta dos filhos). Esse incidente destaca a importância de se estabelecer expectativas **claras** para qualquer evento ou interação com blogueiros, e também de se transmitir essas informações rapidamente ao público-alvo.

As regras para o engajamento entre marca e blogueiros que forem estabelecidas na política de mídias sociais de sua empresa precisam, portanto, ser absolutamente claras, tanto para você quanto para sua equipe. Mas lembre-se: como profissional de RP ou de *marketing*, esse é o seu trabalho e é assim que você ganha a vida; muitas pessoas com as quais você está lidando no mundo das redes sociais não fazem ideia de tudo isso. Sendo assim, se quiser se manter fora de enrascadas, não suponha nada. Escreva cada detalhe sobre tudo o que irá acontecer ao longo do dia ou durante seu programa. Seja específico sobre cada atividade, sobre o tempo máximo para entrevistas e a respeito de todos os protocolos que serão necessários e/ou que deverão ser seguidos.

Já discutimos anteriormente as instruções da Federal Trade Commission (FTC) que regem as interações entre grandes marcas e blogueiros ou influenciadores *on-line*. É de sua responsabilidade estar ciente sobre essas regras e cientificar seus convidados sobre a existência delas. Essas pessoas também devem estar informadas sobre o que deverão mencionar em seus *blogs* em relação ao contato existente entre elas e a sua empresa. (Não se esqueça de que, após o evento, caberá a você acompanhar e se certificar de que o blogueiro não se esquecerá de acrescentar no *blog* a informação sobre a relação entre ambas as partes.) Aliás, antes mesmo de contar com a participação de um blogueiro ou influenciador *on-line* em seu programa (ou seja, quando ainda estiver na fase de convidá-lo), é fundamental certificar-se de que todas as regras foram claramente discutidas e que o profissional sabe exatamente o que terá de ser informado. Seja o mais específico possível, fornecendo a esse indivíduo inclusive um modelo da linguagem a ser utilizada, caso ele precise. Uma postagem sobre esse evento deveria, por exemplo, conter uma frase do tipo: "Declaração informativa: fui convidado a participar desse evento pela empresa XYZ, que se responsabilizou pelas minhas despesas de locomoção e refeição." Sempre que algo de valor for oferecido – passagem aérea, hospedagem em hotel, alimentação, amostras ou acesso ao seu produto – tenha a certeza de dizer ao blogueiro convidado que ele deverá divulgar essa informação aos leitores. É muito importante e justo que eles conheçam tais expectativas e regras com a devida antecedência.

Caso você esteja convidando pessoas na expectativa de que elas escrevam um artigo ou postagem sobre a experiência que tiveram com o produto ou a marca, diga isso a elas. (As melhores postagens de *blog* ocorrem quando as pessoas **querem** escrever sobre a experiência que mantiveram com você e sua empresa, não quando **são obrigados** a escrevê-las – mas, se essa for a sua expectativa, seja claro desde o início.) Além disso, você também deverá ser transparente em relação àquilo que seus convidados deverão esperar de você: que tipo de acesso eles terão aos executivos da empresa ou especialistas; que produto lhes será concedido ou a que produto eles terão acesso (se este for o caso); sobre o que eles serão "autorizados" a falar *versus* o quê você está oferecendo aos profissionais em troca da "não divulgação de informação". Em resumo: se houver qualquer detalhe que possa irritá-lo ou à sua organização (além de uma avaliação negativa, que, aliás, **faz parte** do jogo), é justo que você deixe isso plenamente claro desde o início.

Você está planejando um evento para blogueiros especializados em assuntos parentais ou participando de alguma conferência em que o público-alvo seja composto de pais e mães? Prepara-se antecipadamente para receber alguns convidados acompanhados de seus filhos pequenos – ou trate de ser claro desde o início sobre o fato de que algumas partes do evento serão exclusivas para o público adulto (nelas serão servidas bebidas alcoólicas, por exemplo). Poucos equívocos podem provocar tanta irritação na blogosfera como um programa direcionado a blogueiros especializados em questões parentais que proíba a entrada de alguém que tenha trazido consigo o próprio filho pequeno. Talvez você considere óbvio que nenhum pai levaria seu bebê para um evento voltado para o *networking* em um bar, porém, na maioria das vezes a necessidade de se encontrar alguém para tomar conta das crianças impediria que esse indivíduo fosse ao evento. Como vimos no incidente #nikonhatesbabies, o termo "claro como o sol" pode ter diferentes significados dependendo do ponto de vista por você defendido.

Haverá normas de vestuário? Seu programa ou evento será formal ou todos poderão vestir *jeans* e camiseta? Esclareça com antecedência exatamente o que você espera e o que as pessoas deveriam considerar levar consigo nesse evento. Aprendi isso da pior forma possível. Na GM certa vez convidamos 100 membros de comunidades *on-line* para fazer uma turnê pelas dependências da empresa onde os veículos de teste do Chevrolet *Volt* estavam sendo montados. Por razões de segurança, todos que visitam a fábrica devem usar calças e sapatos fechados. Porém, o evento ocorreu no mês de agosto, em pleno verão norte-americano, portanto, muitos dos convidados optaram por roupas e calçados confortáveis, como bermudas, saias e sandálias. Pelo fato de não termos sido claros o suficiente em relação às normas de vestuário, vários de nossos convidados tiveram de esperar no salão de vendas enquanto os demais faziam o passeio. Não é preciso dizer que esses indivíduos não ficaram muito felizes com a situação – **nem deveriam ter ficado!** Foi um erro terrível de nossa parte. Acabamos deixando passar algo que era absolutamente comum para os funcionários da empresa, mas que não fazia parte da realidade de fora do setor automotivo.

Portanto, vale ressaltar: não faça suposições nem deixe de ser absolutamente claro sobre: 1º) o que os blogueiros deverão esperar; 2º) o que você esperará deles; e 3º) as regras básicas para a participação no programa. Isso evitará confusões, mal-entendidos e terríveis dores de cabeça para todos os envolvidos.

3) **Tome uma decisão sobre onde ficará o limite entre cobertura paga e não paga – então, obedeça à sua própria determinação.**

As mídias sociais não representam apenas uma grande mudança em termos de perspectiva quanto ao que é considerado "mídia". Também houve uma transformação potencialmente desconfortável no modelo de mídias. Algo capaz de deixar grandes organizações e marcas bastante constrangidas e incomodadas em relação às mídias sociais é a **obscuridade em seus limites** – não apenas os existentes entre "consumidor" e "mídia", mas também aqueles que residem entre o editorial e a propaganda dentro do modelo de negócios de mídias *on-line*. À medida que cresce o número de *blogs*, muitos profissionais dessa área ganham dinheiro com seus sites; é claro que isso por si só não é algo ruim (é claro!), mas pode gerar algumas situações que deixarão as marcas bastante preocupadas.

Em todas as demais formas de mídia jornalística ou informativa que se desenvolveram ao longo do tempo – jornais, revistas, radio e TV – uma das regras sacrossantas sempre foi a separação entre o editorial e a propaganda. Mais resguardada pela mídia que os limites entre a igreja e o Estado, a distinção clara entre o que os redatores escrevem e aquilo o que lhes é pago pelo setor de propaganda para escrever é crucial para a percepção pública de uma imprensa independente. Uma das maneiras mais rápidas e eficientes de se ofender um jornalista ou uma publicação de renome é sugerir que sua cobertura tenha sido influenciada pelos anunciantes.

Contudo, dentro do universo de mídias sociais nem sempre existe essa divisão tão cristalina. Às vezes o blogueiro trabalha sozinho e não dispõe de recursos suficientes para remunerar uma pessoa ou um departamento para cuidar de propaganda. Com frequência, o blogueiro não contará com treinamento na área jornalística nem perceberá que essa linha sequer já existiu em algum momento. Em alguns casos, o profissional poderá inclusive argumentar que esse conceito está um pouco ultrapassado ou que ele não vê nada de errado com a ideia de conteúdo **"advertorial"**[iii] (talvez citando como precedente nas mídias tradicionais a inserção de **"advertoriais"** em algumas revistas).

Seja qual for a razão apresentada, um bom número de blogueiros desejará ser recompensado pela interação que eles mantêm com você. Alguns, inclusive, irão propor o tipo de conteúdo que será produzido por eles em troca de pagamento específico. É assim que os blogueiros ganham a vida, afinal; não se poderia esperar que eles trabalhassem de graça, não é mesmo? (Mas, em geral, tais afirmações deparam com olhares de horror e desprezo por parte dos profissionais de RP e de mídias sociais, em cuja perspectiva essas ações representam uma violação ética da pior espécie.)

Qualquer representante de marca terá, portanto, de ajustar-se ao fato de que, no mundo das mídias sociais, a linha entre propaganda e editorial é com frequência nebulosa, e até inexistente – e estar ciente de que um blogueiro que deseja ser pago pelo seu trabalho nem sempre está sendo antiético; talvez ele apenas esteja observando a situação por uma perspectiva diferente. As organizações precisam chegar a um consenso sobre o modo como lidarão com o conteúdo pago: ou elas abraçam essa ideia com total transparência ou evitam tomar essa direção desde o início. Não há como ficar em cima do muro nessa questão.

Particularmente, jamais me senti confortável em remunerar blogueiros por postagens e coberturas. Mesmo com as declarações de divulgação, isso nunca me pareceu correto e nenhum dos programas por mim desenvolvidos jamais contou com esse artifício. (Isso gerou alguma frustração em algumas áreas das comunidades que oferecem conteúdo pago.) Mas independentemente da escolha de sua empresa em relação a isso, será preciso manter sua decisão e agir de maneira consistente. Também será necessário que sua política esteja clara desde o início das conversações com os influenciadores *on-line*. Estabeleça as expectativas de maneira justa logo no começo – e seja transparente em relação ao tipo de declaração de divulgação que exigirá dos influenciadores que prestarem serviços à sua empresa.

---

iii Trata-se de um formato que combina a utilização de texto e imagem em um só bloco, e cujo *layout* é inserido no grafismo do *site*. Dessa maneira a mensagem parece um prolongamento dos conteúdos do *site* em que está inserida. (Fonte: http://puberadigital.wordpress.com/2008/12/02/glossario-sobre-publicidade/) (N.T.)

4) Encontre os representantes mais adequados para sua marca.

Os convidados de um evento permanecerão ao seu lado por um prazo que pode variar de algumas horas a alguns dias. Não cometa o erro de associar ao programa apenas seus maiores especialistas no assunto e achar que tudo correrá perfeitamente bem por causa disso. O sucesso nas mídias sociais não depende apenas de se conhecer bem o material.

Lembre-se de que para muitos dos seus convidados (embora não para todos), a **experiência** é tão importante quanto a informação que você irá lhes oferecer. Contudo, entre os profissionais seniores de uma empresa, existem certos tipos de personalidade que simplesmente não ajudarão a transmitir uma impressão positiva sobre sua marca ou organização. Alguns desses executivos e gerentes de projeto poderão se mostrar tediosos, excessivamente formais ou claramente desconfortáveis em interagir com "as massas", enquanto outros parecerão arrogantes aos olhos do público. Há também aqueles que jamais desenvolveram a capacidade de **não soar** como representantes de *marketing* e acabarão perambulando pelo local como comerciais ambulantes. Algumas dessas pessoas não estão acostumadas a ser questionadas ou a ter suas opiniões refutadas (pelo menos não diretamente). Existem ainda aquelas que são tímidas e introvertidas e não apreciarão a natureza pública da interação. Seja qual for a razão, nem todo executivo ou gerente de produtos se adéqua a esse tipo de programa de mídias – portanto, quando estiver planejando jantares, atividades ou algum tipo de interação, procure representantes de sua marca que ostentem pelo menos algumas das características desejadas para a função.

- **Indivíduos extrovertidos** causam uma melhor impressão no público, mesmo que não sejam as pessoas tecnicamente mais qualificadas para discorrer sobre o produto ou serviço que estiverem promovendo. Isso não significa que você deva buscar na empresa somente funcionários cuja personalidade seja gregária – as pessoas escolhidas devem possuir **algum** conhecimento sobre a promoção –, mas que, para representar sua marca, a preferência deve recair sobre indivíduos mais extrovertidos.
- Os **melhores porta-vozes** para tais eventos são aqueles que conseguem se comunicar como **"pessoas reais"**. Devo admitir

que nos setores de RP e *marketing* já criamos vários "monstros". Oferecemos tanto treinamento nas áreas de mídia social e desenvolvimento de mensagem, ensinando esses profissionais a melhor maneira de transmitirem suas mensagens e a importância de se manterem "focados no que têm a dizer" ou "fieis à marca", que muitos deles se tornaram **demasiadamente** bons nessa tarefa. Eles se comunicam em "discursos breves", exageram no uso de jargões e se utilizam de expressões e vocabulário intrínsecos ao *marketing*, seja qual for a situação. Eles se mantêm tão focados em permanecer dentro da mensagem que às vezes se esquecem de "ler" a reação do público a ela. O resultado final: eles passam a soar como se estivessem blindados; como homens do *marketing* tentando vender seus produtos, não como pessoas comuns querendo apenas conversar. Lembre-se: essa não é a melhor maneira de fazer amigos ou influenciar blogueiros. É preciso encontrar um porta-voz – seja qual for seu nível dentro da organização – que se mostre uma pessoa prática e "honesta", que conheça bem a arte da conversa informal e que saiba como não soar como um vendedor (mesmo que esta seja sua função).

- O **porta-voz ideal** deve sentir-se **confortável** ao **lado de pessoas** que não conhecem o seu setor. A única coisa pior que um indivíduo que soa como se estivesse sempre vendendo alguma coisa para alguém é a pessoa que não consegue falar de outra coisa a não ser sua própria área de atuação ou se comunicar sem o uso de termos técnicos e jargões. Muitos engenheiros na General Motors são capazes de explicar o funcionamento de um sistema de freios, ou a maneira como conseguiram garantir mais eficiência no consumo de combustível, sem soar como profissionais especializados; outros, no entanto, não conseguiriam transmitir essas informações a pessoas de fora da área nem que suas vidas dependessem disso. Isso não representa uma falha de caráter – sejamos honestos, esses homens e mulheres são mais espertos do que eu jamais conseguirei me tornar –, mas certamente indica que eles não seriam as melhores opções para se colocar diante de um grupo de blogueiros voltados para assuntos como viagens, alimentação ou relacionamento entre pais e filhos. O porta-voz ideal é aquele que é

capaz de explicar as atribuições mais complexas de sua empresa em termos que qualquer pessoa compreenda perfeitamente.
- Indivíduos não **levam a si mesmo tão a sério**. Em outras palavras, eles não apenas se mostrarão corteses com os convidados e se sentirão confortáveis no ambiente, mas também estarão prontos para rir ao longo de suas interações – até de si mesmos. Mark Reuss, vice-presidente da GM para a América do Norte, é um dos executivos mais descontraídos e divertidos que conheço. Ele geralmente consegue inserir pelo menos uma observação autodepreciativa em qualquer conversação com blogueiros. Mas isso não é um artifício de Mark; é como ele é na vida real – e funciona perfeitamente bem. Nunca vi um executivo se relacionar tão bem com blogueiros especializados no setor automotivo e em outras áreas – e parte da razão de tudo isso **é o fato de ele ser capaz de rir de si mesmo**. Executivos que conseguem agir assim, que aceitam sugestões eventualmente nada ortodoxas, mas engraçadas, por parte dos blogueiros para uma postagem ou foto, ou que passam mais tempo além do horário estabelecido para entrevistas apenas conversando com esses profissionais, são exatamente os que causarão uma impressão mais forte em seus convidados.

5) Acompanhe o processo.

Fazer um acompanhamento do processo não significa apenas enviar um superficial e apressado *e-mail* de agradecimento depois que o evento estiver terminado. Seu trabalho enquanto líder de um programa de mídias sociais não termina quando seu último convidado deixa o local e retorna para casa.

Deixar de dar a devida atenção ou de se reconectar com os blogueiros com os quais acaba de se encontrar é o equivalente a sair para um encontro, compartilhar um jantar delicioso, trocar um eletrizante beijo de boa noite e simplesmente não ligar mais para a pessoa. Como diz Lindsay Lebresco, Converseon/Graco: "Nada indica mais claramente o pensamento **'acabei de usá-lo'** do que uma festa maravilhosa seguida do mais absoluto silêncio."[5] Talvez você tenha criado a melhor impressão possível durante o evento, mas se você se esquecer de que o trabalho não termina quando o *show* acaba, saiba que estará jogando por terra tudo o que alcançou. Se não estiver preparado para se dedicar ao processo de *follow-up* com seus convidados, simplesmente não os convide.

Mas que tipo de *follow-up* se deveria fazer? No mínimo, você precisaria ler e fazer comentários para os artigos e postagens que seus convidados publicarem depois de terem participado do evento – se não por qualquer outra razão, pelo menos para verificar se as regras estabelecidas pela FTC foram obedecidas. Todavia, o mais importante nessa leitura é descobrir se os convidados apreciaram não apenas o seu produto, mas também o evento. (Honestamente, você tem bem mais controle sobre as percepções em relação ao evento, portanto, tal conhecimento torna-se mais valioso para você – no papel que ocupa – do que a impressão dessas pessoas sobre o produto.) Comentar sobre essas postagens e agradecer aos blogueiros mais uma vez pela participação é meramente uma cortesia. Trata-se também de um primeiro passo no sentido de estender o relacionamento para além dos limites do próprio evento, o que, em última análise, é justamente o que desejamos. Considere não parar depois do primeiro comentário caso a comunidade do blogueiro ainda esteja discutindo o assunto. Torne-se parte da discussão; isso mostrará a todos que você não está apenas ticando mais um item em seu *check-list* pessoal; talvez você perceba que está de fato se envolvendo em um diálogo mais aprofundado com outros membros da comunidade e realmente construindo bons relacionamentos.

Nas semanas e meses que se seguem ao evento, continue a visitar e a inserir comentários nos *sites* e *blogs* de seus convidados. Cada vez que o fizer, conhecerá um pouco mais sobre essas pessoas e suas comunidades; em contrapartida, todos esses indivíduos terão a oportunidade de perceber que seu interesse vai além de simplesmente obter uma publicação nos *blogs* ou fechar alguma venda. Considere a possibilidade de consultar esses profissionais sobre outro programa ou evento que estiver planejando, ou a respeito de algo que sua empresa estiver fazendo; se você se tornou parte de uma comunidade, talvez você possa inclusive solicitar a opinião coletiva do grupo. (Esta, contudo, não deve ser uma ação comum de sua parte, em especial se o blogueiro em questão ganhar a vida com o *blog*. "Eu o ajudarei caso seja recompensado por esse favor" é uma resposta bastante justa para esse tipo de interpelação.) Peça um **conselho** a um amigo uma vez e isso será visto como um **favor**; peça-os com frequência e isso se tornará um **abuso** em sua **amizade**. Convide o blogueiro para outro evento ou, melhor ainda, procure descobrir se há algo que você poderia fazer para contribuir com ele, seja na vida pessoal ou em relação à comunidade. Pergunte a ele se há alguém na comunidade que poderia se interessar em participar de um de seus eventos. Construa um **relacionamento** que vá além do evento, da ação e do propósito iniciais.

Trabalhar com influenciadores *on-line* não é tão complicado como pode parecer. Deixe que as regras do bom senso, da decência, da honestidade, do respeito e da transparência guiem seus passos, e tudo ficará bem.

CAPÍTUO 11

MONEYBALL: INDO DEVAGAR E LUCRANDO MUITO

Para os fanáticos pelo beisebol, talvez o livro mais seminal da última década tenha sido *Moneyball: The Art of Winning an Unfair Game* (*Bola de Dinheiro: A Arte de Vencer um Jogo Injusto*), escrito em 2003 por Michael Lewis (e cuja adaptação para o cinema, estrelando Brad Pitt, foi lançada nos EUA em 2011[i]). Na obra, Lewis documenta como o Oakland A's, um time pequeno e com baixo orçamento conseguiu se tornar competitivo dentro da Liga Norte-Americana, um ambiente que favorecia somente equipes grandes, bem estruturadas e com muito dinheiro para gastar, como o New York Yankees, por exemplo. Em 2002, enquanto a folha de pagamento anual do Oakland A's era de US$ 41 milhões, a do Yankees alcançava US$ 125 milhões.[1] A cada ano, o time vencia 103 jogos e perdia 59. Em um esporte em que a maioria dos fãs e dos analistas esportivos acredita que investir dinheiro e elevar as despesas de folha de pagamento é a chave para praticar um beisebol de qualidade, o A's, aparentemente refutando a crença geral, se mantinha como uma exceção à regra. Era óbvio que eles estavam fazendo alguma coisa certa. **Mas o quê?**

A grande revelação de Lewis em seu livro foi de que o gerente geral do A's, Billy Beane, acreditava que o **pensamento convencional do**

---

[i] No Brasil o filme foi lançado com o título *O Homem que Mudou o Jogo*. (N.T.)

beisebol estava totalmente **equivocado**. Ele acreditava que as equipes **pagavam demais a atletas** que eram capazes de oferecer belos números em termos de estatísticas e categorias tradicionais: RBI,[ii] *home runs*,[iii] média de rebatidas e bases roubadas, para jogadores do ataque; e ERA,[iv] *strikeouts*,[v] *wins* e *losses*,[vi] para os arremessadores. Beane considerava que estatísticas menos conhecidas como os percentuais de *on-base*[vii] e *slugging*[viii] eram **melhores indicadores de eficiência** e **sucesso**. Ao se concentrar em jogadores subvalorizados que obtinham ótimos resultados nessas categorias estatísticas emergentes, Beane construiu um time que era perfeitamente capaz de competir com equipes de altíssimo nível como as de Nova York, Boston e Los Angeles/Anaheim.

Há uma dinâmica similar nas mídias sociais, especialmente no modo como elas são praticadas na maioria das grandes organizações – e se você prestar atenção nas lições contidas em *Moneyball* e ensinadas pelo gerente da equipe Oakland A's, conseguirá tornar seu programa de mídias bem mais eficiente, obtendo resultados melhores com menos investimento. O fato é que os métodos tradicionais de se medir a eficácia tanto nas mídias **"tradicionais"** como nas **sociais** refletem apenas uma visão tão desatualizada de *marketing* e RP quanto as avaliações feitas no beisebol com base em *home runs*, bases roubadas e vitórias

---

ii Termo do beisebol. Sigla em inglês para *run batted in*, cuja tradução em português é corrida impulsionada. (N.T.)

iii Termo do beisebol. Trata-se de uma rebatida na qual o rebatedor é capaz de circular todas as bases, terminando na base onde iniciou e anotando uma corrida completa (além de uma corrida para cada jogador que já esteja na base). (Fonte: Wikipédia) (N.T.)

iv Termo do beisebol. Sigla em inglês para *earned run average*. Trata-se da média de corridas limpas cedidas por um arremessador por nove entradas arremessadas. (Fonte: Wikipedia) (N.T.)

v Termo do beisebol. Ocorre quando o rebatedor recebe três golpes certeiros durante sua vez no bastão. (Fonte: Wikipedia) (N.T.)

vi Termos do beisebol: *win* = vitória; *loss* = derrota. (N.T.)

vii Termo do beisebol. Percentual de vezes que o jogador chegou à base. (N.T.)

viii Termo do beisebol. Porcentagem de aproveitamento do rebatedor quanto ao número de bases conquistadas. (N.T.)

de um *pitcher*.[ix] Não é que o sistema antigo e as métricas utilizadas no passado não funcionem mais (afinal, os Yankees também venceram 103 jogos em 2002). A questão é que é perfeitamente possível encontrar outros meios de ganhar sem ter de gastar muito ou se concentrar somente nessas medições tradicionais.

Podemos dizer que, dentro das mídias sociais, os grandes eventos, as campanhas massivas e os grandes influenciadores recebem basicamente a mesma atenção que a média de rebatidas e RBIs no beisebol; nos EUA, chega a ser comum chamar um grande sucesso de *"home run."* As grandes marcas cortejam, de maneira até agressiva, importantes blogueiros e personalidades do Twitter que ostentam uma longa lista de seguidores, esperando que ao cair nas graças desses indivíduos ou impressionando-os com inovadores esforços de mídias sociais conseguirão garantir mais credibilidade nesse ambiente. Não cobiçamos apenas sua influência, mas seu alcance; buscamos a todo o momento estabelecer campanhas que possam ser consideradas como verdadeiros *"home runs,"* e que serão citadas em conferências ao redor do mundo como excelentes iniciativas.

Algumas dessas ações de fato funcionam. Não estou querendo dizer que esses grandes nomes não devam ser cortejados, tampouco que a presença de sua marca em um grande evento seja apenas dinheiro jogado fora. Também não estou sugerindo que você deva ignorar as contagens de número de visitantes ao mês, os dados fornecidos pelo Alexa ou os registro da SEOmoz. Não estou menosprezando a eficácia de campanhas de grande visibilidade, como a que a GM fez para a Chevrolet no South by Southwest (SXSW), em 2010; ou a campanha Pepsi Refresh[x] ou o Ford Fiesta Movement.[xi] Grandes campanhas e

---

[ix] Termo do beisebol para o arremessador. (N.T.)

[x] Referência à campanha mundial realizada pela Pepsi, em fevereiro de 2010, que consistia na doação de 1 milhão de dólares para a implantação de projetos filantrópicos. Para participar os interessados deveriam enviar ideias para melhorar o mundo e aguardar pela votação no *site* da empresa. (N.T.)

[xi] Referência à campanha mundial realizada pela Ford, em que vários consumidores acostumados a usar mídias sociais ganharam um automóvel Ford modelo *Fiesta* para usar durante seis meses. Ao longo desse período, essas pessoas tiveram diferentes missões a cumprir a cada mês, que lhes renderam diversas histórias e experiências interessantes. Tudo foi devidamente documentado no YouTube, Flickr, Facebook e Twitter. (N.T.)

presenças totais em grandes eventos de mídias funcionam muito bem. Em geral, eles agregam o importante benefício de atrair a atenção da mídia tradicional, o que não apenas ajuda a promover o seu produto e a sua marca, mas também a gravar o nome de sua marca como líder no ambiente de mídias nas mentes dos observadores casuais.

Entretanto, nem toda organização tem a habilidade de fazer algo dessa grandeza. Sua empresa pode ser pequena demais para devotar centenas de milhares – e até milhões – de dólares a uma campanha de mídias sociais. É possível que sua companhia ainda não tenha abraçado suficientemente o conceito de mídias sociais ao ponto de você conseguir convencer as lideranças de que uma abordagem tão radical de fato vale à pena. Talvez sua organização tenha a vontade e o dinheiro necessários, mas seu produto não seja adequado para um grande evento. Pode ser que sua empresa tenha um perfil B2B, e grandes programas não sirvam para o seu mercado-alvo. Seja qual for a razão, as campanhas de mídias sociais super atraentes, chamativas e caras não se aplicam em muitas companhias.

Mas caso você esteja comandando o programa de mídias de uma empresa nessa situação, não se desespere, pois isso não representa um problema tão sério quanto poderia parecer. Ainda há maneiras de se utilizar as ótimas ideias sugeridas no livro *Moneyball*. Para isso, basta que você se concentre em programas e iniciativas menores, mais localizadas e menos caras, que sejam suficientemente eficientes sem, contudo, quebrar a empresa ou demandar uma folha de pagamento de US$ 200 milhões.

No que diz respeito a conferências e eventos, tamanho não importa

Quando se está considerando o tipo de evento no qual envolver sua empresa, é tentador procurar pelos mais imponentes, como o SXSW, o BlogWorld Expo ou o BlogHer, e então imaginar o quanto é importante marcar presença dentro deles. Mas as coisas não funcionam bem assim. É bem verdade que um programa bem executado em um desses eventos poderá estabelecer sua marca como líder quase que de maneira imediata ou, pelo menos, contribuir bastante para reforçar a **"perspi-**

cácia" por trás do pensamento de mídias sociais em sua organização. Todavia, o objetivo aqui não é apenas aumentar a quantidade de pessoas atraídas; o que realmente importa é a qualidade dos relacionamentos que forem construídos entre sua marca e os influenciadores. E, em muitos casos, isso ocorre com a mesma facilidade nos eventos de menor porte – e talvez até mais facilmente.

Um evento com milhares de frequentadores se mostrará um verdadeiro exercício em diálogos rápidos e troca de cartões de visitas. Com tantas pessoas com as quais se conectar em tão pouco tempo, mesmo que você seja muito bom e sua equipe passe todo o tempo da conferência fazendo *networking*, o melhor resultado que alcançará será o de conversar rapidamente com várias centenas de indivíduos e então tentar contatá-los mais tarde. (O SXSW conta normalmente com um público que varia de 13 mil a 15 mil pessoas registradas para a parte interativa do evento. Em 2010, o programa desenvolvido pela GM para esse encontro foi considerado um grande sucesso, mas, mesmo assim, é provável que a empresa só tenha conseguido interagir com cerca de 20% dos visitantes.

Em contrapartida, em eventos menores normalmente a competição por atenção é menos acirrada, pois ocorre entre um número menor de marcas; não há tanta gente e, portanto, é mais fácil fazer com que um programa bom e bem executado se destaque em relação aos demais. Isso não significa que a competição por atenção deva assustá-lo ou que enfrentar multidões de concorrentes seja algo que somente as empresas mais experientes em mídias sociais sejam capazes de fazer – entretanto, se for possível colecionar rapidamente algumas boas vitórias e fazer com que as pessoas comecem a falar sobre sua marca como líder ou inovadora em termos de mídias sociais, **por que não fazê-lo?**

Mais importante ainda é o fato de que eventos menores oferecem a você uma melhor oportunidade para interagir com todos os visitantes – e de uma maneira bem mais profunda e significativa. Pelos padrões tradicionais de *marketing*, um encontro com 50, 80 ou 200 participantes pode parecer "pequeno demais" para justificar o investimento de muito tempo ou de muitos recursos – porém, em um evento com 500 ou 800 participantes é bem provável que você só consiga interagir com 200 deles. Nos encontros de pequeno porte é bem possível que você tenha a oportunidade de conversar de maneira mais prolongada e significativa com um número muito mais amplo de pessoas. Além disso, em geral, o público em eventos menores aprecia um pouco mais a presença de patrocinadores e de empresas parceiras, não apenas pela natureza mais direta e íntima de suas interações com a marca, mas também pelo fato de reconhecerem que talvez o evento sequer existisse sem a colaboração dessas instituições.

Há dúzias de pequenos eventos de mídias sociais ocorrendo em sua cidade o tempo todo. Eles reúnem os influenciadores das comunidades locais de mídias sociais, o meio empresarial da região – que ainda não mergulhou de cabeça nessa ideia – e, ocasionalmente, um palestrante conhecido em nível nacional. Se a sua empresa é pequena e opera em âmbito local, tente participar e, se possível, patrocinar alguns desses eventos em sua região. Em contrapartida, se for uma organização ou marca de porte nacional, mas que ainda não se estabeleceu nas mídias sociais, esses eventos mais localizados representam uma oportunidade excelente para: 1º) construir relacionamentos com influenciadores da comunidade local; 2º) ser notado pelos membros dessa comunidade como uma marca ou empresa que "compreende" as mídias sociais; e 3º) ter sua mensagem ouvida e seus produtos experimentados por um grande número de pessoas.

Porém, o melhor de tudo isso é o fato de que, após o encerramento, esses eventos poderão servir como uma espécie de base para o desenvolvimento de uma interação mais direta dos consumidores com a sua marca. Pessoas que tiveram a oportunidade de ver o seu pessoal ou a sua equipe durante o encontro e ficaram bem impressionadas com o programa apresentado por sua empresa, sentir-se-ão mais inclinadas a interagir com você em outros eventos criados pela própria organização e focados especificamente em sua marca. Portanto, estabeleça como objetivo identificar encontros e conferências de pequeno porte e dê a eles a mesma atenção que daria a outros maiores e mais reconhecidos. Nem sempre sua empresa precisará de algo como o SXSW ou o BlogHer. Se conseguir apresentar seu programa em um número maior de eventos pequenos no final acabará alcançando praticamente o mesmo resultado almejado – provavelmente sem gastar a mesma quantidade de tempo e/ou dinheiro necessários para uma conferência de grande porte. Ambas as abordagens funcionam bem, mas se tiver as mesmas restrições orçamentárias demonstradas pelo Oakland A's nos anos 2000, eventos menores certamente contribuirão para que você nivele o campo de jogo e obtenha grandes vitórias.

Pense de maneira global, mas aja de modo local

O título acima não é apenas um mantra do bem-estar social e ambiental; trata-se de um excelente conselho em relação às mídias sociais. Eventos e conferências fora do circuito principal não representam os únicos casos em que o **"menor"** pode ser **igual** ou até **melhor**. Talvez seja uma boa ideia começar a pensar em microabordagens e em estabelecer programas hiperlocalizados.

Em seus artigos, meu amigo Jason Falls, do *blog* Social Media Explorer – autor do livro *No Bullshit Social Media: The All-Business, No-Hype Guide to Social Media Marketing* (*Mídias Sociais Sem Conversa-Fiada: Um Guia Abrangente e Sem Exageros Sobre o Marketing nas Mídias Sociais*) –, nos explica como as conexões estabelecidas por meio das mídias sociais entre os clientes e as marcas podem levar as pessoas de volta a uma mentalidade de "cidade pequena do interior." Lá ele discorre sobre o modo como os negócios são conduzidos em cidades de tamanho reduzido onde todo mundo se conhece. Por exemplo, nesses lugares você não se dirige simplesmente a uma agência de um grande banco; você vai conversar com o "fulano" que, além de ser um amigo, é também gerente da agência e, aliás, frequenta o mesmo clube que você e sua família. Você não vai a uma grande concessionária de automóveis que comercializa veículos das marcas Chevrolet ou Honda; vai atrás do "beltrano" que, além de ser um vendedor já conhecido de longa data, frequenta a mesma igreja que todos na comunidade. Você não adquire um imóvel de uma grande imobiliária; você compra sua casa com a "cicrana," uma conhecida sua que também é mãe da colega de sua filha na escola e voluntária do programa ambiental da cidade ao qual você se dedica. E assim por diante. Em suma, as pessoas fazem seus negócios em pequenas cidades se tornando conhecidas, sendo amigáveis e honestas – e se alguém em quem se confia deixa uma companhia e vai trabalhar em outra, é provável que os clientes o sigam em seu novo emprego. A lealdade à marca conta muito, mas são essas conexões individuais e locais que normalmente as promovem em primeiro lugar – e elas podem se mostrar tão importantes para o relacionamento com uma marca quanto a própria qualidade do produto. Campanhas e comerciais de divulgação em nível nacional até conseguem atrair a atenção das pessoas, mas, em geral, são as conexões locais que definem o que é comprado pelo consumidor.

Esse mesmo fenômeno se aplica às mídias sociais. Campanhas veiculadas em todo o território nacional são ótimas para tornar um produto conhecido do grande público. Vejamos, por exemplo, a campanha da Procter and Gamble (P&G) nos EUA para a marca Old Spice. Certamente a empresa fez um ótimo trabalho no sentido de promover seus produtos de higiene para homens utilizando-se de um comercial de TV que trazia um belo espécime masculino enrolado numa toalha. Porém, quantas pessoas que assistiram a essa propaganda de fato tiveram suas postagens no Twitter respondidas pelo rapaz da toalha? A campanha foi extremamente bem-sucedida em atrair a atenção desejada para o produto – mas promoveu pouquíssima interação do público com o produto ou com qualquer pessoa que estivesse por trás da marca. (Em defesa da campanha, é preciso ressaltar que as vendas **de fato** aumentaram 107% no mês seguinte à veiculação dos vídeos e comerciais.[2] A questão aqui não é o fato de ela não ter sido bem-sucedida, apenas que havia bem pouco de "social" dentro dela – este, aliás, é um ótimo exemplo de campanha tradicional utilizando canais digitais, não de uma campanha de mídias sociais.)

Embora o conhecimento de um produto ou de uma marca por parte do consumidor seja importante, isso pode perfeitamente ser alcançado pelos processos tradicionais de *marketing*, publicidade e RP. Mas para se aproveitar todas as vantagens das mídias sociais, as marcas precisam se concentrar em construir relacionamentos, demonstrando nas mídias sociais um nível de engajamento que falta nos canais tradicionais. Ações locais garantem oportunidades para a construção dessas relações e encorajam essa sensação de cidade pequena sobre a qual discorre Jason Falls. No bem executado programa *on-line* que acabo de mencionar, aquele sabor local e de comunidade simplesmente não se revelou ou, pelo menos, não foi explorado em todo o seu potencial.

O programa da Chevrolet no SXSW de 2010, por exemplo, ajudou a GM a anunciar ao mundo todo que a marca estava de volta – não apenas como uma participante do jogo das mídias sociais que deveria ser respeitada, mas também como uma ótima opção no mercado para indivíduos que estivessem pensando em comprar um novo automóvel – depois de a companhia ter enfrentado e superado um período difícil de crises ao longo de 2008 e 2009. Porém, os maiores benefícios alcançados pela empresa surgiram bem depois que todos os participantes do SXSW já haviam retornado para suas casas. Durante o evento, encontramos literalmente centenas de pessoas com as quais iniciamos e mantivemos um ótimo relacionamento pelo resto do ano de 2010. (Descreverei daqui a pouco alguns dos eventos de *follow-up* que realizamos com alguns desses novos amigos.) Enquanto pela ótica tradicional a organização tinha todas as razões para celebrar – 61 milhões de impressões *on-line*, mais de 13 mil menções à Chevrolet no Twitter em apenas 9 dias e mais de 250 artigos na mídia tradicional que acabaram gerando mais de 80 milhões de impressões sobre a empresa – nossa maior vitória no SXSW não foi nem a visibilidade alcançada nem as impressões obtidas, mas a possibilidade de encontrar pessoas com as quais pudemos manter contato em suas casas posteriormente. Tais relações nos permitiram construir um engajamento real em ambientes mais propícios. Das 15 mil pessoas que visitaram o setor interativo do SXSW em 2010, somente conseguimos colocar **dentro** dos veículos Chevrolet algumas centenas de interessados – oferecendo a eles uma experiência real. Contudo, em nossos eventos de *follow-up*, o percentual de indivíduos que, de fato, tiveram a oportunidade de experimentar nossos produtos, e não apenas nosso *branding*, foi bem mais elevado – e foi justamente aí que os verdadeiros benefícios para a GM se revelaram. Isso nos auferiu a chance não apenas de visualizar uma boa campanha de *marketing*, mas também de ajudar a mudar a impressão das pessoas em relação aos carros norte-americanos e, em especial, a dizer ao público o que a Chevrolet representa.

Entre os programas locais desenvolvidos ao longo de 2010 que considero pelo menos tão bem-sucedidos quanto o utilizado durante o SXSW, estão os seguintes:

- **"Circuito das *Pizzas*" na região de Miami, na Flórida** – Jennie Ecclestone, nossa líder de mídias sociais da região sudeste dos EUA, convidou blogueiros especializados em comida e estilo de vida para participarem de uma turnê pelas melhores pizzarias do sul da Flórida. Automóveis da marca Chevrolet disponibilizados por agências locais foram usados como meio de transporte, mas o foco principal do evento eram as *pizzas*. Dúzias de blogueiros que talvez jamais tivessem se interessado em avaliar os automóveis dessa marca tiveram a oportunidade de experimentar os veículos **enquanto** faziam algo que realmente apreciavam – e Jennie acompanhou o grupo o tempo todo, sem jamais pressionar seus integrantes em relação aos automóveis, apenas se divertindo ao lado daquelas pessoas. Na ocasião, nós não apenas tivemos a chance de mudar o pensamento de algumas pessoas em relação aos nossos veículos, mas também de oferecer aos nossos convidados um rosto, e uma amiga, dentro da Chevrolet.

- **Tuite para Dirigir** – Connie Burke, líder de mídias sociais da região centro-norte dos EUA recebeu a tarefa de apresentar o Buick para uma geração mais jovem que talvez jamais tivesse considerado a marca para compra (e provavelmente nunca tivesse entrado em um, exceto é claro nos pertencentes aos avós). Ela trabalhou ao lado de seus parceiros no sentido de desenvolver uma estratégia inovadora de *test drive*: em vez de tentar persuadir pessoas a irem até a Buick, ela levou os automóveis até os compradores em potencial. Na ocasião, uma conta no Twitter foi aberta – a @DriveBuickChi – e a comunidade que se utilizava dessa plataforma em Chicago foi informada de que se alguém precisasse de um automóvel para qualquer atividade – fazer compras no mercado, ir ao aeroporto etc. – bastaria enviar um tuite com essa informação. Um Buick, dirigido por um conhecedor do automóvel, seguiria ao encontro do interessado que poderia então utilizá-lo pelo período que precisasse. Em apenas três meses, o programa ofereceu mais de mil caronas em vários veículos da marca Buick – e, o resultado dessa empreitada foi que, ao longo do programa, muitos dos usuários fizeram postagens em *blogs* ou compartilharam suas experiências em vídeo.

- **O chá de bebê itinerante** – Em parceria com a cadeia local de supermercados Winn-Dixie, a Safe Kids USA,[xii] a USO[xiii] e as agências de automóveis da Chevrolet na Flórida central, foram realizados vários chás de bebê para famílias de militares norte-americanos. O programa era voltado para mulheres cujos maridos (ou parceiros) haviam sido enviados em missões ao exterior e, por conta disso, precisariam enfrentar sozinhas não apenas as dificuldades do dia a dia, mas também o iminente nascimento de seus bebês. Muitas famílias de militares vivem em áreas estabelecidas pelo próprio Exército e, portanto, longe de outros familiares que possam ajudá-los nessas ocasiões. Em função disso, essas organizações se uniram no sentido de oferecer a essas mães algum entretenimento e alguns presentinhos que elas normalmente receberiam de amigos e familiares em chás de bebês. A Chevrolet ofereceu transporte para essas mães e seus filhos, enquanto a Safe Kids cedeu carrinhos de bebê para os rebentos e a Winn-Dixie forneceu outros produtos necessários. Coube à USO facilitar todo o programa. A equipe da Chevrolet e os representantes das agências locais também participaram dos chás de bebê, com o objetivo de melhorar um pouco a vida das famílias desses militares.

Com exceção do **tuite para dirigir**, o custo dos demais programas não excedeu os cinco dígitos. (Talvez isso até soe como um valor significativo, mas se considerarmos o que as grandes marcas estão acostumadas a investir em publicidade e *marketing*, perceberemos o quanto as despesas foram baixas – em termos comparativos, é claro.)

---

xii Trata-se do braço norte-americano da instituição Safe Kids Worldwide (Crianças Seguras em todo o Mundo), com sede em Washington DC. A instituição surgiu em 1986, pelas mãos do médico cirurgião Martin R. Elchelberger e da profissional de RP, Herta Freely, com o objetivo de prevenir acidentes envolvendo crianças e adolescentes até 14 anos. A iniciativa contou desde o início com o apoio da empresa Johnson & Johnson, que trouxe o programa para o Brasil em 2001. (N.T.)

xiii Sigla para United Service Organization, uma instituição sem fins lucrativos que, por meio de uma parceria com o departamento de Defesa norte-americano e da contribuição de empresas privadas, oferece aos seus membros – militares norte-americanos – serviços na área recreativa e motivacional. (N.T.)

Cada uma dessas iniciativas atingiu seu objetivo específico: garantir um engajamento mais direto, e não apenas *on-line*, entre os públicos-alvo, a GM, os produtos comercializados pela empresa, e, dentro de uma perspectiva mais pessoal e de mundo real, nossos funcionários. Mais importante, cada um desses programas nos permitiu ser mais relevantes para os diferentes públicos, ao adequarmos nossos produtos e nossos funcionários às necessidades e aos interesses **dessas pessoas**. Não forçamos ninguém a interagir com a GM, ou com os veículos da Chevrolet ou da Buick; em vez disso, encontramos algo pelo qual esses indivíduos demonstravam interesse, ou de que precisavam, e achamos um meio de inserir nossos automóveis e colaboradores na vida deles.

Mas a GM não foi a única grande marca a se tornar bem-sucedida desempenhando um papel "coadjuvante". Consideremos os seguintes programas:

- *Hogs with hearts* (algo como "grandes motocicletas munidas de coração") – Uma rede de rádio norte-americana que tentava penetrar em três novos mercados nos EUA publicou anúncios no Facebook promovendo alguns eventos locais. Em um desses mercados, a empresa fez propaganda sobre um evento para motociclistas denominado *Ride for a Cure* (*Pilotando em Busca da Cura*). O objetivo era alcançar pessoas que vivessem em um raio de 80 km do centro da cidade e se interessassem por assuntos relacionados ao câncer e a motocicletas, em especial as da marca Harley-Davidson. O anúncio alcançou mais de 17,5 mil pessoas, custando apenas uma fração do que normalmente se gasta em campanhas tradicionais. Além disso, a rádio conseguiu se manter informada sobre o número exato de vezes em que o anúncio foi clicado. Depois do evento, a equipe de *marketing* local reportou a participação de um grande grupo de motociclistas que decidiu aparecer mesmo sem jamais ter ouvido falar nem da rede nacional nem da afiliada local. Essas pessoas não foram atraídas por amigos, por anúncios de rádio ou por gigantescos *outdoors*; elas simplesmente ouviram falar sobre o evento no Facebook e começaram a se relacionar com a rede de rádio por causa de sua atividade nessa plataforma.[3]

- **Um passeio pelo mundo selvagem** – Em uma tentativa de se firmar como um ótimo destino para férias em família, o SeaWorld de Santo Antonio, no Estado do Texas, decidiu se voltar especificamente para **"mães blogueiras"** em algumas das grandes cidades do Estado. O parque se concentrou em alguns pequenos grupos de mulheres em Dallas, Houston, San Antonio e Austin e sugeriu que, se por acaso elas estivessem próximas da região de Santo Antonio em uma data específica, elas poderiam visitar o local e se encontrar umas com as outras. Aquela seria uma ótima chance para que todas: 1º) se divertissem juntas em um local diferente; 2º) "acampassem" em uma área próxima da exibição dos pinguins; 3º) se relacionassem; e, inclusive, 4º) estabelecessem uma comunidade. Essas mulheres não foram transportadas para o local nem receberam qualquer benefício além da entrada gratuita para o parque e um *tour* especial que lhes apresentou o funcionamento do parque por trás dos bastidores. Na ocasião, qualquer pessoa do sexo feminino que se interessasse e fizesse a inscrição se tornaria imediatamente parte dessa comunidade. Pouco mais de dois anos depois, esse grupo se transformou nas **"Blogueiras Selvagens do Texas"** – uma espécie de agremiação composta por 16 blogueiras altamente influentes na comunidade de **"mães texanas"**. Uma pesquisa pelo Google por "O Lado Selvagem do SeaWorld" oferece mais de 3 mil retornos – ou seja, são mais de 3 mil postagens de *blog* e atualizações no Twitter de 16 mulheres em apenas 2 anos. Mas isso não é tudo: esse grupo se transformou em uma comunidade bastante unida cujos membros interagem praticamente o ano todo, reforçando sua conexão à marca e promovendo a união entre as integrantes e o próprio parque. São 3 mil oportunidades para o SeaWord de Santo Antonio ver sua marca sendo incessantemente promovida como um destino interessante para as férias em família; tudo isso ao custo de algumas entradas gratuitas, de alguns pernoites no parque e do apoio de alguns funcionários que se dispuseram a conhecer melhor essas pessoas em um ambiente de vida real e *off-line*. **Nem é preciso falar sobre o ROI neste caso, não é?**

Essa é uma das mais importantes lições para se alcançar o sucesso nas mídias sociais: os esforços *off-line* são tão importantes quantos os realizados *on-line*. O ambiente virtual é excelente para se **iniciar** relacionamentos, mas o que realmente contribuirá para **cimentá-los** serão as interações mantidas no mundo real e, portanto, fora da Internet – independentemente de esses contatos ocorrerem na forma de um rápido diálogo durante uma conferência, de um drinque em uma recepção, de um encontro dos membros do Clube de Mídias Sociais de sua empresa ou de um convite para que outras pessoas compartilhem de uma experiência que você ou seus colaboradores tenham idealizado. Se quiser que seus programas sejam vencedores, será preciso implementar táticas de vida real e, portanto, fora do ambiente virtual, mas que, ao mesmo tempo, reforcem as estratégias *on-line*.

Ao pensar primeiro nos interesses e nas necessidades de seus públicos-alvo, e somente então encontrar um jeito simples, direto e local de integrar os objetivos da empresa a ambos, as marcas conseguirão construir relacionamentos bem mais fortes e eficientes com os influenciadores *on-line*. Com isso, não apenas será mais fácil rastrear as postagens que a comunidade publicar depois das interações, mas também enviar *follow-ups* personalizados para 10 ou 20 pessoas específicas, em vez de disparar *e-mails* para centenas ou milhares de nomes contidos em cartões de visita. Agindo assim, as empresas serão capazes de verificar de maneira mais rápida e tangível os resultados comerciais obtidos, ou seja: se alguém já se prontificou a organizar outro evento para a marca e trazer seu público para participar dele; ou se alguém já adquiriu algum produto da empresa ao longo dos dias, das semanas e dos meses que se seguiram ao evento.

As relações desenvolvidas nessas ações menores e de caráter mais local nos fazem lembrar o modelo de **"cidade pequena"** apresentado anteriormente por Jason Falls; nos exemplos da GM, as pessoas não eram apenas "funcionários da GM;" elas eram a "Jennie" e a "Connie", mulheres que, por acaso, trabalham para essa empresa". As pessoas nas mídias sociais começaram a querer trabalhar conosco não apenas porque nós representávamos a montadora, mas pelo fato de conhecerem e confiarem em nossos funcionários como indivíduos conhecidos e também como amigos. (Na verdade, na época do processo de falência e de todos os contratempos enfrentados pela empresa na sequência, eu diria até que algumas pessoas permaneceram ao nosso lado **a despeito de** estarmos representando a GM; portanto, os relacionamentos pessoais que construímos e a abordagem pessoal que adotamos ao desenvolver novas relações foram verdadeiras bênçãos que nos ajudaram a suportar as piores hostilidades e os mais terríveis sentimentos negativos que aquela situação poderia nos apresentar.)

Além disso, em comparação com a presença da GM em eventos como o SXSW ou o Salão do Automóvel nos EUA, esses encontros proporcionaram resultados comerciais bem mais tangíveis para a montadora. Embora os grandes fóruns tenham sido extremamente eficientes no sentido de aprimorar a percepção das pessoas em relação à marca, de criar burburinho e contribuir para o reconhecimento da GM e de suas marcas como grandes inovadoras no reino das mídias sociais, por questões de tamanho e volume, eles não foram capazes de oferecer ao público-alvo a mesma experiência individualizada e específica para as necessidades de cada cliente em potencial que a proporcionada em eventos menores.

Do outro lado dessa moeda está o tipo de pessoa que se deveria convidar para esses eventos locais. Por trás do conceito de "social" ainda existe uma mentalidade segundo a qual as pessoas estão em busca de "peixes graúdos," ou seja, de indivíduos que possuam dezenas ou centenas de milhares de seguidores ou leitores – segundo esse raciocínio, um programa somente será "bem-sucedido" se pessoas com um bom número de contatos tomar parte ou **"for influenciada"**. Sem dúvida esses indivíduos poderosos ajudam bastante em programas de grande escala como o SXSW, por exemplo – se o seu objetivo for o de conscientizar as pessoas em relação à sua marca e criar burburinho. Todavia, os eventos menores e de caráter local visam promover uma interação real entre o público e o produto apresentado. Se você alcançar sucesso nessa empreitada, em algum momento pelo menos alguns de seus convidados comprarão seus produtos, seja imediatamente ou em longo prazo. É aí que você precisa redefinir seu conceito de "influência."

Para demonstrar essa questão, utilizemos como exemplo o Clube do Livro de Oprah Winfrey.[xiv] Pense no efeito que essa famosa apresen-

---

xiv   Trata-se de um quadro do famoso programa de TV norte-americano *The Oprah Winfrey Show*, que foi apresentado ao longo de mais de vinte anos, até sua última temporada em 2011. (N.T.)

tadora exercia sobre sua plateia sempre que erguia um livro durante um de seus *shows* e dizia: "**Este é o livro que recomendo que vocês leiam dessa vez.**" Com grande frequência, no prazo de apenas algumas semanas ou até mesmo de alguns dias, a obra por ela sugerida acabava se tornando um *best-seller* do *The New York Times*.[4] Oprah instilava tamanha confiança em seu público que era capaz de exercer enorme influência sobre ele, a ponto de que, ao dizer que um produto era bom, seus telespectadores simplesmente acreditavam nela sem discutir – o peso da opinião de Oprah chegava a ser desproporcional dentro daquela comunidade. Nesse sentido, para que alguém convencesse o público de Oprah, bastaria que conseguisse o aval da apresentadora. Neste caso, não se trata apenas de possuir uma grande plateia, mas de **transmitir confiança** às pessoas e fazer com que elas acreditem no que você diz.

O fato é que há sempre alguém com essas características em cada comunidade *on-line*, independentemente do tamanho. Esses indivíduos despertam tanta confiança em seus públicos que exercem uma enorme influência sobre a opinião deles – e a despeito de esses grupos serem grandes ou pequenos, se a empresa conseguir garantir que a "Oprah" dessa comunidade se coloque ao seu lado, toda a comunidade ficará aos seus pés. O dinheiro gasto em seu produto é o mesmo, não importa se ele vem de alguém com 50 ou 50 mil seguidores; de essas pessoas estarem seguindo o *blog* de uma mãe que tenha apenas uma centena de leitores ou uma superestrela das mídias sociais. **Um cliente é um cliente, certo?** Você não gostaria de entrar em uma loja de varejo e alguém lhe dissesse que você não é influente o suficiente para ser atendido como consumidor, não é? Então por que deveríamos tratar as comunidades *on-line* – seus clientes em potencial – dessa maneira? Leitores ou seguidores de comunidades de 200 pessoas são tão valiosos para os seus negócios quanto aqueles em grupos formados por 2 mil, 20 mil ou 200 mil membros.

Todavia, embora não seja impossível criar relações de confiança com grandes massas, o senso comum nos diz que é bem mais fácil construir relações mais próximas com grupos menores de indivíduos. De fato, há um constructo na psicologia – o **número de Dunbar**[xv] – que sugere a existência de um número finito para a quantidade de

---

xv Referência à teoria do antropólogo e psicólogo evolucionista inglês, Robin Dunbar. (N.T.)

pessoas com o qual o ser humano é capaz de manter **relacionamentos sociais estáveis**. Esse número é ditado pelo cérebro humano e pelo modo como o órgão está conectado. Não há concordância em relação ao valor exato do número de Dunbar – a maioria, entretanto, considera que ele resida entre 100 e 230 pessoas, sendo que o número **150** é citado com mais frequência.[5] Entretanto, se tal teoria se mantiver, podemos então pressupor que, por causa do seu tamanho e da existência de mais interação individual entre seus membros, talvez algumas **comunidades** *on-line* **de pequeno porte sejam mais conectadas** e até mais **confiáveis que outras**.

A beleza por trás das mídias sociais está no fato de ela permitir esse tipo de interação e atenção individuais, mesmo em se tratando de grandes marcas. Não é preciso investir mais tempo ou mais dinheiro para interagir com as "Oprahs" de comunidades "pequenas" do que com as superestrelas. Porém, é possível que se alcance mais eficiência conectando-se aos grupos menores, já que, em comparação com os grandes influenciadores, esses blogueiros estão menos acostumados a serem levados a sério por grandes marcas e organizações. A iniciativa de contato pode ser mais apreciada e até recebida com carinho.

Portanto, quando estiver considerando interações em âmbitos menores e de caráter mais local, faça com que seu público-alvo seja uma mescla de "influenciadores" que atuem na área desejada e de nomes que os mais tradicionalistas considerariam "pequenos demais" para valer à pena. Agir assim lhe garantirá a **mistura ideal** – o burburinho *on-line* e a credibilidade que será gerada pelos influenciadores mais proeminentes e os resultados tangíveis em termos de objetivos comerciais que você espera alcançar em longo prazo. E se conseguir garantir presença em vários desses eventos menores bem executados e que estimulem o diálogo nessas pequenas comunidades, as pessoas certamente começarão a notar sua presença em níveis mais elevados. Colecione um número suficiente de vitórias e passará a ter estudos de caso e exemplos de sucesso sendo discutidos em conferências e webinários. Lembre-se: o mundo das mídias sociais respeita cada vez mais os resultados reais, sendo assim, você poderá se tornar mais requisitado (tanto em conferências como pelas mídias sociais e tradicionais) para contar a história de sua marca. Marque o número de pontos necessários e acabará vencendo o jogo, sem que ninguém fique lhe perguntando como você fez para construir o placar – com várias jogadas individuais ou com dois ou três *home runs*. Tudo o que importará será o resultado final.

Veja a seguir alguns princípios gerais para estabelecer programas hiperlocais vencedores e bem-sucedidos que poderão resultar em benefícios para sua empresa.

1. **Envolva-se com as redes sociais e comunidades** *on-line* –
Ganhe a confiança das pessoas que espera alcançar antes de começar a pedir favores a elas. Trate de identificar grupos da comunidade de mídias sociais, tanto *on-line* quanto *off-line*, na localidade em que deseja se tornar ativo. Engaje-se em diálogos virtuais e participe de eventos e encontros reais. A maioria dos grupos de mídias sociais mantém encontros regulares ou seções informais no Twitter – *tweetups* – das quais poderá participar. Faça questão de conhecer não apenas o líder do grupo, mas também os membros "regulares" das comunidades que estiver tentando atingir. E quando conversar com essas pessoas certifique-se de compreender o que realmente interessa para elas.

2. **Faça aquilo que for do interesse de seu público-alvo, e descubra uma maneira de manter-se conectado.** Quando alguém pergunta a Jennie Ecclestone – nossa competente representante de mídias no sudeste dos EUA, responsável por inúmeros programas regionais bem-sucedidos – o que está no cerne de uma vitória em um evento de mídias sociais hiperlocal, ela responde de maneira direta: "Você precisa descobrir o que eles (seu público-alvo) desejam", diz ela," e "então integrar seu produto nesse desejo".[6] Não lidere seu programa por meio de uma mensagem de *marketing* nem concentre todo o seu foco na interação entre o potencial cliente e seu produto. Honestamente, pouquíssimas pessoas se interessarão o suficiente em usar o próprio tempo apenas pelo **"privilégio"** de experimentar seu produto. Encontre um modo de **ajudar as pessoas a fazerem o que elas de fato desejam.**

3. **Certifique-se de que as pessoas de sua empresa façam parte do evento, tanto quanto o seu produto** – Seus colaboradores são o seu maior patrimônio; em um ambiente em que a confiança é a moeda principal, são os seus funcionários e a personalidade

individual dessas pessoas que conseguirão vender a imagem de sua marca e de seu produto. Se estiver tentando humanizar sua organização, é preciso deixar que o público se encontre com esses seres humanos! Nesse sentido, jamais terceirize a execução de um evento a um vendedor ou agência e simplesmente espere pelo recebimento de um relatório. Faça com que os seus funcionários – aqueles que participam da interação *on-line* – se envolvam o mais possível. Coloque as pessoas no centro do seu programa e transforme a interação com esses indivíduos em um grande atrativo do evento. Depois que tudo estiver terminado, será mais fácil realizar um *follow-up* contatando pessoas que todos já conhecem. Seus colaboradores têm de estar comprometidos e convencidos de que a personalidade deles é tão importante para o sucesso do programa quanto os produtos da empresa – e, para que a relação funcione, você também precisa ter um pouco de **fé** nessas pessoas e dar-lhes espaço suficiente para que sejam elas mesmas.

4. **Peça ideias e sugestões!** – Não há regras que estabeleçam que uma boa ideia para um programa tenha necessariamente de partir de dentro de sua empresa. Membros da comunidade em geral são muito criativos e ostentam fortes instintos pessoais de *marketing* –talvez eles já saibam de eventos que estejam ocorrendo e tenham boas ideias sobre o modo como sua empresa poderia se integrar a eles. Isso normalmente envolverá um pedido de patrocínio ou a liberação de algum recurso financeiro, o que, por si só, não é algo ruim. Apenas certifique-se de que você tem chances reais de participar do evento e não se preocupe somente em assinar o cheque ou em ser visto do palco durante a abertura dos trabalhos. Se existirem pessoas das comunidades local ou regional de mídias sociais com as quais deseja manter contato ou para as quais deseja encontrar uma atividade relevante, pergunte a elas o que elas estariam interessadas em fazer ou se elas possuem alguma ideia em potencial para que ambos possam trabalhar juntos. Se elas sugerirem algo que seja um benefício mútuo, vá em frente.

5. **Trabalhe de maneira coordenada e integrada com as mídias tradicionais, sempre que possível** – Já disse que metade do sucesso nas mídias sociais está em executar iniciativas e programas inteligentes, enquanto os outros **50%** residem em certificar-se de

que todas as pessoas envolvidas saibam o que você está fazendo. Um modo de conscientizar as pessoas sobre os seus esforços – isso sem falar em se estender os benefícios de seu programa ou eventos em termos de *branding* – é ter certeza de que suas equipes de mídias sociais e de RP estão trabalhando juntas e envolvendo o setor de mídias tradicionais sempre que apropriado.

O chá de bebê itinerante na Flórida foi coberto pela emissora de TV Tampa Bay. A GM também conversou com representantes de jornais e emissoras de rádio locais sobre os eventos ou programas que a empresa já havia realizado em Chicago, Los Angeles e outras cidades. Às vezes, até mesmo representantes da mídia nacional, como a revista *Fortune*, cobriram eventos locais da montadora, tais como o programa realizado com alunos universitários do sul da Califórnia pela equipe regional da costa oeste. Em cada um desses casos, a GM não apenas ampliou sua mensagem e conscientização das pessoas de fora das redes sociais em relação ao seu programa, mas também aumentou a percepção das pessoas sobre o fato de suas marcas estarem ativas nas mídias sociais e atuando de maneira divertida e inovadora nesse ambiente.

O estabelecimento de uma parceria entre as mídias tradicionais e sua equipe de RP com o intuito de gerar cobertura para seus esforços nas mídias sociais ajudará a informar outras comunidades virtuais sobre seus esforços e programas. Em troca, isso abre caminho para outros programas com diferentes membros da comunidade. Como ocorre em qualquer iniciativa de *marketing*, o envolvimento da mídia tradicional ajuda a ampliar sua eficiência e a promover sua marca. Faça-o sempre que possível – mas tome cuidado para não agir de maneira tão recorrente a ponto de gerar uma sensação nas comunidades virtuais de que você somente as está usando para publicidade.

6. **Enxágue e repita o processo** – Se alguma equipe local ou regional surgir com uma ótima ideia que, no final, funcione tão bem ou até melhor que o planejado, você certamente desejará compartilhar as lições aprendidas e as melhores práticas com outros grupos regionais; e/ou até replicar os esforços em outras áreas do país. Depois que a ideia foi implementada por Jennie em Miami, a GM já realizou circuitos de pizzas ou de doces em outras regiões dos EUA. Peça aos membros das equipes que apresentem suas ideias

para o restante da organização e expliquem o que foi feito e porque o projeto funcionou. Veja se é possível para essas pessoas criarem um modelo bem estruturado que permita que o mesmo programa seja replicado em outras regiões. Uma boa ideia sempre deve ser reprisada, desde que executada da maneira adequada.

Atuando como Billy Beane

Tempo e **dinheiro** são sempre **escassos**. Sendo assim, torna-se especialmente complicado persuadir as lideranças a devotarem recursos às mídias sociais antes de se ter colecionado alguns sucessos que provem o valor dessas iniciativas. Todavia, não é preciso contar com um orçamento milionário de *marketing* ou com uma equipe de vinte pessoas trabalhando no setor de mídias sociais para se conseguir alcançar o sucesso. Também não é necessário ser a maior empresa em um evento de mídias para desenvolver uma ótima reputação nesse ambiente como uma organização líder e inovadora. Se aplicarmos os princípios básicos de mídias sociais aos eventos de pequeno porte – mantendo o foco nos interesses do público-alvo e tendo como prioridade número um a profundidade dos relacionamentos que se constrói –, certamente será possível personificar o gerente do Oakland A's, Billy Beane, e competir de maneira eficiente com marcas que investem bem mais nas mídias sociais. Como já demonstrado no início deste capítulo, o sucesso nesse setor nem sempre reside em adquirir grandes jogadores sem contrato e, portanto, livres para serem negociados, ou em se tornar o New York Yankees da região; trata-se apenas de se manter o pensamento criativo e a execução inteligente de cada iniciativa. O **dinheiro importa bem menos nas mídias sociais** do que a **criatividade** e a **fidelidade aos bons princípios** – estes, aliás, são os fundamentos do jogo. E este conceito, que já funciona no beisebol, é perfeito nas mídias sociais.

CAPÍTULO 12

QUANDO NOS ENCONTRAMOS EM MEIO AO FOGO CRUZADO

Assim como na vida, as coisas também podem **dar errado nos negócios**, e saiba que isso certamente ocorrerá. Eventualmente um cliente enfrenta uma péssima experiência com um de seus produtos – ou, ainda pior, com o serviço de atendimento a clientes de sua empresa; um funcionário atrai atenção pública por razões embaraçosas; ou a organização decide veicular um comercial de TV que, por alguma razão, aborrece ou até mesmo ofende alguém. Nada disso é planejado ou desejado, mas acontece, a despeito de nossos melhores esforços no sentido contrário. A vida é assim; repleta de situações desse tipo. Portanto, o verdadeiro teste que encaramos não diz respeito à nossa capacidade de evitá-las, mas à forma como lidamos com elas.

Essa mesma máxima certamente se aplica às mídias sociais. De repente um de seus empregados inadvertidamente diz ou faz algo controverso ou que não tenha nenhuma relação com a sua mensagem principal; uma de suas campanhas depara com críticas mordazes; ou para piorar ainda mais a situação, surge uma crise em seu empreendimento que precisa ser resolvida nas redes sociais e também nas mídias tradicionais. Do mesmo modo como na vida, a prova de fogo nem sempre é a crise propriamente dita, mas o modo como você a resolve. Todavia, as táticas e estratégias utilizadas para se neutralizar uma situação conflituosa, ou sair dela, dentro do mundo virtual são bem diferentes das empregadas para a mídia convencional.

A oportunidade para brilhar

No filme *Apollo 13*, há uma cena clássica em que os líderes da Agência Espacial Norte-Americana (NASA) percebem que os astronautas estão em iminente perigo de morte e que a perda daqueles homens no espaço sideral transformou-se em uma possibilidade real. "Esse poderá se tornar o pior desastre já enfrentado pela NASA," diz o diretor do programa espacial. Contudo, Gene Kranz, o diretor de voo da nave, cujo papel é desempenhado pelo ator Ed Harris, responde à situação ao mesmo tempo com incredulidade e determinação: "Com todo o respeito, senhor, mas acredito sinceramente que este será o melhor momento de nossas vidas."

Esta é uma lição que todas as empresas deveriam manter em mente caso alguma crise recaia sobre elas, em especial na era das mídias sociais. A sabedoria convencional talvez sugira que qualquer situação de conflito fique mais assustadora em um ambiente em que notícias são publicadas 24 h por dia e 7 dias por semana. Acrescente a isso a grande possibilidade de que centenas de milhares – ou até de milhões – de pessoas descontentes começarem a tuitar sobre sua organização, ou de um número avassalador de postagens furiosas ser publicado em sua página no Facebook, e a situação se torna absolutamente aterrorizante. A maioria das pessoas que trabalham em grandes empresas com as quais eu conversei empalidece diante da simples ideia de encarar o público nas redes sociais durante uma situação de crise.

É fato que no espaço virtual sempre existe o perigo de uma informação incorreta se espalhar rapidamente ou de a companhia ficar sob o fogo cruzado dos "inimigos" que, independentemente do que você fizer, sempre odiarão sua marca. Entretanto, as redes sociais também nos oferecem uma maneira rápida e eficiente de transmitir informações durantes momentos difíceis; de permitir que um público bem maior testemunhe todos os nossos esforços no sentido de tentar solucionar a questão fazendo a coisa certa, não apenas tentando proteger a própria imagem e reputação. Assim como o ocorrido na NASA durante a crise da Apollo 13, se as pessoas têm a oportunidade de ver sua empresa tentando resolver um problema em vez de somente ficar cuidando para abafa-lo, sua atuação poderá se transformar em uma grande oportunidade para a organização. Isso se provou verdadeiro em 1970, e é **especialmente** verdade na era do Twitter, do Facebook e dos *blogs*.

Primeiro o que é mais importante: a melhor defesa é um bom ataque

Se a sua empresa começar a atuar nas redes sociais somente em um **momento de crise**, saiba que **já é tarde demais**!

Pense a respeito. As redes sociais se constroem com base em diálogo e no desenvolvimento de relacionamentos. Em uma situação de conflito, você tem de pedir às pessoas que confiem em sua palavra e aceitem as informações que estiver disponibilizando. No entanto, se sua empresa jamais se mostrou ativa nessas plataformas até então, como é possível exigir que os outros confiem no que diz? Você jamais falou com esses indivíduos, mas agora que a situação está complicada, você repentinamente se mostra interessado? Como **evitar** que elas pensem que você apenas faz parte de uma equipe de assessores para maquiar a imagem da empresa ou do grupo de RPs, cujo objetivo é controlar estragos?

Vejamos a seguir um paralelo que, embora desconfortável, é bastante ilustrativo: digamos que alguém em seu bairro seja acusado de um crime terrível. Se o indivíduo em questão for alguém que está sempre em casa, nunca conversa ou faz contato visual com ninguém, é antissocial e jamais faz qualquer esforço no sentido de se reunir com a comunidade, participar das atividades locais ou de conhecer pessoas da vizinhança ou do prédio, se for o caso, o quão fácil será acreditar que esse **alguém é culpado** – ou pelo menos capaz de realizar o crime do qual está sendo acusado? Ninguém conhece o fulano; ele nunca tomou a iniciativa de se apresentar para aqueles que o rodeiam. Não há, portanto, qualquer razão para não se acreditar no que está sendo dito a respeito dele, certo? Mas, então, como você reagiria se no dia seguinte – depois que a notícia sobre a prisão do indivíduo já tivesse chegado ao noticiário local e ele inclusive já tivesse pago a fiança estipulada – ele resolvesse bater à sua porta, se apresentar e oferecer-lhe a mão para cumprimentá-lo. O que você faria se essa pessoa de repente lhe pedisse que não acreditasse no que está sendo falado nas ruas? Você se sentiria inclinado a dar ao indivíduo o benefício da dúvida? Você acha que o convidaria para entrar, tomar um café e contar-lhe seu próprio lado da história? É, eu não imaginei mesmo que o faria!

Vejamos agora o mesmo cenário a partir de outra perspectiva. Suponhamos que dessa vez a polícia esteja acusando uma pessoa para quem você acena todas as manhãs e com a qual conversa todos os dias, mesmo que de maneira rápida. Talvez seus filhos estejam acostumados a jogar juntos. Esse indivíduo está acostumado a participar das atividades da comunidade e até integra a associação dos moradores do bairro. Quem sabe vocês já tenham até mesmo bebido umas cervejas juntos enquanto assistiam a uma final de campeonato ou talvez ele e a esposa já tenham jantado em sua casa? Agora pense em como reagiria à presença desse indivíduo em sua porta. Digamos que ele venha e diga: "Eu sei o que você tem escutado sobre mim; sei o que as pessoas estão dizendo, mas peço-lhe que ouça o que tenho a falar e acredite quando digo que as coisas não são bem assim." **Você provavelmente daria a esse vizinho o benefício da dúvida, não daria?**

A **confiança** é o bem mais importante nas redes sociais – e se você não tiver investido nisso antes de uma situação de crise, não terá ninguém com quem contar. Portanto, sua melhor chance nesse caso é implementar iniciativas nas redes sociais antes que qualquer conflito se apresente.

Mas há outra boa razão para se agir de modo proativo no sentido de se envolver nas redes sociais antes do surgimento de um problema: se já estiver envolvido e sua presença já estiver estabelecida nesse ambiente, com certeza você estará menos vulnerável a impostores.

Entre os meses de março a agosto de 2010, os cidadãos norte-americanos acompanharam horrorizados enquanto o poço de petróleo *Deepwater Horizon*, construído em alto-mar e operado pela British Petroleum (BP), liberava milhões de galões de petróleo cru no golfo do México. Mas ao mesmo tempo em que todos os esforços da empresa no sentido de estancar o vazamento falharam, a equipe de relações públicas da BP também fracassou. Não discutiremos aqui os inúmeros erros cometidos pela empresa fora das redes sociais, mas, o fato é que dentro do ambiente virtual a BP jamais havia se mostrado muito ativa. A organização possuía uma conta no Twitter, mas, a despeito de já existir há quase dois anos, ela não era usada com frequência e, portanto, no mês de maio de 2010 contava com apenas 2,5 mil seguidores.[1] O uso esporádico do Twitter como um meio de comunicação significava que não muita gente na plataforma reconhecia a presença da BP – o que deu espaço para que outros se fizessem passar por representantes da organização.

Em 19 de maio de 2010 – um mês **depois** da explosão e do incêndio na *Deepwater Horizon* – alguém abriu uma conta no Twitter: a @BPGlobalPR. Embora essa conta fosse falsa, ela utilizava o logotipo da companhia e, à primeira vista, parecia afiliada à empresa. Em junho de 2010, tanto a BP como o Twitter solicitaram que os donos da conta fossem mais claros em demonstrar que a referida conta era **falsa**. Isso, aliás, faz parte da política do Twitter em relação a contas desse tipo. Inicialmente, os donos obedeceram, mas uma verificação em outubro de 2010 revelou que eles haviam voltado à versão utilizada antes da intervenção em junho.[2,3]

Os tuítes que partiam da @BPGlobalPR eram histéricos e se utilizavam de um humor sinistro e repleto de cinismo. Eles satirizavam cada erro cometido pela verdadeira BP e apresentavam toda a história sobre o vazamento de um modo terrivelmente desgastante para a empresa. Um mês depois de estabelecida, a conta falsa já contava com mais de 150 mil seguidores. Embora muitos já tivessem percebido se tratar de uma imitação, outros certamente não faziam ideia de tal possibilidade. A devastadora sátira continuou por muito tempo depois que o poço **já havia sido selado**; no meio do mês de outubro de 2010, o número de seguidores da conta fictícia era mais de 10 vezes maior que o da verdadeira, a @BP_America, ou seja, 187.191 *versus* 18.411.[4]

Embora a BP já tivesse uma presença oficial no Twitter antes do incidente envolvendo a plataforma *Deepwater Horizon*, o fato de a página ser pouco utilizada como meio de comunicação certamente colaborou para que os usuários do Twitter acreditassem que a conta falsa de **fato representava a empresa**. Em minha opinião, a subutilização da conta verdadeira antes do acidente também contribuiu para que nenhum diálogo no Twitter fosse favorável à companhia petrolífera. Na verdade, não havia sequer alguém da companhia encarregado de ler os comentários e direcionar os visitantes para a página verdadeira da BP no próprio Twitter – algo que talvez tivesse ocorrido se a organização estivesse acostumada a manter uma presença estável nos meses que antecederam a tragédia.

Uma presença forte e ativa no Twitter jamais impedirá o surgimento de contas falsas. Tampouco o fato de sua empresa possuir uma página oficial no Facebook evitará que surjam dezenas de outras páginas e de outros grupos totalmente contrários à sua organização. Contudo, uma presença clara e bem definida deixará a empresa bem menos vulnerável em situações de crise.

Outra ação que deveria ser considerada por toda e qualquer empresa é a de tentar **"reservar"** o maior número possível de variações para o nome da empresa para tentar impedir a abertura de imitações. Assim como a maioria das marcas inteligentes adquirem domínios que poderiam ser utilizados contra elas (suaempresaéumadroga.com é um exemplo comum), também seria uma ótima ideia **"segurar"** nomes como @AVerdadeira_nomedacompanhia ou @Nomedacompanhia_RP etc. Se você não obtiver esses nomes, alguém mais o fará – e embora o Twitter proteja as marcas registradas, eles também protegem o direito de as pessoas dizerem o que pensam, assim como de fazer críticas e paródias (como de fato deveria).

Todavia, mesmo que você: 1º) se mostre **ativo** no Twitter por mais de um ano, 2º) **interaja** regularmente com seu público em sua página no Facebook, 3º) **esteja aberto a debates** espirituosos sobre sua empresa em *blogs* e 4º) **estabeleça um bom relacionamento** de confiança, além de uma rede de fiéis advogados dispostos a defendê-lo, é inevitável que se enfrente alguma das variantes das crises que ocorrem em ambientes virtuais. Até mesmo os programas de empresas líderes em mídias sociais às vezes sofrem ataques. Contudo, como mencionado anteriormente, o verdadeiro desafio não está na crise propriamente dita, mas no modo como lidamos com ela. As ações a tomar dependerão do tipo de **conflito enfrentado** – é fundamental, portanto, que se conheça e compreenda todos os tipos de crise, assim como os conceitos básicos para se responder a cada um deles.

Seis tipos de crise para se resolver na era das mídias sociais

Nem todas as crises nas mídias sociais surgem da mesma maneira. Inúmeros fatores – a origem da situação, o fato de os funcionários ou o público externo terem sido afetados ou não, a natureza da ofensa e até mesmo a resposta oferecida – ajudarão a definir cada situação específica, o quão ruim ela poderá se tornar e o curso de ações mais adequado e eficiente. Porém, durante a vida relativamente curta das mídias sociais (considerando especificamente o envolvimento organizacional com elas), a maioria das crises que já ocorreram podem ser classificadas em **seis tipos principais**.

1º) **Gerada por um funcionário** – Um único funcionário da empresa toma alguma atitude nas redes sociais que reflete negativamente em sua marca, causando a ira dos usuários no mundo virtual.
2º) **Falha no serviço de atendimento ao cliente** – O departamento de atendimento ao cliente da empresa não atende os consumidores de maneira adequada e, em um dado momento, alguém decide dizer ao mundo o quão irritado está com a situação.
3º) **Campanha** – Um grupo de ativistas com fins políticos, econômicos ou culturais decide atacar sua organização *on-line*, seja no próprio *site* da empresa ou nas redes sociais.
4º) **Falha nas mídias sociais** – A campanha de mídias sociais, as táticas ou o conteúdo desenvolvido pela sua empresa – ou para ela – criam algum desconforto no público e são mal recebidas nas mídias sociais.
5º) *Brain Freeze* ("inércia mental") **organizacional** – Como entidade, sua empresa faz algo que pode ser considerado desde insensível até idiota e se vê obrigada a responder por isso. Os danos são para a marca, mas, com pouquíssimas exceções, somente os sentimentos das pessoas saem feridos. (Isso não visa diminuir a importância desses sentimentos; a ideia é apenas distinguir esse tipo de crise da seguinte.)

6º) **Three Mile Island**[i] – **Desastre organizacional.** Neste caso, experimenta-se uma crise nos negócios na qual os empregados, os clientes, o ambiente e/ou a economia são seriamente afetados e correm perigo. Esta não é propriamente uma crise nas mídias sociais, mas uma situação que reverbera em várias arenas – sendo que as redes sociais representam apenas uma delas. (Discutiremos isso em mais detalhes no próximo capítulo.)

A navegação tranquila e bem-sucedida ao longo de qualquer situação de crise *on-line* exige táticas levemente distintas, dependendo do que se estiver enfrentando. O tom confiante que talvez se possa adotar ao enfrentar uma campanha nas redes se mostraria desastroso diante de uma grande crise comercial; ao mesmo tempo, um tom mais apologético – tão necessário quando um de seus funcionários age de maneira equivocada – enfraqueceria sua posição ao tentar encarar uma forte campanha contra sua empresa nas mídias sociais. Há algumas regras que se aplicam a cada uma dessas variedades – compreendê-las e pensar bastante sobre elas são atitudes cruciais para se conseguir superar a tempestade.

Crise nas mídias sociais do 1º tipo: gerada por um funcionário

Em geral, as empresas acreditam que todos os seus empregados sempre demonstrarão bom senso em suas atitudes, principalmente considerando o fato de que são elas que decidem contratá-los. Esses funcionários são treinados especificamente nas áreas de políticas corporativas e uso das mídias sociais. (E como já discutimos anteriormente, se você ainda não está fazendo isso deveria começar imediatamente.) Espera-se que ninguém na organização conscientemente faça algo que possa colocá-lo em uma situação complicada e até mesmo comprometer a marca que representa. Mesmo assim, há coisas que simplesmente acontecem: a despeito de seus melhores esforços, em algum momento um de seus **colaboradores fará algo estúpido**. Contudo, o perpetrador

---

i Referência a uma central nuclear localizada no condado de Dauphin, no Estado da Pensilvânia (EUA), que em 28 de março de 1979 sofreu uma fusão parcial e vazamento de radioatividade. (N.T.)

não será necessariamente um funcionário do baixo escalão. Às vezes até mesmo o CEO ou fundador da empresa será o culpado.

Por exemplo, em fevereiro de 2011 o estilista norte-americano Kenneth Cole decidiu usar a revolução que estava assolando o Egito na época como pano de fundo para divulgar sua campanha da linha primavera-verão no Twitter. De maneira absolutamente correta, a comunidade na Internet reagiu com desaprovação e repulsa a essa atitude, forçando Cole e sua empresa a se retratar e pedir desculpas pelo ato impensado.[5]

As redes sociais não criaram esse perigo. Sim, a existência de plataformas como o Facebook e o Twitter, assim como o fato de que cada um dos colaboradores de uma empresa tem agora a capacidade de manter seu próprio *blog*, se assim o desejar, acrescentou mais uma ruga no rosto de seus empregadores: a **preocupação** de que em algum momento um deles irá provocar algum dano à companhia ou à reputação dela, seja de maneira não intencional ou até propositadamente. Na verdade esse risco já existia bem antes do surgimento do Facebook, do Twitter e até mesmo da própria Internet, mas a velocidade com que esses equívocos se disseminam – como um verdadeiro incêndio florestal – **certamente foi amplificada**.

Mas um *tweet* impertinente não é a única coisa que poderá lhe causar azia. Antes das redes sociais, quando um cliente enfrentava uma experiência ruim no mundo real, em geral os danos podiam ser contidos àquele consumidor em particular, não afetando a empresa como um todo. Hoje, porém, as redes sociais permitem que informações sobre problemas isolados sejam compartilhadas instantaneamente, fazendo com que a contenção de uma crise se torne apenas uma ilusão. Um incidente ocorrido, por exemplo, em uma loja em Paris poderá rapidamente se tornar conhecido em Nova York caso a parte que se considere ofendida resolva compartilhar sua história na Internet; uma confrontação ou afirmação insultuosa contra uma empresa em Cingapura rapidamente chegará a São Paulo, antes mesmo que a administração local da empresa tome conhecimento do fato.

Não culpe o Facebook ou o Twitter por isso. O problema divulgado nem sequer deveria ter ocorrido afinal, portanto, deixemos de lado quaisquer ressentimentos em relação às redes sociais, assim como a ideia de temer o impacto negativo por elas proporcionado.

Dito isso, muitas crises causadas por indivíduos começam de fato nos canais de mídias sociais. Infelizmente, os exemplos são muitos.

Insatisfação com a Price Chopper

Em setembro de 2010, a Price Chopper, uma rede de supermercados na região nordeste dos EUA, enfrentou fortes críticas por parte de influenciadores das mídias sociais, blogueiros e usuários do Twitter depois que um de seus funcionários reagiu de modo estarrecedor a uma postagem negativa sobre a empresa. A mensagem inicial fazia referências às condições de uma das lojas da Price Choppers, comparando-a de maneira desfavorável às dependências de um concorrente.

A empregada – que, aliás, era membro da equipe de RP da rede – fez o **inimaginável**: ela não apenas respondeu à crítica recebida de modo grosseiro, mas, depois de verificar o nome da companhia para a qual o indivíduo trabalhava em sua própria biografia no Twitter, contatou a referida **empregadora** e sugeriu que a postagem feita pelo funcionário poderia impactar de maneira negativa futuras relações comerciais entre a Price Chopper e o empregador. (Não havia qualquer relação comercial entre ambos na época.) Essa mesma representante de RP da Price Chopper chegou ao cúmulo de solicitar que **ações disciplinares** fossem tomadas pela empregadora contra o funcionário. Sim, foi exatamente isso que você leu; basicamente ela tentou fazer com que a empresa demitisse o colaborador por causa da reclamação.

Essa já seria uma situação suficientemente ruim. O problema é que o indivíduo que foi alvo de toda essa confusão era amigo de um professor da Syracuse University que ensina justamente sobre mídias sociais, tanto em nível de bacharelado como de pós-graduação. De modo previsível, e até compreensível, o professor levou a situação ao conhecimento público por meio de um *blog* aberto especificamente para discutir o incidente e, assim, se originou o *tsunami*.[6] A Price Chopper foi duramente criticada nas redes sociais não apenas por "não compreender" as mídias sociais, mas também por ter ido muito além do que qualquer um consideraria como **"jogo justo"** para uma empresa que estivesse lidando com críticas.

Porém, a Price Chopper – enquanto empresa e mais especificamente em seu setor de atendimento a clientes – nada sabia sobre o incidente e jamais autorizara as ações tomadas pela funcionária. Quando a equipe de relações com clientes foi finalmente informada sobre o desastre por meio de inúmeras postagens hostis no Twitter, ela se mostrou tão horrorizada quanto o público externo. A empresa se viu diante das mais intensas críticas que se poderia enfrentar nas redes sociais; o único problema é que a organização propriamente dita não era responsável pelo ocorrido. Um único **funcionário extremamente mal orientado** provocou a ira de toda a rede virtual.

As reações da Price Chopper ao incidente nos oferecem ótimas lições sobre o modo como uma empresa deveria responder ao lidar com crises iniciadas por funcionários – um aprendizado que todos os empreendedores deveriam considerar seriamente para o caso de situações similares ocorrem em seus negócios.

Reconheça o problema de maneira rápida e sincera.

Jamais suponha que o público externo irá perceber que seu funcionário agiu por conta própria. Talvez lhe pareça óbvio o fato de que nenhuma organização séria deliberadamente ofenderia seus clientes, porém, muita gente ostenta uma forte desconfiança em relação ao setor privado, o que faz com que o acusado seja considerado culpado até que se prove o contrário no **"tribunal da opinião pública"**. É preciso esclarecer desde o início que embora a empresa desconhecesse as ações de seu funcionário, e jamais as tivesse autorizado, ela assume todas as responsabilidades não apenas pelas atitudes do colaborador como pelos resultados desastrosos. Ao mesmo tempo, é necessário deixar claro que afirmações, crenças e posicionamentos ofensivos ou incorretos em relação ao acontecimento não serão aceitos pela empresa.

A Price Chopper agiu de maneira correta e rapidamente reconheceu as ações da funcionária, assumindo a responsabilidade pelas ofensas proferidas e deixando claro que a empregada agira por conta própria e de maneira totalmente alienada em relação aos princípios organizacionais. Apesar de essas atitudes não servirem para amenizar totalmente a fúria demonstrada pelo público, elas mostraram que a Price Chopper:

1º) estava ciente de que as ações da funcionária estavam incorretas e 2º) havia agido no sentido de **cientificá-la** sobre o fato. Mesmo em um ambiente em que as pessoas preferem acreditar na morosidade e na falta de informações nas grandes empresas, a maioria já reconhece que, às vezes, as pessoas fazem coisas estúpidas por conta própria, ou seja, sem o endosso das organizações em que trabalham.

Deixe que as pessoas testemunhem o seu aprendizado em relação à experiência.

O próximo passo da Price Chopper foi ainda mais perspicaz: a equipe de comunicações da empresa conversou com o professor da universidade – que havia divulgado a história nas redes – e pediu-lhe que permitisse a participação de alguns funcionários da empresa em sua aula, para que todos pudessem discutir o incidente e também as iniciativas da companhia. No final, a Price Chopper não levou para o encontro apenas um representante do setor de comunicações, mas também o presidente e o chefe de operações (COO – *chief operational officer*) da empresa.[7] Embora a presença dos profissionais da mídias não tenha sido permitida, postagens feitas pelos alunos no Twitter durante o evento foram autorizadas. Depois de duas horas de aula, os alunos entrevistados pela TV local disseram acreditar na empresa. Um deles disse: "Não acho que esse erro signifique que a Price Chopper não saiba utilizar as mídias sociais; apenas acredito que eles ainda estejam aprendendo a se esquivar dos golpes dentro dessa nova forma de comunicação."[8]

A Price Chopper não teve de disciplinar publicamente sua funcionária para ganhar de volta sua **credibilidade**. Ela apenas precisou demonstrar boa vontade em aprender com o erro cometido – e aprender com a comunidade, não apenas com caríssimas agências e custosos consultores. Além disso, a decisão de enviar para aquela aula o próprio Chefe de Operações da empresa foi, não apenas para os alunos presentes, mas para toda a comunidade *on-line*, uma demonstração da seriedade com que a Price Chopper estava encarando a questão. Ao mostrar ao público que eles não somente compreendiam que um erro havia sido cometido, mas que **desejavam aprender com ele**, fez toda a diferença.

Nem sempre é possível trazer o chefe de operações de uma empresa para se encontrar com alunos ou grupo de indivíduos que se sentirem ofendidos por algo que a empresa ou um de seus funcionários tenha feito, contudo, é sempre uma ótima ideia se esforçar para evidenciar o objetivo da organização no sentido de transformar esses equívocos em **"momentos de aprendizado"**, além do desejo genuíno de aprender com eles.

Um último conselho: se descobrir que um de seus funcionários está anonimamente tuitando ou publicando em seu *blog* algo que poderia se tornar embaraçoso se conectado à empresa, não fique na expectativa de que conseguirá resolver a situação de maneira discreta sem que ninguém descubra que um dos seus colaboradores está envolvido. Isso não significa que você deva demitir o indivíduo publicamente ou se dar por vencido desde o início – apenas saiba que é apenas uma questão de tempo até que o fato seja descoberto. No mundo há ferramentas e pessoas espertas em número suficiente para rastrear a fonte de uma postagem específica.

A primeira coisa a fazer é tomar a atitude adequada em relação ao funcionário, de acordo com a falta por ele cometida e baseando-se nas orientações do departamento de RH. Então prepare-se para reagir publicamente. Nem sempre é uma boa ideia tornar um erro público antes que outra pessoa o faça, mas é fundamental estar preparado para agir. Se **um pedido de desculpas se justificar, faça-o** – primeiramente em particular, e então de maneira pública, caso o indivíduo envolvido decida levar o caso para as mídias. Para a maioria das pessoas do setor de RP talvez isso soe contraintuitivo, mas as redes sociais apreciam não apenas demonstrações de **arrependimento**, mas também organizações que se mostram mais preocupadas em fazer a coisa certa que em proteger seus flancos.

Crise nas mídias sociais do 2º tipo: gerada por uma falha do serviço de atendimento ao cliente

Independentemente do quanto uma organização treine seus funcionários para que ofereçam serviços impecáveis aos clientes e sejam educados com eles, em algum momento sua empresa certamente deixará algum cliente irritado. A situação se tornará ainda pior se a sua equipe ou as suas políticas se mostrarem insensíveis diante do problema enfrentado por um cliente. Se o indivíduo tiver qualquer tipo de proeminência ou notoriedade nas redes sociais, o incidente poderá se transformar em uma **enorme crise** para a empresa.

Por várias razões, as pessoas em geral gostam de acreditar que a maioria das organizações é **impessoal, insensível, burocrática** e **pouco prestativa** – nesse sentido, histórias sobre serviços ruins de atendimento ao consumidor tendem a ser levadas a sério sem que existam provas concludentes. Não demorará muito até que outras pessoas dentro das redes sociais espalhem a informação. Quando a empresa de fato é culpada, há pouquíssimo espaço para manobra em termos de resposta *on-line*; mais do que em qualquer outra situação de crise, o tempo aqui é um fator crucial, pois quanto mais você demorar a responder, mais as pessoas acreditarão que sua empresa é de fato indiferente às preocupações e necessidades dos clientes – e mais chances dará à concorrência para que se aproveite de seu fracasso.

Dooce *versus* Maytag

Um dos mais célebres exemplos desse tipo de crise ocorreu no final do verão norte-americano de 2009. Heather Armstrong, uma popular blogueira da Dooce.com, que possui milhões de leitores e seguidores no Twitter (e que, aliás, já esteve na lista do *The New York Times* dos 20 *best- sellers* mais vendidos e também já assinou um contrato de desenvolvimento[ii] com a HGTV), comprou uma nova máquina de lavar da marca Maytag, que infelizmente apresentou defeito desde o momento em que foi entregue. A blogueira tentou resolver o problema com o departamento de atendimento ao cliente da empresa, mas deparou com uma terrível combinação entre política burocrática e uma equipe de funcionários que parecia não apenas indiferente aos problemas da cliente como até mesmo irritada pelo fato de ela sequer ter um problema. Frustrada, Armstrong se utilizou do Twitter para expressar seu

---

ii No original, *development deal*. Trata-se de um acordo firmado entre duas partes (por exemplo: ator e estúdio; autor e editora) em que uma empresa assume as despesas de desenvolvimento de um projeto para que ele possa ser apresentado aos interessados e posteriormente ter sua produção financiada. (N.T.)

descontentamento e recomendou aos seus próprios seguidores, que na época já somavam mais de um milhão, que não adquirissem produtos da Maytag. Na postagem, ela publicou um *link* para o próprio *blog*, onde explicava toda a experiência.

A história não apenas se espalhou pelo Twitter e pelas outras plataformas sociais, gerando enorme desconforto para a empresa, mas acabou permitindo que um concorrente se aproveitasse da situação e oferecesse a Armstrong, gratuitamente, uma lavadora novinha (que acabou sendo doada para um abrigo que ficava próximo à sua residência.)[9] O incidente causou em milhões de pessoas não apenas uma péssima impressão dos produtos comercializados pela empresa, mas também várias dúvidas quanto à existência por parte da organização de qualquer iniciativa no sentido de cuidar do próprio serviço de atendimento ao consumidor – mais uma vez a concorrência aproveitou a oportunidade para bancar a heroína, oferecer seus produtos e ainda ressaltar o respeito que tinha pelos seus clientes. Tudo isso a despeito de a marca manter o domínio do mercado ao longo de mais de cem anos e demonstrar um claro compromisso com o público em termos de atendimento aos clientes, e de seus produtos ostentarem uma imagem pública – muito bem reforçada por meio de comerciais – tão confiável que seus funcionários do serviço de atendimento se sentiam isolados.

Eduque sua equipe de atendimento ao consumidor a respeito das mídias sociais.

Para que sua organização seja capaz de oferecer um excelente atendimento aos clientes no século XXI, sua equipe precisa estar informada sobre o poder e a capacidade de impacto de ferramentas como o Twitter, o Facebook e os *blogs* – e saber que atitudes de indiferença ou desrespeito ao cliente poderão causar enormes dores de cabeça tanto para ela própria como para a marca que representa. A percepção de que qualquer cliente que contate a empresa pode possuir centenas de milhares de seguidores – todos ávidos para ouvir e disseminar na rede quaisquer experiências ruins – já deveria ser suficiente para incentivar os funcionários do setor a tratar todo indivíduo que liga como se fosse uma grande celebridade.

Mantenha uma lista dos influenciadores mais proeminentes *on-line* e mantenha-a disponível para seus representantes no setor de atendimento ao cliente.

Em teoria, todo e qualquer cliente de uma empresa deveria ser tratado como o mais **importante** e receber o mesmo **acolhimento**, independentemente de ser "conhecido na Internet" ou não. Entretanto, por mais que isso seja desconfortável, o fato é que aqueles cujo megafone é mais potente acabam realmente tendo mais vantagens. Nesse sentido, se alguém com 100 mil seguidores fizer uma reclamação contra sua empresa ele ou ela certamente atrairá mais atenção do que outro reclamante com apenas 100 seguidores. Portanto, sempre que um "super influenciador" ligar para o serviço de atendimento ao cliente um alerta deve ser disparado; saber que cuidados especiais deverão ser oferecidos a esse tipo de consumidor poderá fazer grande diferença para seus representantes.

O fator tempo é crucial.

O tempo de resposta é o fator mais crítico na resolução de uma crise *on-line* gerada pelo serviço de atendimento ao cliente. Quanto mais demorar para alguém da organização responder a um consumidor enfurecido (e às milhares de pessoas que talvez já estejam acompanhando a história), mais indiferente a empresa parecerá em relação ao problema do consumidor e mais insensível se mostrará quanto à real influência das comunidades virtuais. Mesmo que a primeira interação da empresa seja para dizer algo bem simples como: "Sentimos muito pelo fato de o/a senhor/senhora estar enfrentando uma experiência ruim com nossa empresa; você poderia me enviar seu *e-mail* pelo Twitter e então começaremos a cuidar dessa questão", é preciso que se reaja à interpelação do cliente o quanto antes. Você não terá de dar ao cliente tudo o que ele deseja ou dobrar-se diante da pressão causada pela Internet. Mas é fundamental que se responda com interesse à experiência ruim do cliente ou que pelo menos se dê à situação uma diferente perspectiva. Quando não se está presente em uma discussão se torna muito fácil ser apresentado por outras pessoas como **ignorante**, **insensível**, **negligente** ou até algo pior – e ainda mais fácil para a comunidade acreditar em tudo isso, já que afinal o problema não está sendo devidamente encarado nem as críticas refutadas.

O que se diz torna-se quase menos importante que o modo como se diz.

Qualquer um que já tenha trabalhado em uma empresa sabe que o velho ditado não representa a verdade: **o cliente não está sempre com a razão**! Às vezes os clientes fazem exigências descabidas, esperam tratamentos ou soluções que excedem a natureza do problema apresentado ou simplesmente se recusam a aceitar responsabilidade pela utilização incorreta do produto ou por qualquer comportamento que de algum modo possa ter contribuído para a situação negativa que está vivenciando. Contudo, raramente tais exemplos aparecem na fúria *on-line* contra uma empresa ou marca. Algumas vezes o cliente omite parte da história que poderia demonstrar a boa fé da empresa ou até mesmo atitudes irracionais e até ameaçadoras de sua própria parte. Porém, mesmo quando o cliente estiver errado ou talvez desconsiderando outros fatores como, por exemplo, o efeito que uma atitude mais tranquilizadora da parte da empresa exerceria sobre os demais consumidores, o tom da resposta da organização ainda pode se revelar problemático.

A maioria das pessoas razoáveis consegue reconhecer uma solicitação irrealista quando se depara com uma. Muitos clientes que discordam de alguma política da empresa adotarão outra postura quando a orientação lhes for devidamente explicada de maneira educada e simpática. Se um cliente foi legitimamente destratado, resolva o problema dele, peça desculpas e ofereça a ele algo que de algum modo compense a experiência ruim. Se você compreende a situação em que o consumidor se encontra, mas, por alguma razão, fazer nada para ajudá-lo, diga isso a ele (desculpando-se, obviamente). Um tom profissional e empático poderá ajudar a neutralizar uma crise – e até mesmo render--lhe alguma simpatia por parte do cliente.

Em casos como este, a visibilidade importa bastante. Contatar o cliente de maneira privada e tentar resolver a situação por trás das cortinas não resolverá a situação. Neste caso, você não poderá ter certeza de que o cliente postará uma nova mensagem dizendo que a empresa o contatou. Contudo, o público que acompanhou o início da discussão precisa ver que a companhia se mostrou atenta e preocupada em atender seus clientes.

Crise nas mídias sociais do 3º tipo: a campanha

As redes sociais oferecem aos seus clientes acesso inaudito às empresas, sejam elas pequenas ou grandes. Em geral, trata-se de um relacionamento fortalecedor em que ambos os lados se beneficiam. Porém, ocasionalmente, determinados grupos com interesses políticos ou sociais se utilizam dessa abertura nas redes virtuais para promover seus próprios planos e projetos, em detrimento da empresa que disponibilizou a plataforma de discussão. Tais grupos não estão interessados em dialogar, mas apenas em **embaraçar**, **calar** ou até **extinguir** seu alvo.

Qualquer coisa poderia desencadear esse tipo de ataque contra uma empresa: o patrocínio de um programa de TV que seja desaprovado por um grupo ativista; o fornecedor onde se adquire matéria prima ou o local onde os produtos são comercializados; a possível ideologia política da organização; ou até um comercial de TV que possa ser considerado ofensivo ou duvidoso.

Entre as ações dos grupos ativistas estão o estabelecimento da página da companhia no Facebook como seu **principal alvo de ataques** ou o envio de uma torrente de comentários negativos para o *blog* da empresa. Outra ação comum é a abertura de um *site* espelho ou o bombardeamento da conta da organização no Twitter com comentários negativos e acusações. Essas pessoas serão capazes de inclusive carregar conteúdos altamente controversos (cuja exatidão e autenticidade seriam provavelmente contestados pela companhia!) em quaisquer páginas que tenham sido abertas para a inserção de dados gerados pelo usuário. Caso um representante da empresa decida se engajar em um "debate," saiba que raramente os membros do grupo tomarão conhecimento de suas explicações e pontos de vista. Em geral eles responderão com ataques pessoais contra o indivíduo encarregado de responder. Eles não querem se engajar; a única coisa que eles têm em mente é forçar a empresa a alterar suas políticas ou condutas de modo que elas fiquem perfeitamente alinhadas com a ideologia do próprio grupo.

Inúmeras empresas conhecidas e de grande porte já enfrentaram campanhas *on-line* organizadas por consumidores e/ou grupos ativistas. Algumas delas foram parabenizadas pelo modo como lidaram com os ataques; outras foram duramente criticadas tanto pelas respostas oferecidas – até mesmo pelos próprios defensores – como pelas razões que deram início à campanha. Ao contar a história com a qual estou mais familiarizado, espero demonstrar algumas maneiras corretas de se lidar com campanhas *on-line* realizadas contra uma marca.

A General Motors (GM) e a Rainforest Action Network (RAN)[iii]

Em janeiro de 2008, com o intuito de celebrar o centésimo aniversário da empresa, a GM inaugurou um novo *site* chamado GM Next. Parte do *site* permitia que usuários carregassem seus próprios conteúdos relacionados à GM. Durante as primeiras duas semanas, a página e sua comunidade trabalharam dentro do esperado, com entusiastas e funcionários publicando fotos e vídeos de seus automóveis e interagindo entre si no campo destinado a comentários. Todavia, no 13º dia de funcionamento do *site*, reparamos em algumas fotos expostas na seção "verde" da página, cujos comentários afirmavam que os utilitários esportivos (SUVs) – em especial os fabricados pela GM – eram parcialmente responsáveis pelas mudanças climáticas, pela dependência dos EUA em relação ao petróleo e por vários outros males. Segundo os responsáveis por essas publicações, a GM estaria praticando o "*greenwashing*,"[iv] ao estabelecer uma seção "verde" no *site*.

Optamos por manter as fotos no ar; não estávamos com medo de encarar diferentes opiniões, tampouco tínhamos a intenção de censurar ninguém. Porém, no decorrer dos 90min seguintes cerca de 15 fotos similares foram publicadas, juntamente com dezenas de críticas contra a GM pela fabricação de SUVs. Muitas das postagens eram

---

iii Sigla em inglês. Em tradução livre: Rede de Ação em Defesa das Florestas Tropicais. (N.T.)

iv Termo utilizado para designar um procedimento de *marketing* utilizado por uma organização com o objetivo de promover uma imagem ecologicamente responsável de seus produtos e serviços. (Fonte: http://www.slideshare.net/Unomarketing/greenwashing-no-brasil). Em tradução livre: falsa rotulagem ambiental. (N.T.)

idênticas às enviadas anteriormente ou, pelo menos, extremamente parecidas, apresentando apenas uma ou duas palavras diferentes. Isso nos deu uma forte impressão de que: 1º) todo o material estava vindo de um mesmo lugar; 2º) alguém havia iniciado uma campanha contra a empresa; e 3º) os indivíduos que estavam inundando o *site* GM Next naquele dia provavelmente não estariam interessados em escutar nada do que disséssemos.

Independentemente de nossos receios, decidimos nos engajar em um diálogo. Pedimos então a Beth Lowry, que na época era a responsável pelos programas de meio ambiente e energia da empresa, que postasse um comentário e tentasse abordar algumas das preocupações que estavam sendo levantadas da maneira mais delicada possível. Mas, em uma analogia com o pôquer, isso infelizmente apenas contribuiu para que nossos oponentes elevassem suas apostas. Nós havíamos acabado de deixar transparecer para aquelas pessoas que sabíamos que elas estavam lá e que elas tinham toda a nossa atenção. Contudo, em vez de responder ao que Beth Lowry dissera, os manifestantes não somente aumentaram a frequência de suas postagens, mas passaram a incluir ataques pessoais e calúnias contra a funcionária que havia apenas tentado dialogar. (Na ocasião, descrevi as ofensas como "o tipo de expressões pelas quais você certamente esmurraria alguém que as usasse contra sua irmã." Aqueles indivíduos estavam tentando ser o mais ofensivos possível.)

Naquele momento nós sabíamos que não havia alternativa a não ser colocar um ponto final naquela campanha. Tentamos deixar que o ponto de vista daquelas pessoas fosse devidamente ouvido e até conversar com elas – mas, em resposta, elas apenas elevaram o tom de voz e partiram para táticas ainda piores. Entretanto, não estávamos dispostos a dar-lhes o que desejavam – a retirada do *site* do ar ou a remoção da discussão; não daríamos àqueles indivíduos uma vitória moral ou de relações públicas.[10]

No final, não retiramos sequer uma única foto ou comentário publicado, tampouco tiramos a página do ar. Apenas nos negamos a divulgar no *site* insultos pessoais contra uma executiva e encerramos a seção para novos comentários, retirando a plataforma da campanha.

Escrevi pessoalmente uma postagem afirmando que havíamos escutado o que aquelas pessoas nos haviam dito – e, embora não tivéssemos a intenção de permitir que eles assumissem o controle de nosso *site*, realmente desejávamos abordar as questões levantadas. Na ocasião, prometemos que manteríamos uma série de diálogos abertos na *Web* ao longo das próximas semanas para discutir as críticas levantadas contra a empresa e convidamos alguns membros da RAN (o grupo que se revelou responsável pela campanha) para tomar parte nas discussões. No decorrer dos meses subsequentes foram realizadas seis sessões desse tipo no *site*, enfocando todas as questões mencionadas nos comentários dos manifestantes.

Apesar de essa série de diálogos não ter conseguido persuadir a RAN de nossas intenções (duvido, aliás, que em algum momento tivéssemos alguma chance de fazê-lo, já que eu não acredito que eles estivessem interessados em manter um diálogo de mão dupla), a GM ganhou a aprovação dos observadores das mídias sociais e dos estudiosos da área de RP pelo modo como lidamos com o ataque. Muitas outras personalidades das mídias sociais, assim como inúmeros ambientalistas e repórteres das "mídias tradicionais" também acompanharam e até participaram de um ou mais *chats*. Nós da GM certamente aprendermos algo sobre o que as pessoas da esfera ambiental desejavam de nossa empresa e quero acreditar que pelo menos alguns dos participantes dessas conversações também aprenderam algumas coisas sobre os esforços ambientais da GM – e até que, afinal, **não éramos assim tão ruins quanto eles acreditavam.**

Regras para se lidar com uma campanha.

Com uma mescla de humildade e orgulho, eu diria que ao enfrentar a campanha realizada pela RAN a GM demonstrou vários princípios sólidos que certamente valem à pena ser considerados e seguidos se em algum momento sua organização for atacada de modo similar.

1º) **Jamais censure as críticas levantadas** – Nada demonstra melhor sua incapacidade de compreender as mídias sociais que a censura ou a remoção de críticas postadas nas páginas *on-line* de sua empresa. Agir dessa maneira transmite uma ideia de vulnerabilidade em relação às acusações contra sua organização, ou até mesmo de medo da instituição que por ventura esteja realizando a campanha de ataque. Se os termos e direcionamentos para o uso do *site* estiverem devidamente esclarecidos e publicados em sua página, quaisquer postagens que atendam a essas determinações deverão ser mantidas, independentemente do quão pareçam sarcásticas e/ou mentirosas.

Os padrões da comunidade da GM em termos de propriedade *on-line* são bem simples: não aceitamos o uso de vulgaridades, epítetos, manifestações de apoio a violência contra qualquer pessoa ou ataques escritos a qualquer indivíduo. Tudo bem se alguém disser: "Todos na GM são um bando de idiotas," mas não uma frase como "Fulano de tal do departamento X é um idiota" – não pelo fato de o indivíduo não ter condições de responder à crítica, mas simplesmente esperamos manter uma conduta civilizada.

Quando as primeiras postagens e fotos da RAN começaram a aparecer em nossa fila de moderação, a GM tinha a obrigação de publicá-las – a despeito do quão provocativas e/ou cruéis. Contudo, quando os comentários se transformaram em ataques pessoais contra nossa executiva depois de nossa tentativa frustrada de engajamento, simplesmente paramos de publicá-los – pela simples razão de eles violarem nossos termos e condições, não por serem negativos. De fato deixamos de aceitar postagens cujo conteúdo fosse repetido ou até idêntico às recebidas até então, mas o cerne das críticas permaneceu exposto em nosso *site* para qualquer um que quisesse visualizá-lo.

Aceitar críticas faz parte de se manter *on-line*; se você e sua empresa não estiverem preparados para fazê-lo, não deveriam se aventurar nas redes sociais. Em uma situação de campanha, se começar a apagar, remover ou censurar os comentários das pessoas que o estiverem criticando, você perderá sua superioridade moral e entregará a esses indivíduos uma arma retórica que, no futuro, poderá lhe custar o apoio até mesmo dos mais inclinados a demonstrar empatia. Para uma grande marca, demonstrar-se exageradamente sensível é um dos pecados capitais dentro das mídias sociais.

2ª) **Avalie a perspectiva dos críticos; eles estão errados ou apenas demonstram oposição às suas ideias?** – É bem difícil seguir esta sugestão no calor do momento, quando insultos surgem de todos os lados e seus superiores exigem que algo seja feito imediatamente para interromper o número crescente de críticas no *site* da empresa – mas é preciso que você pare por um momento e pense de maneira objetiva sobre o que os críticos estão dizendo a respeito de sua marca. Será que eles estão realmente equivocados? Eles inventaram "**fatos**" que não correspondem à verdade apenas para embasar suas reclamações? Ou será que as críticas – a despeito de o deixarem furioso a ponto de querer combatê-las – são apenas uma questão de diferentes pontos de vista sobre um assunto?

Se os fatos estiverem errados, seu trabalho será mais fácil, embora não menos estressante. Não há nada de errado em uma marca apontar dados incongruentes ou reagir com informações **factuais**. Neste caso, você não deverá se preocupar em parecer **arguente** ou **combativo** se estiver apenas refutando as críticas com dados sólidos ou apontando para seus acusadores o fato de eles não terem se preocupado em verificar a veracidade das informações obtidas. É claro que é fundamental responder de maneira educada, mas você não tem a obrigação de permanecer calado enquanto informações incorretas são publicadas no seu *site* somente por representar uma empresa de grande porte. Você precisa correr atrás dos dados concretos capazes de refutar as acusações, e então publicá-los o mais rápido possível no *site* da empresa em resposta aos comentários incorretos já postados.

Tenha em mente que o Google e os outros mecanismos de busca estão catalogando tudo o que está sendo publicado, assim como as respostas subsequentes. Deixe uma informação equivocada ou um dado incorreto sem a devida oposição na *Web* e eles permanecerão incontestados nos resultados de busca. Isso, aliás, já seria motivo suficiente para motivá-lo a agir com presteza.

Se, em contrapartida, a campanha não estiver baseada em informações erradas, mas apenas em uma leitura diferente dos fatos – em diferentes visões de um mesmo assunto por parte da empresa e dos críticos –, o desafio se tornará bem diferente. É improvável que você consiga converter as pessoas envolvidas na campanha, mas lembre-se: elas não são o seu público. Seus "**ouvintes**" são o **restante** da comunidade ou rede!

Essa é uma distinção que, no calor do momento, geralmente ninguém faz, mas que é **fundamental**. É bem possível que ninguém da RAN pudesse ter sua opinião alterada por absolutamente nada do que disséssemos em resposta a qualquer uma das observações levantadas, portanto, se planejássemos medir nosso sucesso pelo número de membros dessa instituição que conseguíssemos trazer para o nosso lado ou pela quantidade de críticas que fossemos capazes de enfraquecer, todos os nossos esforços teriam sido em vão. A questão é que jamais pretendemos convencer ninguém da RAN; estávamos concentrados em um público maior que acompanhava toda a discussão. Ao abordarmos as preocupações da instituição, queríamos somente demonstrar aos nossos clientes reais e potenciais que nosso ponto de vista era o mais justo, razoável e lógico. Jamais discutimos as perspectivas dos membros da RAN nem dissemos a eles que estavam enganados – apenas tentamos responder a todas as questões da maneira mais honesta e transparente possível, confiando que nossa visão seria considerada justa e que nossa disponibilidade em oferecer respostas claras e imediatas nos garantiria alguma credibilidade e até admiração.

Quando nos demos conta de que não precisávamos convencer os ativistas, mas o público que assistia a aquilo tudo de fora, conseguimos fazer com que nossas perspectivas fossem não apenas ouvidas, mas atentamente consideradas. Portanto, é preciso ser **proativo**, compreender quem é seu público-alvo e **não ter medo de defender seu ponto de vista**. (Agora, se você não estiver confortável em falar sobre o seu produto ou em discutir sua visão, seus problemas são bem maiores que as mídias sociais!)

3º) **Não tenha medo de assumir o controle – mas seja sempre educado** – Quando o assunto são os comentários postados no *site* da organização, não é uma boa ideia censurar publicações ou sugerir a ideia de que a empresa somente publica comentários positivos de fãs bajuladores. Ao mesmo tempo, é preciso lembrar que estamos falando do seu *site*, de sua página e/ou do seu *blog*; você certamente não aceitaria que indivíduos invadissem a recepção ou a sala de reuniões de sua empresa e começassem a protestar e gritar impropérios, não é mesmo? Portanto, se o seu *site*, sua página ou o seu *blog* estiverem sendo utilizados como veículos de ataque, não apague críticas que já estiverem publicadas, apenas **proíba a entrada de comentários adicionais**. Você tem todo o direito de impedir que um grupo externo invada sua propriedade na *Web*, afinal, foi você quem a construiu e é você quem paga por ela.

Lidar com um ataque no Facebook pode ser um pouco mais complicado, pois não é possível simplesmente repelir comentários para postagens específicas. Se no momento da configuração da página você permitiu a inserção de comentários, a única maneira de impedi-los de aparecer durante uma campanha negativa contra a empresa é suspendendo-os na pagina como um todo – o que dará ao grupo que estiver realizando a campanha exatamente o que eles mais querem: o **controle** sobre os assuntos que são discutidos dentro dela, além da impressão de que eles **"venceram a batalha"** ao conseguir tirá-lo do ar ou simplesmente impactar a maneira como sua empresa interage no mundo virtual.

A segunda melhor saída, neste caso, é ser absolutamente claro e cauteloso ao estabelecer seus termos em relação à conduta dos visitantes. Apague qualquer comentário rude ou insultuoso; confirme o recebimento das postagens pelo menos de maneira ocasional (do contrário estará se arriscando a ser acusado de que não dá atenção suficiente às postagens, a ponto de sequer ter percebido a existência de uma campanha contra sua empresa) e mantenha a expectativa de que sua comunidade de defensores se envolva e advogue em favor de sua empresa (ou pelo menos demonstre irritação com os ataques).

Dito isso, há uma arte toda especial em tentar reconquistar o controle de suas propriedades. Responder às críticas de modo **vulgar, sarcástico** ou **insultuoso** não apenas deixará os integrantes de uma campanha ainda mais furiosos, mas fará com que eles ganhem a simpatia dos observadores externos. Além disso, tal atitude veiculará uma imagem arrogante e indiferente de sua organização. A Nestlé aprendeu essa lição do modo mais difícil em março de 2010, quando um de seus funcionários respondeu aos membros do Greenpeace na página da empresa no Facebook não somente apagando os comentários por eles postados, mas também se utilizando de uma linguagem **desdenhosa, mal-educada** e **insolente**. O tom usado nessas réplicas irritou profundamente e até afastou indivíduos que não simpatizavam totalmente com os argumentos do Greenpeace, e fez com que a própria Nestlé ficasse com a imagem manchada perante o público em geral. A publicidade negativa gerada pelas respostas oferecidas pela empresa às críticas negativas serviu apenas para enfatizar o ponto de vista dos ativistas e assegurar sua inclusão na cobertura de toda a comoção provocada.[11]

Não é uma tarefa fácil transformar alguns **ativistas sociais** mais radicais em **indivíduos simpáticos**, mas uma resposta deseducada ou depreciativa certamente será capaz de fazê-lo. Portanto, seja qual for o debate em que você se envolver, cuide para agir sempre de maneira educada, diplomática e ética, e **jamais** se permita participar de querelas e discussões agressivas com pessoas que deliberadamente vão atrás de você nas mídias sociais, independentemente do que elas digam ou da maneira inadequada com que se refiram a você ou à sua empresa. Manter-se em um nível mais elevado como pessoa (ou marca) poderá exigir muito autocontrole, mas saiba que esta é a única maneira pela qual sua equipe de mídias sociais conseguirá amealhar apoiadores durante uma campanha negativa. Assuma o controle de seus sites, mas trate de ser afável quando o fizer.

4º) **Uma vez que já tenha garantido o controle do *site*, volte-se para as preocupações levantadas pelos críticos** – Nada acrescenta mais lenha à fogueira que não tomar conhecimento das acusações e/ou reclamações que provocaram uma campanha. Embora você tenha todo o direito de retomar o controle do seu *site*, a atitude de ignorar críticas não é apenas rude, mas dá crédito ao reclamante e valida suas afirmações.

Se a campanha contra sua empresa se basear em algo de que você se orgulha ou em uma prática que não pretenda abandonar (anunciar seus produtos em um determinado programa de TV ou rádio, por exemplo; contar com um fornecedor específico; ou manter instalações em outro país, como na China, por exemplo), ofereça uma explicação direta para sua opção e reafirme sua intenção de prosseguir no mesmo caminho. Mas lembre-se: se a decisão da empresa for de continuar em seu curso (continuaremos a anunciar no "Programa X," por exemplo), os integrantes da campanha poderão ficar desapontados e furiosos. E já que ao tomar essa decisão você escolheu enfrentar essa fúria e a potencial perda do negócio, ofereça aos manifestantes a cortesia de uma resposta e uma explicação. Além disso, saiba que em situações com implicações políticas, há sempre o risco de se atrair uma contracampanha por parte de outro opositor pelo simples fato de você ter "desmoronado" diante das pressões do primeiro.

Em outras situações, uma exploração mais profunda das questões envolvidas pode até se mostra benéfica – não apenas para se ganhar crédito por enfrentar as críticas, mas também como um modo de transferir o foco para a sua versão da história. No caso da GM Next, os *chats* nos quais nos envolvemos depois da campanha da RAN revelaram aos participantes uma empresa que não temia o escrutínio público nem as críticas, além de uma organização disposta a dar espaço para qualquer um que tivesse algo a dizer. O processo nos deu ainda a oportunidade de esclarecer melhor algumas de nossas iniciativas ambientais que até então talvez se mantivessem um pouco nebulosas; ele nos possibilitou descobrir o que a comunidade ambiental queria e esperava de nós. Além disso, acabamos ganhando crédito junto aos estudiosos em RP e mídias sociais pela maneira como lidamos com a crise; a mídia tradicional cobriu nossos esforços nesse sentido e todas as iniciativas ambientais que citamos durante nossas conversações. No final tivemos a oportunidade de iniciar alguns relacionamentos interessantes com indivíduos da comunidade defensora do meio ambiente, que, aliás, nos ensinaram algumas coisas importantes sobre o setor. Um resultado nada ruim para algo que começou como um ataque ao nosso *site*, **não é mesmo?**

Crise nas mídias sociais do 4º tipo: falha nas mídias sociais.

Toda empresa comete erros – em especial quando adentra um novo espaço como o *marketing* nas mídias sociais. Porém, infelizmente para os responsáveis por representar grandes marcas ou empresas de grande porte, o mundo das mídias sociais parece mais disposto a "vocalizar" seu desagrado em relação aos erros cometidos que a maioria das outras comunidades – e, sabe de uma coisa, esse universo possui as ferramentas perfeitas para fazer com que esse descontentamento se espalhe rapidinho.

De tempos em tempos, você acabará fazendo alguma coisa nas redes sociais que simplesmente não funcionará. Aliás, você logo descobrirá que a ideia não funcionou, já que uma verdadeira multidão de pessoas em todas as plataformas sociais fará questão de dizer-lhe o quanto você foi infeliz em sua iniciativa.

Sua campanha de *marketing* poderá ser criticada como sendo demasiadamente "marketeira" ou, de algum modo, ser considerada ofensiva. Sua equipe talvez seja acusada de não compreender o verdadeiro significado das mídias sociais. Seja qual for a razão, se você se perceber repentinamente atacado ou criticado por conta de uma campanha de *marketing*, que a princípio você **considerou que seria perfeita**, veja o que poderá ajudá-lo a diminuir o impacto.

Conheça bem a situação vigente

Há alguém que realmente adore a campanha ou o programa criado? Sua primeira resposta a essa pergunta precisa determinar se de fato você teve uma ideia inspiradora ou se o resultado obtido é algo do qual algumas pessoas gostam e outras simplesmente detestam. Se no grupo houver indivíduos que apreciam o que foi feito, vale a pena usá-los como referência para seus detratores – a ideia aqui não é sugerir aos que gostaram que eles "estão errados," mas demonstrar que nem todo mundo recebeu a campanha de maneira negativa e, portanto, a situação pode não representar um completo fracasso; de fato ela somente enfatiza a existência de múltiplas perspectivas em relação ao que está sendo feito.

É claro que, independentemente de as críticas serem justas ou não, parte de suas preocupações devem girar em torno de **quem** está demonstrando desaprovação em relação ao programa. Infelizmente, o problema que você terá em suas mãos será bem maior se um importante influenciador estiver criticando seus esforços. Sendo alguém respeitado, as críticas desse indivíduo alcançarão mais pessoas e de maneira mais rápida, além de serem consideradas mais confiáveis. Desse modo, no momento em que começar a ver essas avaliações negativas surgindo, tente perceber rapidamente de onde elas estão partindo.

Admita que cometeu um erro

Se a reação àquilo que você criou parecer negativa por parte de **praticamente todos** (ou se os seus defensores forem, em sua maioria, indivíduos que já estavam desde o início do seu lado), então será preciso enfrentar a situação: **você errou**. Talvez a ideia tenha sido ruim desde o princípio, mas, em vez de alguém ter demonstrado a coragem de dizer o que realmente pensava a respeito do projeto durante as reuniões de planejamento, todos tenham preferido adotar um comportamento de grupo. É bem possível que suas intenções tenham sido as melhores; quem sabe tudo parecia perfeito no papel, mas, por alguma razão, ao alcançar o ambiente virtual o projeto simplesmente fracassou.

Tudo bem, essas coisas acontecem. Todo mundo que atua profissionalmente nas mídias sociais representando uma marca – até mesmo um indivíduo que já foi aclamado e premiado pelos trabalhos realizados, e discursa em uma conferência por semana –, é capaz de citar pelo menos um programa ou uma campanha (se não mais) que desejaria não ter realizado. **Os erros fazem parte das mídias sociais**, e as pessoas logo compreenderão isso. Assim como ocorre em outras áreas da vida, os que nos rodeiam tolerarão nossos equívocos se demonstrarmos que sentimos muito pelo ocorrido. Em contrapartida, se você se **mostrar avesso** às críticas e insistir que o programa teria sido um sucesso se os críticos não o tivessem avaliado pela sua perspectiva pessoal, as reações negativas apenas se ampliarão de modo significativo.

Reconheça o erro publicamente e com humildade, mas sem exagerar na bajulação ou em pedidos de perdão; essa é a direção mais correta a seguir nessas situações. Escreva algo para ser publicado no *blog* de sua empresa ou até mesmo em sua página no Facebook (e então faça referência frequente ao texto por meio de postagens no Twitter, em comentários nos *blogs* daqueles que o criticaram ou em qualquer outro local onde seja possível esclarecer a situação). Ao fazê-lo, você deverá: 1º) explicar o que você estava tentando fazer; 2º) reconhecer que o público não recebeu o programa ou a campanha como você esperava a princípio; 3º) assumir a responsabilidade por prever de maneira incorreta a reação das pessoas (ou por não compreender a etiqueta não escrita existente nas redes sociais, se esse for o caso, é claro); 4º) **desculpar-se** por qualquer ofensa causada ou pela quebra de confiança que possa ter acontecido; e 5º) até considerar a possibilidade de perguntar aos seus leitores o que eles fariam em seu lugar para atingir os objetivos desejados.

Talvez lhe pareça **embaraçoso** ou até **humilhante** pedir desculpas. É óbvio que não é confortável ter de reconhecer que algo em que você investiu tanto tempo e esforço simplesmente não funcionou. Contudo, não se deve pedir desculpas apenas para acalmar as pessoas ou amenizar eventuais danos causados. Oferecidas da maneira correta, as desculpas poderão servir para lembrar ao público sobre a **humanidade de sua marca** – ressaltando o fato de que, como ser humano, você também erra – e, inclusive, garantir-lhe algum crédito ao demonstrar que você está disposto a reconhecer publicamente que ainda está aprendendo. Ao fazê-lo, será possível enfatizar que reações como as que você está enfrentando são parte da razão pela qual as grandes organizações temem as redes sociais – elas não desejam ser crucificadas enquanto aprendem. A humildade intrínseca em reconhecer um erro perante os olhos de todos dá à empresa mais credibilidade em vários círculos *on-line*, enquanto o ato de perguntar à comunidade o que poderia ser feito diferente e melhor, eleva essa credibilidade a outro patamar. Convidar seus críticos para oferecer soluções construtivas e para tomarem parte no processo de tornar as coisas melhores não apenas fará com que você pareça uma pessoa melhor – isso poderá calar ou até mesmo contradizer alguns deles. Pense sobre isso: se você perguntar a seus críticos o que eles fariam em seu lugar, obterá **uma dentre três respostas possíveis:**

1º) Eles oferecerão **conselhos sólidos** e **construtivos** e, além disso, você aprenderá algo com a sua comunidade sobre o que ela realmente espera de você no futuro.
2º) Eles se mostrarão **incapazes** de lhe oferecer uma **solução melhor** ou uma **alternativa mais interessante**. Talvez eles digam que não costumam oferecer conselhos de maneira gratuita ou simplesmente não consigam sustentar as críticas anteriormente levantadas com

dados e informações consistentes. Neste caso, todos poderão ver que esses indivíduos não possuem ideias melhores que as suas e que possivelmente o estão criticando por conta de interesses pessoais. (Afirmações do tipo "Seu programa social é péssimo, mas ficaria bem melhor se você contratasse a **mim** para realizar o serviço" não são exatamente incomuns, mas a maioria das pessoas consegue reconhecer a autopromoção disfarçada na forma de críticas.)

3º) Elas **não se engajarão de modo algum**, apenas elevarão ainda mais o tom de voz e o recriminarão por **"não saber o que fazer"** ou por agir como um **"idiota"**. Também é possível que esses indivíduos critiquem seu pedido de desculpas e continuem a demonstrar que o detestam. Essas pessoas são bem conhecidas no universo *on--line* como *trolls*[v] – neste caso, se você e sua marca estiverem agindo com maturidade enquanto os *trolls* insistem em atitudes infantis, saiba que, com frequência, a comunidade se voltará contra eles.

No primeiro cenário, você sairá ganhando não apenas por conseguir novas ideias, mas por estar investindo em sua própria comunidade para garanti-las e promovê-las. Afinal, é bem mais difícil atirar pedras em um programa ou iniciativa quando se tem alguma participação em seu planejamento e em sua criação. Já nos dois últimos casos, o crítico se revela como alguém que : a) está em busca de atenção ou b) é apenas um *troll*, completamente refratário às ideias alheias; seja qual for o caso, as críticas desse indivíduo logo perderão credibilidade dentro dos círculos mais atentos, mas você se sairá bem. Portanto, embora a ideia de se abrir aos conselhos das massas possa parecer um pouco duvidosa (em especial quando você se sente vulnerável em meio a uma situação de fracasso), fazê-lo causará um efeito positivo para a reputação de sua marca e, inclusive, sobre seus futuros esforços, que agora estarão voltados para uma direção mais produtiva.

Finalmente, minha sugestão pessoal é de que suas declarações sejam amplamente disseminadas pelas redes sociais. Publicá-las apenas em seu próprio *site* não fará com que a controvérsia causada pelo fracasso

---

v Referência a criaturas antropomórficas do folclore escandinavo, às vezes representadas como ogros gigantes e terríveis e, em outras ocasiões, como perigosos duendes. (N.T.)

do programa seja devidamente abafada. Sim, a informação se espalhará, e as pessoas irão divulgar o *link* para que outros vejam sua postagem – mas considerando o fato de que nem todos clicarão nesse *link* ou se incomodarão em visitar seu *site*, o melhor é que você mesmo visite tantos *blogs* quanto for possível (aqueles que tiverem sido críticos em relação às ações por você implementadas) com o intuito de comentar o ocorrido e compartilhar os sentimentos apresentados por essas comunidades. Converse pelo Twitter com o maior número de críticos que lhe for possível e responda aos comentários publicados depois de suas postagens. Enfim, torne-se bastante ativo e visível no ambiente virtual, buscando seus críticos onde quer que eles estejam. Quanto maior a frequência com a qual você interagir com esses indivíduos após o ocorrido – assim como a abertura que demonstrar –, melhor serão os resultados obtidos. É provável que essa atitude também lhe garanta algum crédito por sua perspicácia nas redes sociais (transformando algo negativo em uma situação neutra ou até mesmo positiva).

Veja que essas sugestões se aplicam no caso de sua campanha ou tática no uso das mídias sociais fracassar ou ser vista com maus olhos pela comunidade *on-line*. Contudo, existem situações em que o problema não envolve somente o programa de mídias, mas a empresa como um todo – tais crises também surgem no ambiente virtual.

Crise nas mídias sociais do 5º tipo: *Brain Freeze* organizacional.

No início de fevereiro de 2011, a Groupon veiculou um anúncio durante o *Super Bowl* que, para muitos, fazia alusão aos conflitos vivenciados pelo povo tibetano.[12] Os críticos foram implacáveis contra a ideia de usar a infelicidade do Tibete para propagandear descontos. "No que eles estavam pensando?" muitos se perguntaram. "Como alguém permitiu que isso acontecesse; como isso pode acontecer?" O verdadeiro "coro de críticas" ecoou em todas as formas de mídia, mas principalmente nas redes sociais.

Para muitos profissionais do setor de RP, como nós, acontecimentos desse tipo fazem com que todos: a) digam uma prece em agradecimento por não terem sido os responsáveis pela campanha idiota ou b) simplesmente demonstrem simpatia pelo pobre representante de RP e/ou pela equipe *on-line* que terão de consertar a confusão. A partir daí, cada um prossegue com seus próprios afazeres.

Mas então, em um belo dia, é a nossa própria empresa que dá um passo equivocado. Agora caberá à nossa equipe lidar com as consequências!

Todas as organizações erram em algum momento e só então se dão conta da estupidez que fizeram. Porém, na era das mídias sociais, esses equívocos são **amplificados, compartilhados** e **disseminados** antes mesmo que a empresa sequer perceba a existência de um problema. Há grandes chances de que, em algum ponto de sua carreira ou ao longo do desenvolvimento de sua companhia, você tenha de enfrentar uma situação desse tipo. O modo como você lidará com ela – e o quão rápido – exercerá um enorme impacto sobre o seu empreendimento no que diz respeito à quantidade e à seriedade dos danos que ele terá de absorver.

Alguns exemplos famosos

A empresa Gap, em uma tentativa de simbolizar sua evolução rumo a uma imagem mais moderna e sensual, revelou ao mercado um logotipo novo e completamente modificado. A reação *on-line* foi universal: todos **odiaram o novo logo** e decidiram utilizar as redes sociais para dizer isso. Uma conta falsa e bastante hostil no Twitter se tornou um veículo popular para atrair e disseminar ataques sarcásticos. Surgiu inclusive um *site* que permitia aos usuários criarem sua própria versão de logotipo ridículo com base no apresentado pela Gap. De repente a liderança da empresa se viu criticada não apenas por alterar o clássico logo, mas por se empenhar tanto somente para no final escolher um *design* banal, sem qualquer inspiração e absolutamente chato.[13]

Em outro caso, em um memorando interno destinado somente ao departamento de *marketing* da marca, alguns líderes da Chevrolet discutiram a importância de se manter consistência nos esforços oficiais de *branding*, em especial fora do país, e sugeriram que no futuro a empresa deixasse de usar o termo "Chevy" e procurasse utilizar somente o nome completo da companhia, ou seja, Chevrolet. Os executivos inclusive sugeriram de maneira brincalhona que o departamento de *marketing* da empresa estabelece uma espécie de "cofrinho" no qual todos teriam de depositar um dólar a cada vez que pronunciassem o termo "Chevy" – o que era apenas uma tentativa de fazer com que as pessoas se acostumassem logo com a ideia. Contudo, o memorando acabou vazando para a mídia – embora seja importante ressaltar que o responsável pelo vazamento não transmitiu o conteúdo integral da mensagem. Dentro de poucas horas a Internet já estava repleta de rumores – aparentemente sustentados pelo memorando – sobre o fato de a GM estar tentando impedir a todos (funcionários, clientes e entusiastas) de usar o apelido "Chevy." A comunidade *on-line* de maneira furiosa e passional passou a ridicularizar a GM e a Chevrolet por tentar controlar o modo como as pessoas falavam e também por não reconhecerem a força de sua marca mais familiar e bem estabelecida.[14]

As crises *on-line* mencionadas anteriormente não foram causadas pelas mídias sociais; ambas tiveram origem em escritórios corporativos dentro dos quais foram tomadas decisões que fizeram com que cada uma dessas marcas parecesse não apenas destoante e surda em relação aos clientes, mas incapaz de interagir com pessoas reais. Nestes casos, as mídias sociais somente exacerbaram os danos autoinfligidos ao disseminar as informações mais rápido do que jamais havia sido possível no passado. Contudo, nos dois casos, a velocidade e a natureza das respostas *on-line* ajudaram a determinar o modo como as crises foram resolvidas.

Se você for culpado, declare-se como tal.

Se você alguma vez já flagrou o seu filho ou irmão pequeno sorrateiramente retirando bombons de chocolate de um pote, somente para ouvi-lo dizer de maneira passional que não o fez (mesmo com os pequenos embrulhos coloridos espalhados por todos os lados), você sabe exatamente quão irritantes expressões como "Não fui eu!" ou "Eu não fiz isso!" podem soar. Por outro lado, se você se recorda de alguma ocasião em que, enquanto criança ou adolescente, tenha sido pego com a boca na botija fazendo algo que não deveria, talvez se lembre de que a melhor alternativa era sempre confessar o que **fizera** e **aceitar** a **punição pelo ato** – tentar se safar apenas piorava ainda mais a situação.

De modo similar, a pior coisa que uma empresa pode fazer depois de **cometer um erro** é tentar se **esquivar da responsabilidade**. As pessoas conseguem perceber táticas evasivas a quilômetros de distância, e isso as deixa tão irritadas quanto os pais e irmãos mais velhos de crianças que tentaram evitar assumir responsabilidades por seus atos. Ninguém quer ouvir uma grande organização dizer que "Não errou" e afirmar que "Se apenas as pessoas escutassem o que ela tem a dizer a controvérsia acabaria." **Quando cometer um erro, admita-o!** Negações e subterfúgios somente pioram a crise. Nem sempre você estará 100 % equivocado – mas, quando isso ocorrer, tenha a coragem de assumir. É impressionante o quanto um simples "Pois é, foi mal" é capaz de neutralizar a raiva e a frustração das pessoas.

Aborde a controvérsia de cabeça erguida.

Se você não quiser parecer surdo e destoante em relação à comunidade, é preciso reconhecer a existência de uma **controvérsia**. Quanto mais você demorar em perceber que existem pessoas descontentes com uma de suas ações, menos demonstrará estar escutando o que os outros estão dizendo. E mesmo quando achar que está correto (ou que, no mínimo, está sendo mal interpretado), ignorar o clamor nas redes sociais transmitirá a ideia de que você as desconhece ou não está lhes dando a devida atenção. **Não acredite** no velho ditado que diz que **uma crise apenas se tornará maior se reconhecermos sua existência e lhe dermos mais atenção**. Talvez isso tenha se mostrado verdadeiro antes do surgimento das redes sociais, mas, no ambiente em que vivemos atualmente, **nada jamais desaparece** – e, aliás, se você não estiver envolvido no diálogo, isso só deixará as pessoas ainda mais furiosas.

Tente não ficar "dançando" em torno do problema e tentando camuflar divergências e desaprovações como parte do "debate" – apenas admita que algumas pessoas não gostaram daquilo que você fez. E lembre-se: frases feitas de RP, que tentam evitar o clima quente nas conversações, de nada adiantam neste caso.

A velocidade não mata – salva.

Quanto antes você responder e começar a interagir com as pessoas a respeito do que quer que as tenha deixado irritadas, mais rapidamente conseguirá conter a situação e obter uma solução favorável. Uma resposta que demore três dias para ser redigida, editada e aprovada por inúmeros níveis hierárquicos antes de finalmente ser enviada, não resolverá a situação.

Isso significa que todos na empresa – isso engloba a equipe de comunicações, os advogados e os executivos da companhia – terão de aceitar o fato de que a resposta talvez não seja perfeita. O mesmo vale para o público – às vezes há razões legais pelas quais uma organização não pode responder totalmente a uma crítica ou controvérsia. Mas em casos como os de polêmicas nas redes sociais, **responder com rapidez** é mais importante do que **fazê-lo com perfeição**; além disso, oferecer uma resposta que esteja de acordo com as políticas da empresa não é tão importante quanto responder com **agilidade**. A abordagem deverá ocorrer em duas fases, conforme a situação se desenrola: o rápido reconhecimento das críticas levantadas pelo público e do descontentamento dessas pessoas, seguido por uma mensagem mais aperfeiçoada e completa. Sem a existência da primeira, a segunda talvez sequer aconteça.

Utilize as ferramentas certas.

A primeira reação de algumas empresas ao deparar com um tumulto *on-line* é liberar um *release* abordando a situação. Entretanto, soltar um comunicado de imprensa por meio do RP para tentar resolver uma situação ocorrida no ambiente virtual não faz sentido algum – tampouco essa atitude causará efeitos positivos. Tal ato poderia ser comparado ao uso da linha Maginot,[vi] construída pelos franceses depois da Primeira Guerra Mundial, para se defender dos alemães durante a Segunda Guerra. Não se pode usar as mesmas táticas utilizadas em um conflito armado do passado para vencer um combate do presente ou do futuro.

Nesse sentido, lance mão de todos os recursos e opções que as redes sociais disponibilizam. Faça uma declaração em sua página no Facebook

---

vi Referência à linha de fortificações e de defesa construída pela França ao longo da fronteira com a Alemanha entre os anos de 1930 e 1936. Ela era composta de vias subterrâneas, obstáculos, baterias blindadas escalonadas, postos de observação com abóbadas blindadas e paióis de munição construídos em grande profundidade. (N.T.)

(mas certifique-se de responder aos comentários que forem postados a partir daí!). Responda às críticas postadas no Twitter. Compartilhe seu ponto de vista diretamente com as comunidades *on-line*, seja na forma de texto, por meio do *blog* da empresa, ou até mesmo de um vídeo no YouTube. Dependendo da situação você poderia usar a Quora para perguntar ao público sua opinião sobre a polêmica e também sobre que ações as pessoas gostariam que você implementasse para resolver o problema. Quanto mais gente acompanhar sua resposta e seu engajamento, melhor você se sairá e mais rápido sua mensagem se espalhará.

Se as pessoas dentro da organização argumentarem que é mais importante que a mídia "tradicional" veja sua resposta para que ela própria possa disseminá-la, faça com que elas se recordem de dois fatos importantes sobre a vida na era das redes sociais: em primeiro lugar, as mídias tradicionais também usam as redes sociais e poderão ver a sua resposta publicada no Facebook e no Twitter, assim como a veriam em um *release*; em segundo lugar, para cobrir uma história sobre qualquer desentendimento *on-line*, os repórteres das mídias tradicionais teriam de já estar prestando atenção a esse fato específico dentro do ambiente virtual.

A razão seguinte para se responder usando ferramentas *on-line* é facilitar a vida das pessoas para que estas possam compartilhar mais rapidamente a reação de sua empresa nas próprias redes sociais. Lembre-se: você está tentando atingir o maior número possível de pessoas e no menor prazo que for capaz. Nesse sentido, você certamente alcançará mais sucesso se permitir que a própria *Web* – um ambiente que, aliás, inclui pessoas que não gostam de você – o ajude a disseminar sua mensagem.

Resolva o problema

Talvez esta seja a maneira mais óbvia de se resolver uma crise *on-line*, mas também uma das mais negligenciadas. Se você está sendo criticado por ter feito algo estúpido – e você sabe que realmente o fez –, resolva o problema! Compense a pessoas ou o grupo que tiver se sentido ofendido e siga em frente. Faça-o publicamente, sem reservas. Isso não significa se dar por vencido por medo da opinião das multidões que usam a Internet. Porém, quando se tem realmente um problema, que melhor maneira de solucioná-lo que de fato consertando o erro? Peça desculpas se for necessário e conte com o público para ajudá-lo a melhorar da próxima vez (se isso for apropriado, é claro).

Estudo dos casos apresentados.

Particularmente, eu adoro a Gap, mas acredito que a empresa poderia ter respondido de uma maneira bem mais habilidosa às críticas levantadas contra o novo logo. Para começar, demorou muito para a organização reagir – foram dois dias antes de a companhia oferecer uma resposta à avalanche de críticas que surgia tanto nas mídias sociais quanto tradicionais. Quando finalmente a Gap decidiu responder utilizando-se da página no Facebook e publicar a declaração "Sabemos que o novo logo criou um enorme burburinho, e estamos entusiasmados com os debates altamente passionais que estão se desenvolvendo na *Web!*,"[15] a mensagem que de fato chegou aos olhos e ouvidos dos espectadores foi: "Não estamos equivocados. As pessoas não detestaram nosso logotipo."

A resposta textual da empresa pareceu demasiadamente corporativa, não acha? Além disso, a organização não parecia disposta a aceitar a ideia de que algumas pessoas não haviam gostado do novo logotipo. Enorme "burburinho"? Se por esta palavra eles estavam se referindo ao surgimento de contas falsas no Twitter e *sites* desdenhosos, então é possível que tenham compreendido a ideia – mas o fato é que ninguém parecia aceitar o que os representantes da marca estavam dizendo. Além disso, será que as pessoas na Gap estavam mesmo "entusiasmadas" com os debates? Em nenhum lugar na construção "debates altamente passionais" a marca reconheceu que as pessoas simplesmente não haviam apreciado o novo logo. De maneira previsível, o *tsunami on-line* não terminou, e menos de uma semana depois a companhia se viu obrigada a abandonar o novo logo por conta das críticas recebidas.[16]

O novo logo da Gap certamente não foi concebido *on-line*; as plataformas virtuais somente foram utilizadas para veicular as críticas, mas não deram origem a elas. Portanto, esta não foi uma crise originada pelas mídias sociais. Todavia, ao esperar tempo demais para se engajar com o público e então adotar uma postura distante e dissonante em relação às comunidades virtuais, que falhou em reconhecer o que já era óbvio para todos, a Gap perdeu uma ótima oportunidade de usar as mídias sociais para ajudá-la a resolver a crise. (Porém, como já disse anteriormente, eu gosto da Gap e tenho certeza de que a empresa irá se desenvolver no que diz respeito ao uso das mídias sociais.)

Já em relação à questão Chevy *versus* Chevrolet, acredito que, dentro das circunstâncias, nos saímos muito bem. A história sobre o vazamento do memorando na Internet começou a pegar fogo por volta das 9 h ou 9h 30min da manhã; por volta das 10h, minha equipe e eu já estávamos tentando rastrear a origem da confusão e às 10h 15min trocávamos mensagens de preocupação via BlackBerry: "Temos de fazer alguma coisa."

Eu e o restante da equipe começamos a usar o Twitter e o Facebook 45 min depois de receber o primeiro alerta do Google sobre o memorando, e tentamos freneticamente assegurar aos fãs da marca de que não estávamos tentando proibi-los de chamá-la pelo apelido "Chevy." Fizemos o máximo para tentar responder a cada comentário diretamente – mas a onda estava vindo rápido demais e simplesmente não estávamos conseguindo agir de modo tão ágil quanto o necessário. Além disso, o fato de não haver uma explicação oficial por parte da Chevrolet fazia com que nossos esclarecimentos não convencessem as pessoas. Foi então que meu colega, Joe LaMuraglia, pegou uma câmera de vídeo e seguiu para os escritórios da empresa; ele se sentou à frente de Alan Batey (autor do memorando), ligou o equipamento e perguntou: "Alan, diga-nos o que está acontecendo, por favor – podemos afinal usar o termo 'Chevy'?" E Alan respondeu: "É claro que podemos." Em seguida ele explicou o verdadeiro objetivo do memorando. Rápido, casual, fácil e realizado em apenas 3 min. Pouco antes da hora do almoço já havíamos veiculado o vídeo no YouTube.[17] Poucos minutos depois, a empresa publicou uma declaração em nosso *site* reiterando o que havia sido dito por Alan Batey – mas o vídeo no YouTube seguiu primeiro.

Tentamos nos ater o mais fielmente possível aos princípios descritos nesse capítulo. Agimos com rapidez – sinto-me orgulhoso pelo fato de oferecermos uma resposta no prazo de 3 h depois de percebermos que havia um problema. Utilizamo-nos das ferramentas *on-line* para alcançarmos as comunidades virtuais – nos valemos do YouTube antes mesmo de nos preocuparmos em liberar uma comunicado de imprensa formal; e em vez de nos preocuparmos com uma grande produção, usamos uma câmera manual para obter rapidamente a informação correta. Aliás, antes mesmo de ligar aquela câmera, nós já havíamos reconhecido o fato de que estivemos ocupados a manhã toda respondendo a indivíduos que estavam descontentes diante da percepção de que nós na GM estivéssemos dizendo a eles para não usar mais a palavra "Chevy." Fomos diretamente ao responsável e pedimos que Alan explicasse o objetivo do memorando e como toda a ideia havia surgido – de modo que todos puderam perceber que não estávamos mudando de rumo, apenas esclarecendo o real significado daquele documento interno.

Funcionou – pelo menos aparentemente. No período de 24 h o vídeo foi visualizado cerca de 10 mil vezes. *Blogs* e outros canais de mídia fizeram menção ao vídeo e frequentemente publicaram *links*. Daí nós inserimos esses *links* no Twitter e os veiculamos durante a tarde toda, além de publicá-los também no Facebook. Ao longo do dia o furor já havia sido controlado, pelo menos na maior parte. Algumas pessoas ainda insistiam na ideia de que fomos obrigados a mudar nossos planos por causa da opinião pública, mas a versão mais correta da história se espalhou rapidamente. Na verdade, eu inclusive já tive a oportunidade de ver este mesmo vídeo sendo usado por representantes da Google para demonstrar como as empresas deveriam utilizar o YouTube e vídeos na internet – eu e minha equipe nos sentimos bastante orgulhosos disso.

Crise nas mídias sociais do 6º tipo: Three Mile Island.

Cada uma das situações discutidas até o momento foi problemática para a marca responsável, mas não representou em momento algum uma questão de vida ou morte para a empresa. Enfrentar consumidores furiosos ou desapontados não é uma situação agradável e é óbvio que ninguém gosta de desagradar seus clientes.

Porém, de vez em quando, alguma coisa **horrível, catastrófica** e **irreparável** acontece. Talvez na forma de um incidente violento dentro de uma de suas instalações ou de um vazamento de petróleo no golfo do México por conta de um poço destruído; é possível que de repente um dos produtos fabricados por sua empresa seja considerado perigoso ou defeituoso o suficiente para causar a morte de seus usuários. Mas também é plausível que, como no caso da GM, sua companhia esteja enfrentando um processo de concordata enquadrado no Capítulo 11 da legislação norte-americana para falências e concordatas, o que ameaçaria o emprego de centenas de milhares de funcionários – se não de milhões – no país e no resto do mundo, e exigiria uma intervenção federal impopular para que a empresa continuasse de pé.

Lidar com uma situação em que talvez um dos lados **não possa ser salvo**, seja o próprio empreendimento ou o emprego de um colaborador (ou talvez até mais), significa enfrentar um nível de gerenciamento de crise completamente distinto – seja do ponto de vista comercial, daquele das mídias tradicionais ou sociais. Poucos profissionais jamais se sentirão tão desafiados como os responsáveis pelas mídias sociais – precisando: 1º) encontrar o tom certo em suas conversações; 2º) reagir à fúria das pessoas *on-line* em tempo real; e 3º) perceber que cada palavra mal escolhida poderá significar sérios problemas legais para todos. Tal situação exigirá que o indivíduo se utilize de todas as suas habilidades de comunicação e de todos os ensinamentos que tiver recebido em sua vida – e que faça uso de todos os seus instintos no sentido de encontrar soluções rápidas para enfrentar os problemas que forem surgindo à sua frente conforme as pessoas responderem em tempo real nas redes sociais.

No próximo capítulo, examinaremos em detalhes uma situação dessa natureza e exploraremos importantes lições aprendidas. Trata-se de uma crise e de um estudo de caso que conheço profundamente, já que coube a mim liderar a equipe que a superou.

CAPÍTULO 13

THREE MILE ISLAND: A CRISE PROVOCADA PELA CONCORDATA DA GENERAL MOTORS (GM)

Primeiro de junho de 2009 – este foi o dia mais memorável de toda a minha carreira. Lembro-me de estar de pé na sala de conferências C-11, no 30º andar do Detroit's Renaissance Center, observando ao longe o rio Detroit e a silhueta da cidade de Windsor, província de Ontário (Canadá). Uma equipe formada por uns 12 funcionários do setor de comunicações se amontoava em torno de uma mesa. Sobre ela estavam espalhados pacotes de bolacha e de biscoitos, barras de cereais, dropes e saquinhos de M&Ms. O grupo havia passado a maior parte das últimas 48 horas naquele local, fazendo apenas um intervalo de 4h para dormir e então retornando naquela manhã por volta das 6h da manhã.

No final do corredor, mais precisamente na sala D-11, que era idêntica àquela em que estávamos, outro grupo do mesmo tamanho estivera preparando o plano de comunicações referente ao maior processo de concordata enquadrado no Capítulo 11 da legislação norte-americana já ocorrido nos EUA. Todos trabalharam em completo isolamento. O plano ali estabelecido era do conhecimento apenas das lideranças da

GM, da alta hierarquia do setor de comunicações, de alguns funcionários da administração Obama e de um pequeno grupo de consultores jurídicos e especializados em falências.

Dizer ao mundo o que estava acontecendo com a GM naquele dia levara semanas de preparo, de planejamento estratégico e de uma cuidadosa planificação do cenário. As exigências federais e da Comissão Norte-Americana de Títulos e Câmbio (SEC)[i] em relação à divulgação de dados foram plenamente consideradas. Advogados, consultores, economistas e representantes da força tarefa automotiva criada pela presidência examinou cada palavra contida no comunicado de imprensa. Nada foi deixado ao acaso; tudo foi meticulosamente programado e orquestrado; o plano listava cada evento e cada atividade que ocorreria dali em diante, minuto a minuto.

O planejamento cuidadoso, o uso cauteloso de termos e expressões legalmente aprovadas e a atenção total e minuciosa a todos os detalhes que faziam parte do plano estabelecido na sala D-11 tornavam o processo em andamento na sala vizinha ainda mais extraordinário. Aqueles doze indivíduos na C-11 estavam se preparando para divulgar pela primeira as ações da GM, e então começar a discuti-las dentro das mídias sociais, um universo incontrolável, caótico e no qual é praticamente impossível fazer qualquer tipo de planejamento, pelo menos de maneira detalhada – um ambiente que, aliás, representa a antítese do mundo planejado, organizado e perfeitamente controlado dos advogados e especialistas em finanças.

Os consultores e advogados especializados em processos de falência e também no mercado financeiro sabiam perfeitamente disso, tanto que havia grande nervosismo em relação ao modo como aquele dia se desenrolaria. Lembro-me de que naquela ocasião um dos especialistas em falências mostrou-se totalmente franco e incisivo ao dizer à equipe de mídias sociais que nossa atividade, e até mesmo nossa própria existência, seriam "o maior risco" que a GM enfrentaria no dia em que o pedido de falência fosse efetivamente registrado. Porém, diante de uma extraordinária demonstração de fé por parte das lideranças da GM – e da percepção de que a comunicação **com** nossos clientes (e não simplesmente a divulgação de informações), era a única maneira de a

---

[i] A sigla em inglês se refere a Securities and Exchange Commission. (N.T.)

GM seguir em frente –, recebemos a imprimátur do então CEO da empresa, Fritz Henderson, para continuarmos. Confiando plenamente no julgamento e nos instintos desenvolvidos pela equipe de mídias sociais ao longo de mais de dois anos á frente do setor, Steve Harris, na época o chefe de comunicações da GM, ordenou que fossem dados à nossa equipe toda a liberdade e todo o espaço de que precisássemos para responder às interpelações do público.

Nas 18 h que se passaram antes de finalizarmos nossas ações, por volta das 2h da manhã seguinte, a equipe de mídias sociais participou de quase 900 conversações *on-line* (seriam praticamente 2.500 até o final daquela semana!), envolvendo contas pessoais e corporativas no Twitter, a página oficial da GM no Facebook e vários *blogs* que postavam artigos a respeito da situação. Não apenas conseguimos sobreviver àquele dia fatídico, sem cometer nenhum "erro" *on-line*, mas começamos a contar com a apreciação do público nas redes sociais pela maneira como a empresa o estava enfrentando. Um repórter da *Associated Press* que cobria a companhia naquele dia publicou no Twitter que "no passado, a empresa se esconderia em uma caverna em um dia como esse."[1] No final daquela semana, influenciadores *on-line* por toda a *Web* enalteciam nossa equipe de mídias e também os esforços da GM no sentido de utilizar as redes sociais para manter as pessoas informadas e responder às preocupações e às críticas levantadas. Veja o que Pete Blackshaw, vice-presidente executivo da *Nielsen Online*, cofundador da Word of Mouth Marketing Association (WOMMA) e colunista da *Ad Age*, postou em sua conta no Twitter:

> "**Dica do dia** – *Ansioso para aprimorar suas habilidades nas mídias sociais? Analise o @gmblogs e aprenda como a empresa administrou os feedbacks no dia de ontem.*"[2]

Mas como foi que isso aconteceu? Em meio ao maior processo de concordata já registrado pelo Capítulo 11 na história dos EUA – que contava com uma intervenção bastante impopular por parte do governo, ocorrida imediatamente após a ainda menos popular assistência da

TARP[ii] a Wall Street –, como a GM conseguiu não apenas se manter ativa e envolvida nas mídias sociais, mas também receber elogios do público quanto à sua atuação naquela semana? O que fizemos afinal?

As respostas não são apenas acadêmicas. Aliás, o objetivo deste capítulo não é revelar "os bastidores da concordata da GM". Ao revisar tudo o que foi feito na empresa durante a pior crise de toda a sua existência (e talvez uma das maiores que qualquer organização jamais venha a enfrentar), será possível aprender algumas importantes lições sobre como uma organização deverá reagir diante de uma crise similar – um desastre de iguais proporções ao ocorrido em Three Mile Island. (Espero sinceramente que ninguém jamais depare com uma situação desse tipo. Embora a administração da presença da GM nas mídias sociais durante o processo de falência e recuperação tenha sido uma experiência única em minha vida, que me garantiu em apenas 18 meses um aprendizado que normalmente levaria 10 anos, não desejo algo parecido nem mesmo para meu pior inimigo.)

A partir de uma perspectiva de mídias sociais, acredito que tenhamos tomado várias medidas corretas durante toda a crise envolvendo o processo de concordata – mas nenhuma delas foi tão crucial para o sucesso de nossa empreitada quanto o estabelecimento de uma base sólida antes de a crise realmente alcançar seu ápice.

Ofereça à equipe de mídias sociais um lugar à mesa de discussões – e mantenha o grupo bem informado ao longo da crise

Ao contrário do que alguns possam acreditar, enquanto organização, nós não sabíamos que a concordata da GM era iminente. Talvez algumas pessoas da liderança da empresa tivessem uma ideia sobre o que estava realmente acontecendo (há outros livros escritos por pessoas mais próximas do alto escalão que poderiam fornecer mais informações sobre esse aspecto), mas, como empresa, nós não fazía-

---

ii Sigla em inglês para Troubled Asset Relief Program (TARP). Referência a um programa do governo norte-americano que visava fortalecer instituições financeiras adquirindo bens e títulos dessas empresas. O plano fez parte das medidas governamentais implementadas em 2008 para enfrentar a crise imobiliária *subprime*. (N.T.)

mos ideia do que estava acontecendo até uma semana antes da crise. Contudo, depois que ficou claro que a concordata se tornara inevitável, e que teríamos de lidar com ela, o plano de comunicações incluiu imediatamente o setor de mídias sociais em suas ações – o que, aliás, foi absolutamente crucial. Grande parte dos créditos pelo sucesso alcançado nas mídias sociais naquela semana deve ser atribuída a duas pessoas que não estavam sequer remotamente envolvidas com o setor de mídias na GM – Randy Arickx e Renee Rashid-Merem, que estavam à frente do setor de comunicações financeiras e tiveram a perspicácia de garantir que a equipe de mídias fizesse parte de todo o planejamento para o grande anúncio que seria feito.

Um dos membros de minha equipe, Annalisa Bluhm, trabalhou de maneira integrada ao setor de comunicações financeiras; ela tinha acesso a exatamente as mesmas informações que eles, e no exato momento em que o setor as obtinha, e então trazia esse conhecimento ao nosso grupo de trabalho. Tais dados – assim como o bom senso de Annalisa Bluhm em relação à linguagem "corporativa" que recebíamos e que precisava ser **"traduzida"** e transformada em algo mais casual para o público na *Web* – foram vitais para o desenvolvimento de nosso programa para as mídias sociais. Nada em todo o processo nos pegou de surpresa; nenhum acontecimento deixou de ser revelado à nossa equipe. Renee e seu time trataram Annalisa como uma colega e durante todo o tempo se certificaram de que ela estivesse compreendendo tudo o que estava acontecendo, em níveis que iam bem além daquilo que o resto de nossa equipe conseguia captar. Posso dizer com segurança que durante o período de um mês, mais ou menos, Annalisa tornou-se uma especialista no que estava acontecendo na GM, como quase todos na companhia, ou pelo menos dentro do setor de comunicações.

Além disso, conforme o plano geral de comunicações para o processo de falência era desenvolvido e preparado, o setor de mídias sociais também era convidado a participar das discussões. Como diretor de mídias sociais, eu também estava na sala de reuniões com o restante das lideranças do setor de comunicações, com nossos consultores e ocasionalmente com alguns líderes enquanto discutíamos o *timing* de todas as nossas ações e o modo como nos comunicaríamos com públicos distintos. Demonstrando mais uma vez a importância de um forte executivo patrocinador, nosso vice-presidente sênior de comunicações,

Steve Harris, insistiu que o setor de mídias sociais fosse considerado no plano e incluído nas estratégias gerais de comunicação. (O apoio de Steve foi vital, já que, como mencionado anteriormente, alguns consultores eram contrários à nossa participação. Considerando a natureza altamente estruturada e controlada de tudo o que empresas que se enquadram na proteção do Capítulo 11 da legislação **têm permissão** de dizer de acordo com a SEC – e o fato de o cronograma de tudo o que a GM deveria dizer ser controlado pelo Departamento do Tesouro dos EUA –, um dos principais consultores do projeto chegou a dizer à nossa equipe, de maneira bastante objetiva, que as mídias sociais seriam o maior risco para a empresa no dia 1º de junho. Vale ressaltar que este mesmo consultor, reconheceu posteriormente que o setor de mídias representara nossa maior recompensa naquela semana.)

Por fim, na semana que antecedeu o pedido de concordata, minha equipe recebeu um treinamento rápido de nossos consultores, a Alix Partners, sobre as leis e regulamentações que regem esse tipo de processo. Em uma sessão de várias horas na quarta-feira anterior ao evento, especialistas em falência testaram nossos conhecimentos sobre os vários elementos inerentes ao processo – o que significava o enquadramento nos Capítulos 11 e 7 da legislação; a natureza da seção 363 do Código de Falências dos EUA; as nuanças sobre o modo como um processo acelerado segundo a seção 363 funcionaria no caso da GM; e quais seriam as respostas para a maioria das perguntas que pudéssemos antecipar para o momento que se seguiria ao pedido de concordata. Não posso lhes dizer que me tornei um especialista nas leis de falência e concordata, mas é bem provável que depois daquele curso soubéssemos mais sobre o assunto que a maioria absoluta das pessoas que nos interpelaria a esse respeito.

Estávamos totalmente preparados para responder de maneira segura e confiável – de qualquer modo, um dos membros da Alix foi designado para acompanhar nossa equipe naquele dia (esta seria apenas mais uma de suas funções na ocasião), de modo que se houvesse alguma pergunta para a qual não tivéssemos certeza absoluta da resposta, poderíamos contatá-lo instantaneamente e obter informações corretas para transmitir à pessoa que a tivesse formulado.

Nossa equipe de mídias estava tão preparada para enfrentar as perguntas que surgiriam sobre o processo de concordata, e também sobre o que aquilo significaria para a GM, como qualquer um na empresa – nós reconhecíamos o fato de que devíamos uma resposta às pessoas e que, portanto, elas nos interpelariam *on-line* (afinal, naquele momento os contribuintes norte-americanos e canadenses estavam se transformando em nossos proprietários temporários), e sabíamos também que fracassar em responder às perguntas durante a crise dificultaria bastante quaisquer esforços na área de mídias sociais que a empresa decidisse implementar no futuro. (Se não nos dispuséssemos a oferecer informações corretas quando as pessoas mais necessitavam de nossa presença, como poderíamos esperar que elas prestassem atenção a qualquer coisa que fosse importante para nossa organização mais tarde?) Na ocasião, traduzimos termos complicados inerentes ao processo de concordata em frases simples de no máximo 140 caracteres, que pudessem ser transmitidas pelo Twitter. Quando o comunicado da empresa foi divulgado, estávamos preparados e começamos imediatamente a postar *tweets* e publicar mensagens simultâneas no Facebook, explicando às comunidades virtuais todas as informações contidas no próprio *release*. Nós estávamos **prontos**!

Mas o que você poderia absorver de tudo isso, caso sua empresa tivesse de enfrentar uma catástrofe desse tipo e lidar com ela no ambiente *on-line*? **O setor de comunicações e as lideranças da empresa precisam manter a equipe de mídias sociais tão bem informada quanto os demais departamentos da organização; além disso, a equipe de mídias deve ser a primeira a surgir na mente das pessoas durante o desenvolvimento de um plano de comunicações para enfrentar a situação.** O mundo todo fará perguntas e discutirá a situação no Twitter e nos *blogs*, esteja sua empresa lá para **responder**, **comentar** e **debater**, ou **não**. Estar presente nesse ambiente, fornecendo a maior quantidade possível de informações precisas, evitará especulações e inclusive garantirá à empresa alguns pontos valiosos junto aos clientes por conta de sua honestidade e retidão. Mas isso somente funcionará se os integrantes do setor de mídias sociais estiverem devidamente informados e preparados para ajudar a empresa.

Nem sempre você receberá informações sobre o surgimento de uma crise com uma semana de antecedência ou terá esse prazo para se preparar totalmente para enfrentá-la. Em muitos casos, serão apenas alguns minutos. Mas é preciso reconhecer que muitas pessoas afetadas de algum modo por aquilo que estiver ocorrendo em sua empresa – isso sem mencionar os representantes das mídias tradicionais – estarão presentes no ambiente *on-line* para tentar obter informações o quanto antes. As mídias sociais oferecem à companhia a oportunidade de compartilhar grandes quantidades de informações à medida que elas são obtidas, tudo isso sem depender das formalidades intrínsecas aos comunicados e às coletivas de imprensa.

É claro que sempre haverá dados que não poderão ser comentados – seja por razões normativas, para respeitar a privacidade das pessoas afetadas e/ou envolvidas, ou até pelo fato de os advogados já terem alertado a empresa de que a divulgação de certas informações poderá trazer sérias consequências legais. Isso é perfeitamente compreensível. Na verdade, quase ninguém discorda do fato de que a própria existência das redes sociais já significa que empresas e organizações terão de abrir mão do direito de manter alguns dados confidenciais. Contudo, quanto mais proativa a companhia se mostrar em oferecer informações, e quanto mais honesta e direta ela se apresentar em suas interações, mais tranquilamente o público aceitará as situações em que a empresa simplesmente não puder discutir certos fatos ou revelar determinadas informações.

Reúna sua própria equipe SWAT[iii] e entregue a ela todas as responsabilidades pelas mídias sociais durante a crise.

É óbvio que na maioria das circunstâncias não seria realista esperar que todo um grupo de pessoas em uma determinada organização tivesse condições de dedicar todo o seu tempo ao ambiente virtual. Todavia, não estamos falando sobre a maioria das circunstâncias; estamos nos referindo a uma crise na qual a própria existência da empresa está ameaçada e/ou a vida de um ser humano está em risco. Se algumas situações em sua vida já exigiram medidas extraordinárias, esta é, sem dúvida, uma delas. **Você não acha?**

[iii] Special Weapons and Tatics (SWAT) é a polícia altamente especializada nos departamentos das grandes cidades dos EUA. (N.T.)

Durante a primeira semana da concordata da GM, reunimos uma verdadeira equipe do tipo SWAT em uma única sala. Doze profissionais da área de comunicações de vários setores da empresa foram retirados de suas funções diárias e receberam novas atribuições. Cada um deles se tornou responsável por *blogs*, termos de pesquisa no Twitter e/ou páginas no Facebook (a página da GM, aquelas específicas da Chevrolet, da Buick etc.). Ao longo daquela semana queríamos nos certificar de que nenhuma pergunta deixasse de ser respondida e nenhum comentário passasse em branco. Sustentando esse desejo estava nossa crença principal: **em uma crise de tal magnitude, não se deve economizar na comunicação**. Normalmente, jamais nos preocuparíamos em cobrir todas as postagens no Twitter, em estar presente em todos os *sites* e em todas as páginas do Facebook, ou em não deixar de escrever postagens para o nosso próprio *blog*. Porém, durante essa crise, não queríamos apenas nos fiar na ideia de que "a maioria das pessoas terá acesso à informação se a publicarmos aqui" ou nos arriscar a permitir que alguém dissesse qualquer coisa sobre o que estava acontecendo com a GM sem que tivéssemos a oportunidade de interagir com essa pessoa ou de fazer com que ela interagisse com alguém com quem já tivéssemos conversado.

Se algo dessa importância estiver ocorrendo em sua empresa, certifique-se de que pelo menos uma pessoa esteja encarregada das mídias sociais em tempo integral, e tenha a certeza de que esse profissional estará presente na maioria dos canais de comunicação. É fundamental que a organização participe do maior número possível de conversações. A ideia de manter-se absolutamente exposto em um momento tão vulnerável pode até parecer aterrorizante, mas saiba que as pessoas dentro de sua empresa não serão as únicas impactadas pela crise. O público externo – que inclui as pessoas que se utilizam das redes sociais – desejará e precisará receber toda e qualquer informação sobre o assunto. Entenda que, a partir do momento em que empregos e vidas estão em risco, é parte de sua responsabilidade ser tão honesto e direto quanto possível.

Há ainda outro benefício em se manter tão ativo no ambiente *on-line* em tempos de crise: os resultados dos mecanismos de busca. Conforme a crise se desenvolve, sua organização e a própria crise serão bastante pesquisados na Internet. Toda a sua atividade nas mídias elevará a possibilidade de que algo que você tenha dito – ou que tenha sido dito por outra pessoa influenciada por alguma conversa da qual você tenha participado – apareça em uma pesquisa no Google. Todos esses diálogos *on-line* sobre o que está acontecendo com a sua organização aparecerão nos resultados do Google e do Bing, por exemplo (e lembre-se: o que cai na Internet fica lá para sempre); neste caso, você certamente desejará que o seu ponto de vista esteja amplamente divulgado.

Escute, em vez de apenas discursar; responda, no lugar de apenas promover; e, acima de tudo, ofereça informações de valor.

Outra razão pela qual nossos esforços na área de mídias sociais foram tão bem recebidos durante a falência foi o fato de que todos os passos da equipe já haviam sido definidos com antecedência, antes do início do processo. Desde cedo ficou estabelecido que seríamos diligentes ouvintes *on-line* – a ideia era interagir com as pessoas, não simplesmente enfiar-lhes informações goela abaixo. Afinal, em uma situação como aquela seria mais provável que todos estivessem bem mais interessados em receber respostas para suas perguntas que em simplesmente ouvir o que a empresa resolvesse compartilhar ou em tentar destrinchar complicadas explicações repletas de termos legais. Além disso, como contribuintes, as pessoas nas redes sociais estavam absolutamente envolvidas em tudo o que acontecia com a GM e mereciam tantas respostas honestas quanto fossemos capazes de oferecer. Utilizando os conhecimentos recém-adquiridos em nosso curso intensivo sobre falências e concordatas, para saber exatamente até aonde poderíamos ir em termos de divulgação de informações, a equipe determinou que, independentemente do teor dos diálogos, nós os enfrentaríamos e forneceríamos todos os dados e as respostas que estivessem ao nosso alcance.

Quando a semana terminou e finalmente pudemos olhar para trás, percebemos que entre 75% e 80% dos *tweets* e postagens escritos haviam sido **em resposta** a perguntas levantadas pelo público e que, portanto, não se tratavam de mensagens publicadas de maneira espontânea pela GM. É fato que todos nós investimos muito tempo nos certificando de que as informações que precisavam ser transmitidas o fossem; na verdade, como já mencionado, todas as informações sobre o processo de falência e até mesmo o *release* da empresa foram transformados em frases curtas de no máximo 140 caracteres para que pudessem ser transmitidas pelo Twitter; tornamos o conteúdo o mais fácil de ser compreendido pelo público quanto possível.

Mas toda essa divulgação provavelmente ocorreu ao longo dos primeiros 20 min após a divulgação, ou algo assim. Depois que as informações básicas já estavam disponibilizadas na rede, as vinte horas seguintes foram usadas para responder às perguntas postadas. Veja a seguir alguns exemplos das indagações publicadas:

- **As garantias seriam mantidas para marcas que fossem descontinuadas?** (Sim. Todas as garantias válidas seriam honradas por qualquer concessionária GM.)
- **O que aconteceria se a concessionária onde o automóvel houvesse sido adquirido fosse fechada?** (Quando a lista contendo todas as concessionárias que seriam fechadas fosse finalizada, ela seria publicada imediatamente. Em seguida, nós da GM ajudaríamos os clientes a identificar aquela que se tornasse a mais próxima para eles.)
- **Quando esperávamos pagar todos os empréstimos solicitados?** (Não desejávamos fazer promessas que não pudéssemos cumprir, mas o nosso maior desejo e a nossa intenção mais profunda era quitar essas dívidas o mais rápido possível. Ninguém queria o governo fora da empresa mais que a própria GM e, aliás, o próprio governo.)
- **Que fábricas seriam fechadas?** (Nos casos em que o fechamento da fábrica já havia sido anunciado, nós apenas confirmamos a informação. Em relação às demais instalações, e aos seus destinos, não tínhamos acesso à lista de encerramentos ainda não anunciados na época – nestes casos, respondemos de maneira honesta e legítima, dizendo: "Ainda não sabemos, mas se e quando tivermos a confirmação, nós a transmitiremos.")
- **Os parentes que trabalhavam para a empresa conseguiriam manter seus empregos?** (Não seria justo que especulássemos sobre o emprego das pessoas antes que estas tivessem a oportunidade de conversar com as lideranças locais do sindicato ao qual eram filiadas, portanto, decidimos não discutir esse assunto

até que todos pudessem ter acesso à informação diretamente na empresa ou no sindicato, evitando assim que esses indivíduos recebessem a notícia pela Internet.)
- **Não tínhamos vergonha em aparecer *on-line* naquela situação?** (Sentimos que não seria honroso por parte da empresa deixar de se colocar *on-line* e de responder a todas as perguntas dos interessados. Aquele era sem dúvida uma experiência desconfortável e humilhante, mas a GM sabia que tinha a obrigação de estar ao alcance de todos naquela semana.)
- **A empresa realmente considerava a intervenção do governo necessária?** (Embora ninguém estivesse mais desapontado que a própria GM, todos sabiam que a intervenção era a última saída para evitar o colapso da empresa. Além disso, as ramificações de uma eventual dissolução da companhia ou de um colapso no setor automotivo seria bem mais custoso e seus efeitos bem mais amplos que as medidas tomadas – portanto, sim, a intervenção era de fato necessária.)
- **Por que a GM recebeu ajuda do governo quando outras empresas não tiveram a mesma sorte? Por que não teríamos de enfrentar a falência como qualquer outra companhia?** (O setor automotivo doméstico (EUA) e os outros setores relacionados – fornecedores, concessionárias etc. – representavam milhões de empregos e contribuíam em milhões de dólares para a economia norte-americana; de acordo com algumas estimativas, um colapso da empresa significaria a perda de 3 milhões de empregos e mais de 150 bilhões de dólares em impostos para a economia dos EUA ao longo de 3 anos. Nós acreditávamos que a intervenção por parte do governo na GM não objetivava salvar a empresa propriamente dita, mas proteger a economia e o PIB do país; isso tornava a situação diferente das demais falências.)
- **O que aconteceria com as ações da GM? Elas ainda tinham algum valor?** (Infelizmente, dentro do enquadramento no Capítulo 11 da legislação, as ações da GM Corporation já **não tinham valor**, e, como representantes da empresa sentíamos muito em ter de transmitir tal informação.)

Todas essas perguntas, além de muitas outras, surgiram instantaneamente de todos os cantos do país e foram enviadas por pessoas que esperavam respostas imediatas. Nossa equipe estava empenhada em não apenas responder a todas as perguntas que nos chegavam, mas também em atentar para o fluxo de entrada dessas indagações. Quando respondíamos, fazíamos o possível para remover qualquer tipo de **"manipulação"** nas respostas. É claro que havia **"mensagens-chave"** – mas a maioria dos itens constantes da lista de **"pontos para discussão"** ao qual toda a equipe tinha acesso eram informações simples, diretas e sem retoques para as perguntas que esperávamos receber com mais frequência. Quando oferecíamos respostas em defesa da empresa ou da intervenção por parte do governo, genuinamente acreditávamos na veracidade das informações oferecidas; não se tratava apenas de mensagens de RP, mas da apresentação dos fatos da maneira como nós da equipe os compreendíamos; nós realmente confiávamos no que estávamos dizendo (principalmente porque eles estavam relacionados ao impacto econômico causado pela falência de uma empresa nacional do setor automotivo norte-americano).

Tudo isso acabou se tornando tão importante que não estávamos querendo proteger nossa reputação, trabalhar no posicionamento da empresa ou vincular nossas respostas a um conjunto pré-estabelecido de informações; na verdade, estávamos somente tentando oferecer às pessoas as respostas de que elas tanto precisavam naqueles momentos de incerteza, quando dados incorretos e mentiras disfarçadas em verdades surgiam a todo instante. Nosso trabalho ao longo daquela semana foi simplesmente disponibilizar uma fonte de informação confiável, fidedigna, objetiva e sem filtros, como de fato todos precisavam. Haveria tempo para nos concentrarmos em restabelecer a reputação da empresa depois que a crise mais imediata já tivesse passado.

Foi uma ideia maluca não apenas nos colocarmos *on-line* para permitir que o público ditasse os tópicos e o tom das conversações? **Talvez!** Mas realmente acreditamos que em uma crise de tamanha magnitude, nos tornarmos absolutamente visíveis para que todos soubessem que estávamos escutando suas reclamações, e responder a tantas perguntas quanto possível, foi vital para nossa empresa. Não havia como nos escondermos do que estava acontecendo com a organização, e sabíamos que as pessoas estariam muito irritadas. A única maneira de torná-las ainda mais furiosas seria permitir que pensassem que estávamos sentados em um escritório completamente desatentos e até desdenhosos em relação ao verdadeiro caos que se instalava do lado de fora. Por isso decidimos em favor dessa exposição.

Surpreendentemente, as pessoas reagiram de maneira positiva em relação a tudo o que fizemos. Embora houvesse pessoas bastante zangadas com a situação, recebemos apoio da maioria daqueles com quem interagimos – os ouvintes e espectadores estavam impressionados com o fato de estarmos ali, recebendo todas as críticas e não tentando nos esquivar de nossas responsabilidades. No final daquela tarde, começamos inclusive a ver mensagens no Twitter que diziam: **"Força, pessoal – estamos torcendo por vocês!"**

O que se pode levar de tudo isso? Em uma situação como essa, enquanto estiver trabalhando no sentido de fornecer toda a informação que considerar importante, jamais se esqueça de escutar o que as pessoas estão dizendo e de interagir com elas, pois estes são elementos básicos nas mídias sociais. Talvez não seja necessário inverter o conteúdo da comunicação como nós fizemos – **escutando/respondendo 80% e discursando apenas 20%** – mas, no mínimo, essa divisão deverá ser de **50%/50%**. Essa estratégia não garante apenas que sua empresa forneça informações mais relevantes para os interessados (com base no fato de que eles as estão solicitando), mas também permite que se reduza um pouco a fúria e a frustração das pessoas contra a organização, simplesmente pelo fato de ela estar disposta a ouvi-las. (Claro que um fator importantíssimo neste caso é a empresa demonstrar compreensão e simpatia genuínas por esses indivíduos e pela insatisfação deles com a situação que estiver ocorrendo – por exemplo, a atitude do então CEO da BP, que foi antipático e pouco compreensivo em relação à frustração que muitos ostentavam contra sua empresa, teria sido considerada tão dissonante nas redes sociais quanto de fato pareceu nas mídias tradicionais. Exponha-se; escute o que as pessoas têm a dizer; dê atenção às preocupações levantadas, discuta-as e enfrente quaisquer tormentas que se apresentarem diante de você.

Internamente, as pessoas que estiverem representando a empresa *on-line* durante os piores momentos da crise terão de ser constantemente agradecidas e estimuladas – em muitos casos, serão esses os indivíduos que receberão todas as ofensas destinadas à empresa. No caso da GM, durante as semanas que antecederam o pedido de concordata minha equipe foi duramente insultada, tratada com escárnio e com grosserias e, eventualmente, até ameaçada. Infelizmente, o anonimato garantido pela Internet transforma alguns covardes em verdadeiros valentões. Será que você consegue imaginar como foi representar a BP durante a crise provocada pelo vazamento no golfo em 2010, ou fazer parte da equipe da Toyota durante o *recall*[iv] de 2009; qual é a sensação de ter de encarar todas essas críticas quando não se é o responsável pelo que está acontecendo? Para evitar problemas, certifique-se de dar atenção redobrada e constante a todos os membros de sua equipe; de oferecer-lhes intervalos para descanso e de garantir-lhes algum benefício ou privilégio, por menor que seja. Deparar com constantes ameaças e abordagens negativas poderá drenar as forças até mesmo do indivíduo mais otimista. E lembre-se: mantenha o número do pessoal da segurança à mão para o caso de alguém *on-line* se mostrar descontrolado e o funcionário se sentir inseguro ou até ameaçado. Se a sua empresa não for grande o suficiente para possuir um departamento de segurança, mantenha-se em contato com o departamento de polícia local.

Permita que outras pessoas o ajudem

Conforme o plano de concordata da GM era anunciado, tomei uma atitude nada ortodoxa que poderia inclusive ter me causado grandes problemas se meus superiores tivessem descoberto. Tomei a liberdade de enviar vários detalhes sobre o que estaríamos fazendo em termos de mídias sociais – omitindo é claro qualquer linguagem legal ou estabelecida pela SEC que já não tivesse sido liberada para a imprensa, **é claro!** – para alguns influenciadores do setor que eu conhecia e nos quais confiava plenamente. Basicamente, revelei os seguintes dados: 1º) o fato de que um pequeno grupo de pessoas devidamente preparadas passaria toda a semana respondendo às perguntas levantadas *on-line*; 2º)

---

iv Referência ao *recall* de milhões de veículos da montadora, ocorrido em setembro de 2009, por causa de um problema envolvendo um tapete que supostamente prendia o pedal do acelerador. Esse defeito teria provocado a morte de quatro pessoas de uma mesma família que viajava a bordo de um automóvel *Lexus ES350* na Califórnia. (N.T.)

nosso objetivo de escutar mais do que falar; 3º) as postagens que pretendíamos publicar... todas elas. Não faria sentido divulgar os nomes das pessoas para as quais enviei esse material, pois isso já não importa.

Eu não estava tentando transformar nenhum daqueles blogueiros e influenciadores em advogados da GM. Aliás, contar com a ajuda de amigos e profissionais conhecidos neste caso não somente poderia soar suspeito em termos éticos, mas ser extremamente perigoso e arriscado, caso o indivíduo em questão tivesse um grande número de leitores e/ou seguidores. O que estava realmente por trás da ideia de dizer àqueles influenciadores o que estávamos prestes a fazer era o fato de eu saber de antemão que nossos planos para agir de maneira não somente ativa, mas proativa nas redes sociais durante toda aquela semana seria algo muito interessante para qualquer um que estudasse e observasse as mídias sociais. Eu também tinha consciência de que seria difícil resistir a essa história – além disso, qualquer blogueiro que se preze inclui vários *links* em suas postagens. Na verdade eu estava contando com o senso natural dos blogueiros quanto à divulgação de notícias para receber deles inúmeros redirecionamentos.

É claro que no momento em que a história vazou na manhã de segunda-feira, começaram a surgir na Internet mensagens apontando para o fato de a GM estar mantendo um programa ativo nas redes sociais em pleno processo de falência. As postagens enfatizavam ainda a grande oportunidade que as pessoas teriam para aprender com essa iniciativa (fosse o resultado positivo ou negativo!). E o mais importante, as mensagens também encaminhavam as pessoas de volta para o *blog* FastLane, da GM, e para as páginas da empresa no Facebook e no Twitter – exatamente como eu havia esperado que ocorresse.

Nenhum daqueles influenciadores atuaria em defesa da GM durante aquela semana; nenhum deles se encarregaria de retransmitir para seus públicos nossas mensagens de RP. Todavia, ao simplesmente divulgar uma ótima história eles acabaram nos ajudando ainda mais; aqueles profissionais estavam redirecionando seus leitores e seguidores para nossas páginas e *blogs*, onde tínhamos a chance de efetivamente nos fazer escutar. O número de seguidores da GM no Twitter praticamente dobrou no primeiro dia da crise – e embora grande parte de tudo isso tenha de ser atribuída à própria situação que se desenrolava, eu aposto que pelo menos alguns daqueles seguidores decidiram nos acompanhar (e sabiam perfeitamente quais contas eram de fato da empresa, e não falsas) por força das postagens recebidas dos grandes influenciadores.

É óbvio que não estou sugerindo que ninguém envie seu plano de comunicação para mídias sociais em situações de crise para um grupo de importantes influenciadores. O que fiz foi extremamente arriscado e os resultados poderiam ter sido completamente adversos em relação ao que pretendíamos fazer. Todavia, o princípio geral por trás da ideia se mantém sólido: o modo como uma empresa lida com uma crise similar à ocorrida em Three Mile Island dentro das mídias sociais é, sem dúvida, algo extremamente interessante para os estudiosos do setor. Esses profissionais acabarão escrevendo e tuitando sobre tudo o que acontece (o que você faz ou deixa de fazer) independentemente de você estar ou não engajado com cada um deles. Portanto, utilize-se dessa mão de obra – trabalhe de maneira coordenada informando esses super influenciadores sobre seus planos. Não espere, é claro, que eles se transformem em defensores da sua empresa, mas, ao mencionar que se manterá ativo, eles naturalmente direcionarão os leitores para você – e é exatamente isso o que se deseja nesse momento: pessoas que venham até você em busca de informações, em vez de buscarem respostas que não tenham partido de fontes oficiais. E se você realizar um bom trabalho em seus esforços de mídia, tais influenciadores talvez até elogiem suas iniciativas – o que, aliás, o ajudará muito na fase seguinte.

Faça um bom acompanhamento – repetidas vezes

Em praticamente todas as crises, em especial em uma dessa magnitude, é comum que as pessoas se esqueçam de que o ato de enfrentá-la é apenas o primeiro passo que precisa ser dado pela empresa. Quando o *tsunami* termina, é hora de encarar a difícil tarefa de **reparar sua reputação**. As mídias sociais podem se transformar em uma parte essencial desse processo de reconstrução – **se** forem usadas corretamente.

Independentemente do quão justo ou injusto isso possa parecer, uma das realidades no moderno ambiente das mídias é o fato de os públicos, de modo geral, se mostrarem cínicos em relação ao que ouvem. Uma proporção significativa de leitores, seguidores e ouvintes – tanto *on-line* como *off-line* – recebe seus esforços de comunicação durante momentos de crise com doses consideráveis de cinismo e descrença. Para essas pessoas, não importa o quão sincero, objetivo e genuíno você tente se mostrar; um bom número desses indivíduos ainda achará que você está apenas trabalhando no sentido de controlar os danos causados, ou, no caso de a crise ter surgido por culpa da própria empresa, que você somente está pedindo desculpas pelo fato de ter sido pego em flagrante. A despeito do quão eficaz for o seu plano de gerenciamento de crise, essa fatia do público ainda estará à espera de sinais que comprovem que nada mudou ou que nenhuma lição foi aprendida. Aliás, até mesmo as pessoas que desejam apoiá-lo ainda precisarão de sinais tangíveis de que a fé por elas demonstrada de fato se justifica, e que o apoio oferecido será devidamente recompensado por meio de atitudes corretas por parte da empresa no futuro.

Portanto, depois que o pior já tiver passado, será preciso demonstrar mudanças reais diante do público e justificar a confiança e o benefício da dúvida que você possa ter assegurado durante a crise. Se o problema foi gerado pela própria empresa, não será necessário apenas dizer que as coisas mudaram, mas demonstrar que isso de fato ocorreu. Dê às pessoas um bom motivo para que elas acreditem novamente em sua palavra – e certifique-se de que todos que o questionaram ou contataram durante a crise tenham a chance de perceber as mudanças ocorridas.

Na GM, uma das primeiras coisas que queríamos fazer depois que a companhia deixasse a proteção do Capítulo 11, era voltar a focar em nossos produtos. Ao longo de 18 meses, quando o assunto era a GM a maior parte do tempo era utilizada para debater a situação financeira da companhia, não a qualidade de seus automóveis e/ou caminhões. Todavia, para demonstrar que tínhamos um grande futuro pela frente, sabíamos que precisaríamos fazer com que as pessoas voltassem a prestar atenção em nossos produtos. Foi então que a equipe de comunicações começou a desenvolver uma "exibição" especial para a mídia. O projeto envolveria trazer para Detroit cem profissionais das mídias e mostrar a eles não apenas nosso portfólio de 2009, mas também a linha de novos produtos que seriam fabricados ao longo dos três ou quatro anos subsequentes. Esperávamos que este acesso sem precedentes aos planos da empresa entusiasmasse o público em relação às perspectivas da companhia. Esta sem dúvida foi uma **ideia brilhante**, e também a coisa mais certa a se fazer, mas havia ainda outro caminho a trilhar.

Vários membros da equipe de comunicações – alguns que trabalhavam nas mídias sociais, outros não – sugeriram que se a empresa realmente quisesse demonstrar as mudanças ocorridas, e fazer com que as pessoas falassem sobre elas, seria preciso nos concentrarmos em atrair não apenas profissionais da mídias, mas também "pessoas comuns" para o evento. Além disso, em vez de pedir a esses influenciadores e essas pessoas comuns que escrevessem suas histórias sobre o que estava prestes a surgir no mercado em publicações tradicionais, nossos convidados deveriam se utilizar das ferramentas virtuais – Facebook, Twitter, *blogs* – para descrever o que estivessem testemunhando.

Felizmente para a GM, possuíamos uma ótima seleção de convidados em potencial entre os quais poderíamos escolher. Havíamos arquivado todos os dados das pessoas com as quais havíamos mantido um contato mais prolongado nas redes sociais durante os processos de concordata e recuperação. Alguns desses indivíduos apoiavam a empresa, enquanto outros não eram exatamente fãs da GM. De qualquer modo, escolhemos cem nomes – uma mistura equilibrada de apoiadores, pessoas neutras e outras abertamente cínicas, sendo que alguns deles eram editores de *blogs* amplamente visitados e outros apenas estudantes ou mães cujas páginas reuniam algumas centenas de seguidores no Twitter – da lista e convidamos a todos para virem a Detroit um dia **antes** de a mídia ser autorizada a fotografar os bastidores da exibição.

O plano funcionou perfeitamente. Os convidados não apenas ficaram absolutamente entusiasmados com o que viram, mas também discorreram sobre o assunto de maneira prolífica nas redes sociais. O melhor foi essas pessoas não se limitaram a falar dos veículos; elas descreveram os níveis de acesso que receberam aos novos produtos e à liderança da empresa; elas também descreveram o quanto estávamos dispostos a discutir abertamente as questões mais difíceis. O fato é que respondemos a todas as indagações do público. Porém, acredito que o bem mais valioso que esses indivíduos levaram daquela visita foi a percepção de que a GM realmente parecia diferente – a empresa estava escutando, se mostrava aberta a *feedbacks* e já não representava a mesma "velha" companhia que fora descrita de maneira tão cruel pela imprensa durante os últimos meses antes da concordata. Essa exibição ajudou muito na reconstrução da reputação da empresa e também na manutenção de uma forte presença *on-line* nas comunidades automotivas. Ela também colaborou para elevar o número de fãs da organização em outras comunidades – indivíduos que, aliás, mesmo depois do término do evento, mantiveram um ótimo relacionamento conosco. (Várias dessas pessoas acabaram inclusive adquirindo automóveis da GM no ano seguinte!)

Há duas lições para qualquer empresa nesse esforço específico. A primeira: como já mencionado, logo depois da crise é preciso demonstrar claramente que a empresa aprendeu **com os erros cometidos** e que o **futuro reserva resultados bem diferentes em relação ao passado**. E, para que essa informação alcance uma grande variedade de públicos, é fundamental lançar mão da segunda lição: **recuperar a reputação exige acompanhamento cuidadoso e contínuo.**

Conforme a crise se desenrolar, e independentemente do quão ocupado você estiver, anote todos os dados das pessoas com as quais mantiver contato, assim como suas impressões a respeito da empresa e preocupações específicas. Posteriormente, depois do ápice da crise, faça um bom acompanhamento desses indivíduos nas semanas e meses que se seguirem. Faça-lhes perguntas e escute suas respostas. Forneça-lhes informações específicas de acordo com o que elas tiverem perguntado durante os piores momentos. Lembre-se: você está batalhando pela sobrevivência de sua empresa, portanto, cada cliente real ou potencial que possa ser recuperado será uma vitória digna de ser celebrada.

Depois de uma crise como essa, tamanho e/ou capacidade de influenciação não importam. Você precisa trazer as pessoas de volta, uma a uma se for necessário. A beleza das redes sociais está no fato de elas permitirem que você mantenha conversações individualizadas que talvez lhe possibilitem alcançar tal objetivo. Decidimos convidar uma universitária que possuía um pequeno *blog* e uma conta protegida no Twitter para o evento da GM porque, embora ela não fosse uma "grande influenciadora," e talvez só tivesse algumas centenas de pessoas em seu círculo de amizades, sua opinião era importante para aqueles indivíduos. Essa jovem não apenas acabou adquirindo um automóvel Chevrolet *Equinox* em dezembro daquele ano, ela também recomendou nossos produtos para os amigos no começo do ano seguinte. Jamais teríamos encontrado ou "criado" um "advogado" universitário (e o mercado jovem é **crucial** para o futuro da GM) se estivéssemos buscando pessoas com base única e exclusivamente em números. Portanto, depois do *tsunami*, faça um *follow-up* envolvendo **todas** as pessoas com as quais conversou durante a crise, independentemente de esse indivíduo possuir ou não um grande número de seguidores ou ser um influenciador de massas.

O trabalho de reconstruir a reputação da GM ainda persiste (e provavelmente será uma tarefa contínua e perpétua). Todos na empresa estão determinados a trazer a companhia de volta e a jamais considerar a tarefa "concluída." Sendo assim, é provável que a atitude interna continue a ser "ainda temos muito a fazer." Alguns programas de mídias sociais bem inteligentes dificilmente representam a razão principal de uma empresa conseguir retomar o sucesso, mas certamente o que fizemos na esfera das mídias sociais na GM **foi** e **continua sendo um** fator determinante; as pessoas continuam a dizer isso *on-line*. Veja alguns exemplos obtidos no Twitter:

> *@charger – parabéns por tudo o que sua equipe de mídias fez. Adoro a Honda, mas seu trabalho fará com que eu considere a GM.*
>
> — @KarlSakas[3]

> *Em minha experiência como consumidora – o uso das mídias sociais pela GM melhorou minhas perspectivas em relação à marca.*
>
> — @MollyKDaunt[4]

> *@charger – nunca tive uma ótima impressão da GM, mas as ações da empresa nas mídias sociais é ótima e está fazendo com que eu mude minha percepção. #howtowincustomrs*
>
> — @davideckoff[5]

Não posso garantir que sua empresa sobreviverá a uma crise como a ocorrida em Three Mile Island contando apenas com um bom programa de mídias sociais, contudo, caso se veja diante de uma, saiba que os princípios básicos que sustentaram o programa da GM durante o enquadramento no Capítulo 11 certamente o ajudarão a suavizá-la. Portanto:

- Durante a crise, mantenha sua equipe de mídias sociais **bem informada** e como parte integrante de todo o plano de comunicações; mais que praticamente qualquer outra pessoa da organização, esse grupo precisará ter acesso a informações precisas e de maneira rápida, e ser informado sobre "o que de fato está acontecendo."

- Torne as mídias sociais o **foco principal** de pelo menos uma pessoa na empresa enquanto a crise durar – preferivelmente, monte uma equipe completa. As plataformas virtuais e o acesso ao público externo serão tão importantes para você e sua empresa que justificarão tal esforço.
- Preocupe-se em **escutar mais** e **falar menos**; em **responder mais** e **dizer menos**. Concentre-se em oferecer informações valiosas e em se mostrar uma fonte de dados precisos e confiáveis. Não tente promover as ideias e crenças da empresa nesse momento. Haverá tempo depois da crise para você se preocupe em restaurar a boa reputação da companhia, mas durante a crise, as pessoas querem sentir que você está ao lado delas e que os interesses delas estão sendo colocados em primeiro lugar.
- Permita que **outras pessoas o ajudem** a erguer sua empresa. Agir de maneira proativa no sentido de alcançar bons influenciadores que possam direcionar um maior número de pessoas a você, permitirá que as pessoas recebam informações de uma fonte segura e, ao mesmo tempo, evitará o surgimento de contas e representantes falsos que só irão piorar a situação.
- Não se esqueça de que encarar a crise propriamente dita é somente o primeiro passo rumo ao processo de **reparação de sua reputação** – será necessário um árduo e contínuo trabalho de acompanhamento junto ao maior número possível de pessoas com as quais tenha se engajado durante a crise. Um *follow-up* honesto e sincero é a chave para ganhar a confiança das pessoas.

POSFÁCIO

Quando o assunto é o seu próprio programa de mídias sociais, se existe algo em que você certamente poderá apostar todas as suas fichas é no fato de que terá de enfrentar várias situações inesperadas pelo caminho. Aliás, ofereço-me inclusive para endossar tal afirmação.

Quando comecei a desenvolver o conteúdo deste livro, e durante praticamente todo o tempo em que o escrevi, eu estava no comando do setor de mídias sociais da GM. Na verdade, eu esperava ainda ocupar essa mesma posição no momento em que a obra fosse lançada e também enquanto você, leitor, a estivesse apreciando. Contudo, três semanas depois de eu terminar o primeiro esboço, surgiu uma ótima oportunidade para que eu me transferisse para uma agência à qual sempre respeitara – a Voce Communications. Decidi então aproveitar aquela chance única. De repente, aquele sujeito que estava escrevendo um livro a partir da premissa de que todos os que trabalham fora de uma grande organização com frequência não entendem os desafios inerentes à execução de programas de mídias sociais em tais ambientes, também já não trabalhava em uma grande empresa e havia se tornado uma dessas vozes externas. Uma surpresa e tanto, se me permitem dizer – embora isso praticamente não tenha afetado o conteúdo já escrito, tampouco colocado em xeque a validade de tudo o que está impresso nas (aproximadamente) 250 páginas anteriores dessa obra.

Mas, enfim, a única constante nas mídias sociais é a seguinte: as **coisas mudam** – com **frequência** e **rapidez** –, portanto, precisamos nos ajustar às novas situações da maneira mais suave e entusiástica possível. O fato é que, entre todas as iniciativas implementadas poucas se desenvolverão exatamente conforme o planejado. Nesse sentido, é preciso que as pessoas compreendam tal realidade e se previnam cuidadosamente antes mesmo de começarem a agir. Em quatro anos na GM, nenhum dos programas pelos quais fui responsável foi implantado exatamente da maneira como havia sido projetado. Em vários aspectos, nosso sucesso pode e deve ser atribuído à nossa capacidade e ao nosso desejo de permitir que o desenrolar natural das situações estabelecesse o melhor curso a seguir (ou, em alguns casos, de alterar a rota do barco para evitar o desconforto das corredeiras e dos redemoinhos). O seu sucesso também dependerá do quanto você for capaz de se adequar às rápidas mudanças que ocorrem no ambiente *on-line*, e também a todas as alterações de rumo e a todos os acontecimentos inesperados em suas campanhas ou em seus programas – tudo isso da maneira hábil e suave. Em uma analogia com o futebol, se, como goleiro, tiver de encarar a cobrança de um pênalti, o jeito será se acalmar e se preparar o melhor possível para tentar defendê-lo. Você não sabe se o cobrador optará por um chute fortíssimo no canto superior esquerdo, por uma bola rasteira no canto inferior direito, ou se, porventura, enviará a bola diretamente contra o seu nariz! Não fique desesperado ou desnorteado; apenas se posicione o melhor que puder e procure se concentrar na bola.

Todavia, este pensamento de que "nada jamais ocorrerá conforme o planejado" é apenas um entre os mais importantes que gostaria de compartilhar com você. Veja a seguir alguns deles:

As mídias sociais não são uma moda passageira, tampouco se destinam a "crianças".

Não acho que ainda exista alguém no mundo dos negócios que **realmente** pense que os canais sociais e de mídia *on-line* sejam uma moda passageira, ou que de fato acredite que tudo o que se relaciona a mídias sociais irá desaparecer com o tempo. (Talvez algumas pessoas ainda guardem esse desejo dentro de si. Aliás, elas também poderiam desejar que o Papai Noel lhes trouxesse belos presentes, pois, no fundo, seria praticamente a mesma coisa.) Contudo, existe outra crença ainda mais prevalente de que as mídias sociais se destinam a "pessoas mais jovens" – elas seriam usadas primariamente por indivíduos da geração Y e pelos membros da geração do milênio, não por pessoas de maior poder aquisitivo e, sendo assim, estariam geralmente associadas aos profissionais abaixo dos 30 anos, independentemente de seus interesses, de sua experiência ou de suas aptidões. **Isso não corresponde à verdade.** De fato, mais de 50% dos norte-americanos com idade acima dos 12 anos já usam o Facebook.[1] Porém, considere as mídias sociais como um domínio dos adolescentes e dos indivíduos na casa dos vinte e poucos anos e perderá uma oportunidade única de se tornar mais relevante não apenas para futuros clientes, mas também para seus consumidores atuais. Este fenômeno não irá desaparecer e não se destina somente a crianças. Trata-se de uma ferramenta vital para o mundo dos negócios que e está plenamente disponível para ser adicionada ao seu arsenal, caso você queira utilizá-la, é claro.

Não tenha medo de fracassar.

É fácil ficar perturbado ou intimidado pelo cenário das mídias sociais. Afinal, o universo virtual está repleto de: 1º) jargões para se memorizar; 2º) objetos chamativos e brilhantes que representam novas ferramentas e tentam distraí-lo; e 3º) de regras não escritas sobre normas culturais e de etiqueta *on-line* para se aprender.

Também pode parecer que o mundo *on-line* seja bastante implacável em relação ao cometimento de erros. Por causa da natureza perversa de alguns críticos *on-line*, é fácil ficar com medo de arriscar e se dar mal; de saltar e cair; de atrair críticas negativas ou se transformar em um estudo de caso sobre "como não fazer" alguma coisa.

Entretanto, o medo do fracasso jamais deveria impedi-lo de se envolver nas mídias sociais ou de desenvolver seus programas. Ninguém consegue acertar logo da primeira vez. A maioria das empresas experientes nesse campo também tropeça de vez em quando. É **errando que se aprende** – e as pessoas estão realmente dispostas a perdoar qualquer tipo de erro que seja cometido ou fracasso que seja enfrentado. Se, por outro lado, você jamais tentar algo novo por medo de errar, nunca alcançará grandes vitórias. Talvez pareça um pouco presunçoso de minha parte usar uma citação neste momento, mas o fato é que, de maneira repentina, surgiram em minha mente as palavras de Teddy Roosevelt[i] sobre críticas:

> *"Não é o crítico que realmente importa; não é aquele que aponta os tropeços dos homens fortes ou o fato de que quem quer que tenha feito algo poderia tê-lo feito melhor. Todo o crédito pertence ao indivíduo que está na arena, com a face suja de terra, de calor e de sangue. Pertence ao homem que luta corajosamente; àquele que erra e que repetidas vezes não atinge seus objetivos. Não existe empreitada sem equívocos e prejuízos. O valor é daquele que realmente luta para completar suas tarefas, que conhece o entusiasmo e o valor da devoção, que se empenha em uma causa justa e que, na melhor das hipóteses alcançará o triunfo e, na pior delas, alcançará a derrota, mas sabendo que falhou enquanto lutava."*

Portanto, se você fracassar, simplesmente fracassou. Pegue o seu programa, corrija-o e tente novamente. Não se preocupe em demasia. Não devemos desconsiderar críticas quando elas são corretas ou pelo menos construtivas, mas é preciso compreender que o mundo das mídias sociais está repleto de pessoas que adoram palpitar sobre os erros que cometemos. Se você souber o que está fazendo e aonde está indo, não preste atenção a esses indivíduos, apenas fique atento ao caminho.

Mantenha os olhos na bola.

O mundo das mídias sociais pode se mostrar intoxicante por causa de sua tendência a ampliar ou exagerar qualquer foco de atenção que recaia sobre você ou sua empresa. É fácil se deixar envolver por ideias como as de: 1º) publicar uma página no Facebook; 2º) manter-se engajado por meio do Twitter e permitir que as pessoas falem a respeito

---

[i] Referência ao 26º presidente dos EUA: Theodore "Teddy" Roosevelt, Jr. (N.T.)

de sua marca e/ou organização; 3º) disponibilizar vídeos que gerem milhões de visualizações; ou 4º) ser festejado por revistas como a Mashable simplesmente pelo fato de "compreender" o significado das mídias sociais.

Todavia, estes são apenas efeitos colaterais. As mídias sociais são ferramentas de trabalho que poderão ajudá-lo a atingir objetivos **comerciais**. Jamais se esqueça do que está realmente tentando alcançar por meio das redes sociais – e também que o fato de investir tempo e dinheiro em seu programa de mídias significará não investi-lo em outras iniciativas. Portanto, é preciso certificar-se de que seus esforços valerão à pena e que os gastos serão justificados. Não se deixe levar pela câmara de eco formada pelas mídias sociais e pela ocasional necessidade de adulação ou autocongratulação; não permita que seu ego empresarial seja levado a buscar o burburinho causado pelas mídias sociais em detrimento do alcance de importantes objetivos para a empresa; também não permita que seus funcionários: a) se deixem deslumbrar pela ideia de se tornarem "estrelas" das mídias ou b) coloquem suas "marcas pessoais" acima de tudo, a ponto de perderem de vista o fato de que representam a sua marca, não a deles próprios.

Não há placa de "mão única" nas mídias sociais.

Já discutimos isso na Introdução deste livro, mas vale à pena repetir: não há um jeito certo ou uma estrutura pré-fabricada para se criar um programa vencedor na área de mídias sociais. Não há dois setores econômicos que sejam iguais, portanto, o que funciona para uma empresa em uma área de atuação não necessariamente funcionará para outra companhia cujo ramo seja diferente. Aliás, até em um mesmo setor poderão existir diferentes caminhos para o sucesso. Na indústria automotiva, por exemplo, a GM e a Ford adotaram abordagens distintas no uso das mídias sociais, assim como no modo como construíram seus programas – mesmo assim, ambos são considerados bem-sucedidos e figuram entre os melhores das empresas listadas na *Fortune 500* (de acordo com vários observadores especializados na área). Isso é mais uma prova de que, de certo modo, existe mais que uma única estrada para o mundo de Oz.

Não se preocupe demais com o que as outras empresas estão fazendo nesse campo e com a razão pela qual você não está agindo exatamente como elas. Em especial, não se deixe levar pela necessidade de imitar os outros ao observar o que seus concorrentes estão implantando. Se você se concentrar demasiadamente no que os outros estão fazendo, acabará apenas replicando os programas por eles desenvolvidos e **não descobrindo seu próprio modo de inovar dentro de sua empresa**. Observe o que funciona para os outros e tente incorporar apenas o que for adequado à sua organização e ao seu programa. É sempre preferível pecar ao tentar estabelecer o próprio caminho, em vez de copiando a trajetória alheia.

Se quiser se tornar viral, espirre em alguém em um ambiente fechado; do contrário, apenas se concentre em criar bom conteúdo.

Você se lembra da época em que estava no colegial? Era fácil perceber quais jovens estavam realmente lutando para se tornar populares – eles deixavam isso transparecer tão claramente que todos os outros que já faziam parte da "panelinha" tentavam afastá-los com ainda mais veemência.

O mesmo raciocínio se aplica às mídias sociais, em especial no que se refere a vídeos. Por definição, um material se torna "viral" quando o público decide compartilhá-lo em suas próprias páginas e redes sociais. Se você projetar um conteúdo de vídeo e denominá-lo viral desde o início, a mensagem que estará de fato divulgando é a de que você acha que sabe exatamente o que seu público irá considerar agradável e digno de ser compartilhado – sendo inclusive capaz de ditar a atitude desejada. Esse ponto de vista é no mínimo **arrogante**, e é o equivalente digital a se esforçar demais para se tornar popular apenas na escola. Ao desenvolver um vídeo, apenas concentre-se em criar material de boa qualidade – torne-o informativo, interessante, tocante ou controverso. Jamais o idealize com o intuito de ser "viral" desde o início. Essa é uma designação que será, ou não, garantida pelos espectadores – esse direito definitivamente não cabe a você.

POSFÁCIO

Cresça e alcance o sucesso.

Embora seja importante estabelecer rapidamente um sólido programa de mídias sociais, você jamais deveria se atirar de cabeça em uma iniciativa repleta de erros que facilmente poderiam ser evitados.

Todos nós já testemunhamos algum cãozinho pequeno tentando carregar um pedaço de osso maior que ele próprio para dentro de sua casinha e, em geral, costumamos rir dessa situação. Se você tem filhos pequenos, também é bem provável que já os tenha alertado sobre a importância de comer porções menores e assim não engasgar.

Pois bem, dentro de um ambiente de mídias sociais, tentar engolir um pedaço maior que sua boca também não será uma atitude inteligente – além de um pecado bem pior que não se colocar em todos os lugares que gostaria de estar. Portanto, avalie cuidadosamente o que de fato deseja realizar e aquilo o que efetivamente terá condições de gerenciar; concentre-se em executar esses planos ante de tentar acrescentar a eles outros elementos. Por exemplo, antes de você se aventurar no Twitter – um universo bem menos controlável – talvez o ideal seja começar com um *blog* ou uma página no Facebook e então construir uma comunidade leal e aprender a administrá-la corretamente. Depois disso, você poderá incluir outros elementos interessantes – produções de vídeo, sistemas de geolocalização, programas e patrocínios de conferências e eventos –, assim que tiver os recursos específicos, o imprimátur cultural e, o mais importante, as pessoas certas para cuidarem bem de cada um desses aspectos. Não há nada pior para uma empresa que manter: 1º) uma página oficial no Facebook na qual nenhuma pergunta ou nenhum comentário da comunidade é respondido; 2º) uma conta no Twitter que não recebe qualquer postagem por dias ou até semanas; e 3º) um canal de vídeos no YouTube que apresente os mesmos três vídeos (em geral, comerciais) por semanas e até meses. Não transforme seu programa de mídias em um cachorrinho pequeno com um osso gigante na boca. Comece com aquilo que de fato conseguirá gerenciar, **então cresça e alcance o sucesso desejado!**

Encontre parceiros perspicazes que estejam comprometidos com o seu sucesso e o de sua marca, não com o deles próprios.

Independentemente do quão eficiente for o programa que você desenvolver e o quanto tiver pesquisado para dar sustentação às iniciativas no campo de mídias sociais, há grandes chances de que você venha a precisar de outras pessoas para ajudá-lo em seus esforços, sejam quais forem os motivos: 1º) dar conta do grande número de conversações e relacionamentos desenvolvidos pela empresa; 2º) apoiá-lo na administração das comunidades criadas pela empresa ou às quais ela tenha se juntado; 3º) planejar direcionamentos estratégicos e *brainstorming*; 4º) oferecer conselhos e consultoria sobre as melhores maneiras de se lidar com situações específicas; ou 5º) ajudá-lo a construir plataformas para a publicação dos pontos de vista da empresa. Não há problemas em contar com essas pessoas; a colaboração e o trabalho conjunto com outros profissionais poderão impulsionar seus esforços. Parceiros de agências e consultores externos também serão capazes de contribuir de maneira vital para o seu sucesso – sendo tão fundamentais para o êxito da equipe quanto qualquer funcionário da própria empresa. Entretanto, certifique-se de selecionar indivíduos que se preocupem em primeiro lugar em atender aos **seus** desejos, não aos deles próprios; pessoas que estejam interessadas em saber como **você** avaliará o sucesso alcançado; profissionais cujos objetivos sejam atender os **seus** objetivos e dar a **você** o crédito pelas ações realizadas.

Já observei situações em que agências decidiram publicar comunicados de imprensa informando sobre seus mais novos clientes antes mesmo de terem realizado qualquer serviço para os referidos contratantes. Para mim, este é um sinal claro de que a parceria está mais interessada e preocupada com a própria reputação e com os próprios objetivos do que com aqueles do cliente. Também já vi casos em que consultores comparecem a reuniões com a contratante, oferecem a ela apresentações padrão – já utilizadas várias vezes anteriormente –, apanham o pagamento pelos "serviços realizados" e vão embora sem oferecer qualquer benefício estratégico para a companhia que os contratou. (Ainda assim, essas pessoas são rápidas em acrescentar aos seus currículos e portfólios o nome das empresas para as quais "trabalharam.") Todavia, para que essas parcerias funcionem, é crucial que todos estejam alinhados diante dos mesmos objetivos. Assim como no caso do bom gerente que reconhece que seus resultados são melhores quando seus funcionários se saem bem, um bom parceiro também admite que seu triunfo depende do alcance do sucesso pela empresa com a qual estiver colaborando. Invista o tempo necessário para ir além da fama e do reconhecimento da agência ou do consultor contratado; avalie se as propostas e os conselhos oferecidos se destinam realmente a elevar o nome de sua marca, a reforçar seu lugar nas comunidades sociais e a atingir os objetivos previamente estabelecidos.

Frequente cursos intensivos.

Quando você ainda era uma criança, a ideia de frequentar cursos intensivos durante as férias provavelmente lhe parecia irritante. Talvez você imaginasse: "Acabei de terminar o ano letivo, por que deveria me matricular em outro curso e continuar estudando?" Essa tendência de pensar que já possuímos todo o conhecimento de que precisamos para seguir em frente poderá nos acompanhar ao longo da vida adulta; também se tornará fácil imaginar que, depois de alguns sucessos, já conhecemos tudo sobre as mídias sociais. Porém, isso não é verdade.

Não se trata de a pessoa não saber o que ela acha que sabe – a questão é que esse ambiente se desenvolve tão rápido que aquilo que parecia uma inovação no passado próximo já não funciona mais atualmente. Portanto, se quiser ser um líder, será preciso se comprometer com a ideia de que **você jamais saberá o "suficiente"**; de que **será preciso continuar lendo, aprendendo, experimentando, fracassando** e **desenvolvendo** não apenas o seu programa, mas também sua **mentalidade** em relação ao funcionamento das mídias sociais. Você deverá estar preparado para desafiar a maneira de pensar dos grandes influenciadores nas mídias e até mesmo seus próprios raciocínios. Você precisará constantemente se considerar como se estivesse abaixo da média. Nesse sentido, procure se atualizar o tempo todo, lendo *blogs* e *sites* sobre o assunto; participe de tantas conferências e de tantos eventos quanto possível; interaja com o maior número de profissionais da área quanto puder. Pense que jamais terminará de estudar, pois sempre haverá um curso intensivo a fazer.

Lembre-se: o sucesso está em atender as expectativas e as necessidades do seu público.

É claro que você precisa se manter de olhos abertos em relação às suas próprias expectativas e aos seus objetivos. Também é óbvio que você jamais deverá se colocar em uma posição em que tenha de acatar os caprichos dos outros e/ou permitir que as redes sociais transformem seu programa em algo diferente daquilo que você deseja ou precisa. Contudo, o seu programa e o seu conteúdo não podem girar somente em torno de sua mensagem central, de sua marca e daquilo o que você deseja divulgar sobre a sua empresa. Um programa de mídias sociais verdadeiramente bem-sucedido começa e termina com o ato de escutar antes de falar, de se colocar na situação do seu público e de perguntar: "O que é relevante para **essas pessoas**?" e "Será que esse conteúdo me pareceria **interessante** se eu não trabalhasse nessa empresa?" Se você se mantiver comprometido em escutar na mesma medida em que fala, e em permitir que, na maioria das vezes, o público controle os rumos do diálogo, estará no caminho certo. Defenda sempre a ideia de se mostrar relevante para o seu público – não para os executivos de sua organização –, e tudo ficará bem.

As mídias sociais dizem respeito a seres humanos.

Esta é sem dúvida a **lição mais importante** entre todas as demais apresentadas neste livro. Nosso intuito aqui não é discorrer sobre um conjunto de novas tecnologias que se rebelaram contra a velha estrutura de comunicações; tampouco falar sobre lideranças que se utilizam da força do próprio logotipo. Em última análise, estamos nos referindo a **relacionamentos**; estamos falando de **humanização** e do fato de outras pessoas **apreciarem sua marca e sua organização** simplesmente pelo fato de gostarem das pessoas que trabalham dentro dela. Vale ressaltar que de nada adiantará humanizar sua marca se o público não gostar dos homens e mulheres que representarem sua empresa.

Sendo assim, o bem mais valioso no qual você poderá investir, e também o elemento mais crucial do seu programa de mídias sociais, sempre será o **ser humano**. Nem mesmo o programa mais perspicaz e mais caro, nem a campanha mais bem propagandeada alcançarão o sucesso se não forem **comandados** pelas **pessoas certas**. Entretanto, se você contar com indivíduos afáveis, críveis, espertos e responsivos em seu programa – realmente envolvidos em seus esforços na área de mídias sociais –, você sempre alcançará o sucesso, independentemente de não dispor de um grande orçamento.

Quando todos os elementos aqui discutidos estiverem devidamente alocados e as pessoas de sua equipe e também de toda a organização demonstrarem a mentalidade correta, suas práticas na área de mídias sociais poderão se tornar as mais recompensadoras e divertidas da empresa – e mesmo assim contribuir muito para o alcance dos objetivos para os quais elas foram instituídas em primeiro lugar. Tudo o que discutimos até aqui sobre mídias sociais não é apenas conversa fiada, já que, na verdade, elas são um instrumento comercial capaz de aprofundar a lealdade dos seus clientes, de amealhar novos consumidores e de modificar o modo como você atende as pessoas que, em última análise, são as responsáveis por mantê-lo em atividade.

Portanto, vá em frente e faça um ótimo trabalho!

NOTAS DO AUTOR

Introdução
1. Jonathan Klein, CNN, como citado pela Fox News em 14 de setembro de 2004, http://www.foxnews.com/story/0,2933,132494,00.html.

Capítulo 1
1. Richard Binhammer, entrevista telefônica com o autor em 9 de fevereiro de 2011.
2. *Ibid*.
3. Michael Wing, entrevista telefônica com o autor em 17 de março de 2011.
4. *Ibid*.
5. Richard Binhammer, entrevista telefônica com o autor em 9 de fevereiro de 2011.
6. David PUner, entrevista telefônica com o autor em 28 de novembro de 2010.
7. Zena Weist, entrevista via *e-mail* com a autora em 17 de janeiro de 2011.
8. Richard Binhammer, entrevista telefônica com o autor em 9 de fevereiro de 2011.
9. Zena Weist, entrevista via *e-mail* com a autora em 17 de janeiro de 2011.

10. Declaração da Comissão Federal de Comércio, *A FTC Publica Guia Final para a Administração de Endossos e Testemunhos: As mudanças afetam anúncios testemunhais, blogueiros e endossos realizados por celebridades* (5 de outubro de 2009), acessado *on-line* em 18 de fevereiro de 2011, em http://www.ftc.gov/opa/2009/10/endortest.shtm.

Capítulo 2

1. David Puner, entrevista telefônica com o autor em 28 de novembro de 2010.
2. Zona Weist, entrevista via *e-mail* com a autora em 17 de janeiro de 2011.
3. Richard Binhammer, entrevista telefônica com o autor em 9 de fevereiro de 2011.

Capítulo 3

1. Zena Weist, entrevista via *e-mail* com a autora em 17 de janeiro de 2011.
2. *Business Insider, After Diaper Incident, Alaska Airlines Has a Major PR Debacle on Its Hands* (Depois de um incidente envolvendo uma fralda, a Alaska Airlines enfrenta um sério problema de RP), 8 de novembro de 2010, http://articles.businessinsider.com/2010-11-08/news/30039713_1_customer-service-alaska-airlines-agent
3. Música de Dave Carroll, video publicado no YouTube em 6 de julho de 2009, http://www.youtube.com/watch?v=5YGc4zOqozo
4. ESPN Nova York, 13 de maio de 2011, http://sports.espn.go.com/new-york/nhl/news/story?id=6532954.
5. Richard Binhammer, entrevista telefônica com o autor em 9 de fevereiro de 2011.
6. *Ibid.*

Capítulo 4

1. David Puner, entrevista telefônica com o autor em 28 de novembro de 2010.
2. Lindsay Lebresco, entrevista via *e-mail* com a autora nos meses de setembro e outubro de 2010.
3. Richard Binhammer, entrevista telefônica com o autor em 9 de fevereiro de 2011.

4. Lindsay Lebresco, entrevista via *e-mail* com a autora nos meses de setembro de outubro de 2010.
5. Zena Weist, entrevista via *e-mail* com a autora em 17 de janeiro de 2011.

Capítulo 5 – Não há notas

Capítulo 6
1. Scott Stratten, durante discurso programático realizado na BlogWorld Expo 2010, Las Vegas, Nevada.
2. Olivier Blanchard, *Basics of Social Media ROI* (*Fundamentos do ROI nas Mídias Sociais*), acessado por meio do SlideShare em 3 de março de 2011, http://www.slideshare.net/thebrandbuilder/olivier-blanchard-basics-of-social-media-roi.
3. Geoff Livingston, "Why ROI Will Never Die" (Porque o ROI jamais deixará de importar), HTTP://geofflivingston.com/2011/03/03/why-roi-will-never-die/.
4. *Fortune, The Trouble With Twitter* (*Os Problemas com o Twitter*), acesso *on-line* em 14 de abril de 2011, na forma impressa em 2 de maio de 2011, http://tech.fortune.cnn.com/2011/04/14/troubletwitter/.
5. *CNN.com, Ashton Kutcher Challenges CNN to Twitter Popularity Contest* (*Ashton Kutcher Desafia a CNN a Participar de um Teste de Popularidade*), em 15 de abril de 2009, http://articles.cnn.com/2009-04-15/tech/ashton.cnn.twitter.battle_1_cnn-twitter-account-followers?_s=PM:TECH.
6. Peter Shankman, na *BrandCamp University*, Southfield, Michigan, 8 de outubro de 2010.
7. *The Guardian, Justin Bieber Is More Influential Online Than the Dalai Lama or U.S. President* (*Justin Bieber é mais Influente On-line que o Dalai Lama ou o Presidente dos EUA*), 2 de janeiro de 2011, http://www.guardian.co.uk/media/2011/jan/02/klout-social-media-networking.
8. Mashable, *Charlie Sheen Sets Guinness World Record for Twitter* (*Charlie Sheen entra para o livro Guiness ao estabelecer novo recorde no Twitter*) , 3 de março de 2011, http://mashable.com/2011/03/03/charlie-sheen-sets-new-guinness-twitter-record/.
9. Twitter, https://twitter.com/#!/charliesheen, 7 de março de 2011.

10. Zena Weist, entrevista via *e-mail* com a autora em 17 de janeiro de 2011.
11. Estatística do Facebook, avaliada no *site* da rádio KTWV, em Los Angeles, Califórnia, em 11 de março de 2011, http://947thewave.radiocom/2011/02/08/the-average-facebook-users-habits/.

Capítulo 7

1. Lindsay Lebresco, entrevista via *e-mail* com a autora nos meses de setembro de outubro de 2010.
2. Zena Weist, entrevista via *e-mail* com a autora em 17 de janeiro de 2011.
3. Richard Binhammer, entrevista telefônica com o autor em 9 de fevereiro de 2011.
4. Zena Weist, entrevista via *e-mail* com a autora em 17 de janeiro de 2011.

Capítulo 8

1. Scott Adams, *Dilbert*, 27 de setembro de 2009, http://dilbert.com/strips/comig/2009-09-27/.
2. Richard Binhammer, entrevista telefônica com o autor em 9 de fevereiro de 2011.
3. Michael wing, entrevista telefônica com o autor, 17 de março de 2011.
4. *Ibid*.
5. David Murray, *Rules for Blogging at Sun: Don't Do Anything Stupid* (*Regras para Blogar na Sun: Não Faça Nada Estúpido*), *Ragan's PR Daily Europe* (25 de janeiro de 2011), http://www.prdaily.eu/PRDailyEU/Articles/Rules_for_blogging_at_Sun_Dont_do_anything_stupid__2853.aspx.
6. National Highway Traffic Safety Administration (Administração Nacional da Segurança no Tráfego Rodoviário), http://www.nhtsa.gov/nhtsa/announce/testimony/tread.html.

Capítulo 9

1. Zena Weist, entrevista via *e-mail* com a autora em 17 de janeiro de 2011.
2. História citada em *Huffington Post*, 9 de março de 2011, em http://www.huffingtonpost.com/2011/03/09/chrysler-twitter-account-_n_833571.html

Capítulo 10

1. CBSNews.com, 24 de agosto de 2011, *Peter Shankman Tweets at Morton's Steakhouse to Bring Him A Porterhouse, Wish Granted* (*Peter Shankman Twita para a Churrascaria Morton Solicitando o Envio de uma Porção de Carne, Desejo Atendido*) http://www.cbsnews.com/8301-501465_162-20096527-501465.html.
2. Danny Brown, *Morton's Steakhouse: Great Customer Service or Great PR?* (*Morton's Steakhouse: um ótimo serviço de atendimento ao cliente ou excelente RP?*), 19 de agosto de 2011, http://dannybrown.me/2011/08/19/great-service-pr/.
3. Sara O'Flaherty, SaraOFlaherty.com, *Put Down de Knives, BlogHers, the Nikon Debable Does Not Call for Blood* (*Abaixem as Armas, Membros do Blogtters, O Caso Nikon não Justifica o Derramamento de Sangue*), 25 de julho de 2009, http://saraoflaherty.com/2009/07/put-down-the-knives-bloghers-the-nikon-debacle-does-not-call-for-blood/.
4. *Blog Notes from de Trenches* (*Anotações das Trincheiras*), *In Which I Piss Off a Lot of People and Do Not Care* (*Em que Eu Costumo Irritar Muita Gente e Não me Importo*), 26 de julho de 2009, http://www.notesfromthetrenches.com/2009/07/26/in-which-i-piss-off-lots-of-people-and-do-not-care/.
5. Lindsay Lebresco, entrevista via *e-mail* com a autora nos meses de setembro de outubro de 2010.

Capítulo 11

1. *USA Today, USA Today Salaries Databases, 2002* (*Base de Dados com Informações sobre Salários do USA Today*), http://content.usatoday.com/sportsdata/baseball/mlb/salaries/team/2002, acessado em 2 de outubro de 2011.
2. Mashable, *Old Spice Sales Double With YouTube Campaign* (*As Vendas dos Produtos Old Spice Dobram Após a Campanha no YouTube*), http://mashable.com/2010/07/27/old-spice-sales/, acessado em 27 de julho de 2010.
3. Entrevista via *e-mail* entre o autor e os profissionais de *marketing* responsáveis pela campanha publicitária do Facebook. Embora o canal de rádio tenha concordado em permitir que a história básica e os números fossem mencionados neste livro, seus representantes

solicitaram que seus nomes fossem mantidos em segredo. Obedecemos a esta solicitação.
4. Hardy Green, *Why Oprah Opens Readers' Wallets* (*Por que Oprah Abre a Carteira de seus Leitores*), BusinessWeek (10 de outubro de 2005), http://www.businessweek.com/magazine/content/05_41/b3954059.htm.
5. Wikipédia, *Dunbar's Number* (*Número de Dunbar*), http://en.wikipedia.org/wiki/Dunbar%27s_number, acessado em 2 de outubro de 2011.
6. Jennie Ecclestone, entrevista com o autor em 29 de novembro de 2010.

Capítulo 12

1. Anna Driver e Kristen Hays, *BP Turns to Twitter, Facebook on Spill Information* (*A BP se Volta para o Twitter e o Facebook para Obter Informações Sobre o Vazamento de Óleo*), Reuters (6 de maio de 2010), http://www.reuters.com/article/idUSTRE6455OR20100506.
2. Brena Ehrlich, *BP and Twitter to @BPGlobalPR: Tell Them You're Joking* (*A BP e o Twitter para @BPGlobalPR: Diga a Eles que Você Está Brincando*), Mashable (9 de junho de 2010), http://mashable.com/2010/06/09/bpglobalpr-changes-bio/.
3. Página do Twitter @BPGlobalPR, verificada originalmente em 16 de outubro de 2010, http://twitter.com/#!/BPGlobalPR.
4. Ibidem.
5. *Los Angeles Times*, LATimes Blogs, *Kenneth Cole Inflames Twitter With Egypt-Themed Tweet Advertising His Spring Collection* (*Kenneth Cole Inflama o Twitter com uma Propaganda de sua Coleção Primavera/Verão que Usa Como Pano de Fundo as Manifestações no Egito*), 4 de fevereiro de 2011, http://latimesblogs.latimes.com/chatter/2011/02/kenneth-cole-twitter-egypt-cairo.html.
6. Anthony Rotolo, *Price Chopper Attacks Customer's Job Over Negative Tweet* (*Price Chopper se Volta para a Empresa Onde um Cliente Trabalha para Reclamar de Tweet Negativo*) Price Chopper Fail *Blog*, postagem não datada de setembro de 2010, http://pricechopperfail.tumblr.com/post/1156969465/price-chopper-attacks-customers-job-over-negative-tweet.
7. Anthony Rotolo, *Price Chopper Class Visit, Twitter Digest* (*Visita da Price Chopper ao Professor Antony Rotolo, Resumo no Twitter*), Price

Chopper Fail *Blog*, 5 de outubro de 2010, http://pricechopperfail.tumblr.com/post/1295405155/digest.

8. CNY Central News (CW 6, NBC 3) em Syracuse, Nova York (5 de outubro de 2010), http://www.youtube.com/watch?v=G9CUBTK_2PY.

9. Mitch Wagner, *Maytag Crosses Popular Blogger, Gets Spun Dry* (*A Maytag Irrita Blogueira Popular e Acaba Publicamente Centrifugada*), Information Week, Global CIO *Blog* (1 de setembro de 2009), http://www.informationweek.com/*blog*/main/archives/2009/09/maytag_crosses.html;jsessionid=SLUZEPU2BC4FZQE1GHPSKH4ATMY32JVN.

10. A RAN afirmou publicamente que, com sua campanha, "tiraria do ar" o *site* da GM. Contudo, 1º) o *site* jamais ficou *off-line*; 2º) jamais deixamos de inserir conteúdo dentro dele; 3º) nunca retiramos as principais críticas de nossa página; e 4º) sempre mantivemos o *site* no ar ao longo de 2008, ano em que celebramos nosso centésimo aniversário. Essa afirmação somente se justificaria se o fato de nossa empresa optar por não aceitar novos comentários para uma postagem existente, sem retirar a referida postagem ou quaisquer críticas do ar, pudesse ser visto como "retirar o *site* do ar."

11. Caroline McCarthy na CNet, *Nestle Mess Shows Sticky Side of the Facebook Pages* (*A Confusão Envolvendo a Nestle Mostra o Lado Doloroso das Páginas do Facebook*), 19 de março de 2010, http://news.cnet.com/8301-13577_3-20000805-36.html.

12. *The Huffington Post, Groupon's Controversial Tibet Super Bowl Ad* (*O Controverso Anúncio da Groupon para o Super Bowl em que a Empresa Faz Referência à Situação Sociopolítica no Tibete*), 6 de fevereiro de 2011, http://www.huffingtonpost.com/2011/02/06/groupon-tibet-super-bowl_n_819353.html.

13. Ryan Flinn, *Gap Scraps New Logo After Backlash, Revives Blue Box* (*A Gap Abandona Novo Logotipo Depois de Críticas e Volta a Utilizar o Antigo Box Azul*) Bloomberg (12 de outubro de 2010), http://www.bloomberg.com/news/2010-10-12/gap-scraps-new-logo-after-*online*-backlas-will-return-to=blue-box-*design*.html.

14. Gary Grant, *Chevy vs. Chevrolet* (*Chevy versus Chevrolet*), *The Garage Blog* (10 de junho de 2010), http://thegarageblog.com/garage/chevy-vs-chevrolet/.

15. The Gap, atualização de *status* (6 de outubro de 2010), http://facebook.com/gap.
16. Juli Weiner, *New Gap Logo, Despised Symbol of Corporate Banality, Dead at One Week* (*O Novo Logo da Gap, Desprezado Símbolo da Indiferença Corporativa, Extinto em Apenas uma Semana*), Vanity Fair (12 de outubro de 2010), http://www.vanityfair.com/online/daily/2010/10/new-gap-logo-despised-symbol-of-corporate-banality-dead-at-one-week.html.
17. Chevrolet vídeo, *Chevy vs. Chevrolet* (*Chevy versus Chevrolet*), 10 de junho de 2010, http://www.youtube.com/watch?v=LaQXQmkMFGc.

Capítulo 13
1. Kimberly s. Johnson, Twitter, 1 de junho de 2009, 17:46, http://twitter.com/#!/kimberlysjohns.
2. Pete Blackshaw, Twitter, 2 de junho de 2009, 8:05, http://twitter.com/#!/pblackshaw.
3. Karl Sakas, Twitter, 2 de junho de 2010, 11:49, http://twitter.com/#!/KarlSakas.
4. MollyKDaunt, Twitter, 2 de dezembro de 2009 (A postagem foi retransmitida por outra pessoa, portanto, o horário se perdeu.), http://twitter.com/#!/MollyKDaunt.
5. David Eckoff, Twitter, 26 de junho de 2010, 12:09, http://twitter.com/#!/davideckoff.

Posfácio
1. Jennifer Kruger, *More than Half of Americans Now on Facebook* (*Mais da Metade de Todos os Norte-Americanos Agora no Facebook*), PMA *Newsline* (1 de abril de 2011), http://pmanewsline.com/?s=more+than+half+of+americans+now+on+facebook.

ÍNDICE REMISSIVO

A
Adams, Scott 129
Alaska Airlines 38
Alix Partners 272–273
Ambiguidade 29
Apagando postagens 156–157
Apollo 13 (o filme) 226
Aprendizado contínuo 297. ver também programa educacional
Arickx, Randy 271
Armstrong, Heather 238
Assunção de responsabilidades 60
Autenticidade 16
Autoridade
   Claras linhas de 34–35. ver também a propriedade de mídias sociais
   Estabelecendo 23
   Mediando disputas com a 24
   Para representar a empresa 140
   Perguntas dos candidatos a evangelistas sobre a 85
Avaliando a influência 108–111
Avery, Sean 41

B
Batey, Alan 263
Beane, Billy 203–204
Berg, Paula 55
Best Buy 17, 110
Binhammer, Richard 5, 6, 14, 25, 46, 52–53, 62, 126, 131–132
Binkowski, David 78–79
Blackshaw, Pete 269
Blanchard, Olivier 78–79, 95
Blog FastLane 117–118
BlogHer 191–192
Blogueiros 173–201
   compensando os 139
   Compensando os 195–196

Em conferências e outros
   eventos 184–201
Familiarizando-se com o trabalho
   dos 175–179
Interações *off-line* com os 181–184
Interações *on-line* com os 174–182
Tipos de 182
Tópicos de discussão com 180–181
BlogWel 184
BlogWorld Expo 184
Bluhm, Annalisa 271
Bordões 82
BP 228–229
Brogan, Chris 110, 162
Burburinho 217
Burke, Connie 212

C
Campanhas contra empresas/
   marcas 242–251
Carroll, David 38
Chá de bebê 213
Chevrolet
   "Chevy" *versus* 257, 263
   Programa SXSW 17, 210–211
Chrysler 158
Circuito das *pizzas*
   (Miami) 211–212
CNN 108
Coca-Cola 17, 111
Colaboração 44–46
Cole, Kenneth 233
Colley, Phil 49
ComcastCares 17, 55
Compensando os blogueiros 139

Comprometimento de recursos,
   questões sobre o 86–88
Comunicações
   a propriedade das mídias sociais pelo
      setor de 35–36
   durante momentos de
      crise 275–281
   evangelistas especialistas em 65–66
Comunicado de imprensa (*press
   release*) 174, 175
Concorrências 122–123
Confiança
   desenvolvendo a 228–230
   ganhando 220
   no líder e na equipe de mídias
      sociais 28–30
Confidencialidade 138
Conflitos territoriais (*turf
   wars*) 46–48
Conteúdo 122–123
Contratação 23
   considerações dos candidatos
      na 84–92
   qualidades a serem procuradas
      na contratação de
      evangelistas 78–85
Controle das conversações
   on-line 8–10
Credibilidade 167
Crise da falência da GM 267–288
   acompanhamento da
      (*follow-up*) 283–288
   a equipe de mídias sociais envolvida
      na 270–274
   a SWAT das mídias sociais
      na 274–275

envolvendo influenciadores
na 281–283
escutando ativamente 276–281
Crise no setor de Atendimento ao Cliente 237–242
como tópico de discussão *on-line* 141
propriedade do setor de mídias sociais pelo setor de atendimento ao cliente 38–39
Criticando a concorrência 139–140
Críticas 245–246
Cultura corporativa e a liderança inclusiva 50–51
e o uso das mídias sociais 5–8
Custo dos programas de mídias sociais 31–32

D

Declaração informativa (*disclosure*) 193, 199
Delegação 71–75
Dell 5, 17, 25, 46, 52, 62, 111, 126
Dell, Michael 46
Departamento de Tecnologia de Informação (TI)
política de mídias sociais do 132
propriedade das mídias sociais pelo 42–44
Desenvolvimento de rede (*Web development*), propriedade das mídias sociais pelo setor de 42–44
Difamação 192–193, 199
Dilbert (as tirinhas) 129
Disney 17, 110
Documentação, Responsabilidade e Aprimoramento no Serviço de Recall Automotivo) 142–143
Dooce.com 238–239
Dunkin' Donuts 14, 17, 21

E

Ecclestone, Jennie 211, 220
Eliason, Frank 55
Empregados (funcionários/colaboradores)
comunicando a política de mídias sociais para os 131–132, 149
em eventos locais 220–221
no desenvolvimento da política de mídias sociais 133
Empregados (funcionários s/colaboradores)
crise gerada pelos 232–237
Empresas sem fins lucrativos 4, 49
Engajamento 64–66
e conferências 89
Envolvimento ativo nas redes sociais 59–64
Equipe de mídias sociais
confiança na 28–30
difusão de expertise pela 165–170
informações sobre crises para a 272–273
questões dos candidatos a evangelista na 86–88
relacionamento com a equipe legal pela 117, 118, 123–128
Equipe jurídica 115–128

na implementação da
  estratégia 120-123
na política de mídias sociais 130, 132
trabalhando com a 123-128
Equívocos
  de campanha 251-256
  organizacionais 256-264
  reconhecendo 145. *ver também* situações de crise
Erros de campanha 251-256
Erros organizacionais 256-264
Escutando 14-15, 298
Etiqueta (nas mídias sociais)
  ao lidar com crises 248-250
  educação sobre 134, 155-157
  política de mídias sociais *versus* 143-144
Evangelista de mídias sociais (liderança) 19
  apoio ao executivo patrocinador pelo 29
  apoio do executivo patrocinador ao 20-21
  background em *marketing* ou RP do 79
  bordões e *slogans* utilizado pelo 82
  candidatando-se à vaga de 84-92
  confiança no 28-30
  contratação 23, 48
  delegação pelo 71-75
  detalhes pessoais revelados pelo 67-69
  envolvimento ativo 59-63
  equilibrando a personalidade e o *marketing* pelo 69-70
  experiência anterior do 62-64
  fim da relação na contratação 78-85
  habilidades do 60-61
  habilidades nos jargões usados nas mídias 81-82
  imaturidade profissional do 82-83
  lição de casa feita pelo 79-81
  marca pessoal 78-80
  no desenvolvimento de estratégias 31-32
  papéis individuais 55-56
  papel interno do 70-71
  relação entre o executivo patrocinador e o 28-30
  responsabilidades estratégicas do 27
  visão do empreendimento pelo 64-67
Eventos e conferências na área de mídias sociais 87, 184-201. *ver também* programas locais
  acompanhamento (*follow up*) depois de 199-201
  cobertura paga *versus* merecida 195-197
  localizando representantes de marca em 197-199
  pequenos 206-208
  presença em grandes eventos 184-186
  suas expectativas para 190-195
  valor para o público em 187-190
Executivo patrocinador 19-21
  características do 21-25
  e o orçamento para o programa de mídias sociais 31-32

e o relacionamento entre agência e
empresa   30
estilo de liderança e necessidades
do   26-28
funções do   20
gerenciamento de riscos pelo   29-31
liderança inclusiva pelo   52
perguntas do candidato a evangelista
sobre o   85-86
relacionamento entre o evangelista e
o   28-30
Expectativas
das mídias sociais   5-6
dos clientes, compreendendo as
13-14
dos consumidores   13-14
em relação a eventos e
conferências   191-195
Expertise
difusão da   165-170
do evangelista   67
dos advogados   126-128
e educação dos empregados   163

F

Facebook
número de usuários   37
uso bem-sucedido do   113
Falls, Jason   110, 162, 209, 216
Federal Trade Commission (FTC)
direcionamentos   16-17, 120-121,
130, 141-142, 192-193
Ferramenta comercial
as mídias sociais como uma   4-5,
292-293

Ferramentas digitais *versus*
ferramentas sociais   16
Fey, Tina   77
Fim da relação   77-92
ao contratar uma liderança nas
mídias sociais   78-85
ao se candidatar a um cargo
de lideranças das mídias
sociais   84-92
Fontes de informação   2-3, 9
Ford Fiesta Movement   17, 35
Ford Motor Company   55, 293

G

Gap   257, 262-263
General Motors (GM)
abordagem das mídias sociais   293
blogueiros do setor
automotivo   182-183
crise Chevy   257, 263-264
departamento jurídico   116, 117, 126
e a Rainforest Action Network
(Rede de Ação em Defesa das
Florestas Tropicais)   243-251
executivo patrocinador   21, 22
exigências regulatórias   142-143
ferramentas de treinamento para as
mídias sociais   155
no SXXW   207, 210-211
O Clube Social da   49-50, 126
origem do programa de mídias
sociais   46-47
política de mídias sociais da   155
programa de imersão e difusão   168
Programa Educacional   162, 165

programas locais 211–214, 216, 222–223
representação da 158–159
trabalhando com blogueiros 189–190, 193–194
Geração de receita 94–95
Gerenciamento de riscos 29–31
Goddard, Damian 41
Google+ 155
Graco 17, 62, 68, 116–128
Grandes marcas
  inovação e criatividade das 17–18
  percepção dos blogueiros em relação às 174–175
  percepções equivocadas das mídias sociais pelos líderes das 56
  representando as grandes organizações 55
Grandes organizações
  adoção de tecnologias e plataformas em 6–7
  visões dos "gurus" das mídias sociais 117–119
Greenpeace 249
Groupon 256
Guia do usuário (usage guide) 145–148

H
Harley-Davidson 214
Harris, Steve 21, 22, 269, 272
Hate speech 138–139
Henderson, Fritz 50, 269
Henige, Mary 137

Henrique VI Parte 2 (Shakespeare) 115
H&R Block 14, 17, 21, 111, 153–154

I
IBM 6, 17, 21–22, 46, 111, 133, 164
Influenciador (termo) 81. *ver também* blogueiros
Interações
  como moeda nas mídias sociais 89
  com o público 13–14
  com os blogueiros 174–184
  em pequenos evento 207–208

J
Jaffe, Joseph 162
Jargão 81
Jurisprudência (precedentes legais) 115–128

K
Klout 104, 109
Kutcher, Ashton 108

L
LaMuraglia, Joe 263
Lebresco, Lindsay 62, 68, 115–116, 199
LeFever, Lee 155
Lewis, Michael 203–204

ÍNDICE REMISSIVO

Liderança
  inclusiva 48-53
  pelo executivo patrocinador 20, 26-28
Links 147
Livingston, Geoff 78, 96

M

Marca
  descobrindo representantes para a 197-199
  pessoal 78-80, 82
  responsabilidades em representar uma 157-160
Marca pessoal (do evangelista)
  construindo um programa em torno da 166
  ênfase exagerada na 78-80
Marketing
  a experiência do evangelista na área de 79
  a *expertise* do evangelista em 67
  propriedade das mídias sociais pelo 37-38
  táticas e abordagens de 3-4, 26-28
Maytag 238-239
Mediação de disputas 24
Medindo o ROI 102-113
  estabelecendo a base para medir o ROI 102-104
  questões básicas para a medição do ROI 97-100
  valor dos números na medição do ROI 104-114
Medo de fracasso 291-292
Mehta, Manish 25

Menchaca, Lionel 25, 55
Mensagem da marca
  consistência na 26-28
  controle do diálogo sobre a 8-10
  fusão com um toque pessoal 68
  oriunda de uma pessoa *versus* oriunda de uma empresa 3-4
Mídia social "viral" 107, 294
Mídias sociais 1-18
  como ferramenta comercial 4-5, 292-293
  como o "oeste selvagem" 1-2
  como via de mão dupla 13, 293-294
  compreendendo o valor das 89
  e empresas como pontos de mídia 10-12
  ênfase exagerada na marca pessoal 78
  e o controle dos diálogos *on-line* 8-10
  expectativas irrealistas em relação às 5-6
  ferramentas digitais *versus* 16
  foco nas 2-3
  mídias tradicionais *versus* 37
  o respeito da organização pelas 90-92
  propósito do uso organizacional das 4
  resistência interna às 70-71
  transparência com as 16
  uso pelas grandes marcas 17-18
Mídias tradicionais
  mídias sociais *versus* 37
  trabalhando com as 221-222

Moneyball (livro de Michael Lewis)
  (*Bola de Dinheiro: A Arte de
  Vencer um Jogo Injusto*)   203–204
Monty, Scott   35
Morton's Steakhouse (Churrascaria
  Morton)   188

N

Não divulgação   16
Nestlé   249
Nikon   191
Número de Dunbar   218

O

Oakland A's   203–204
Obama, Barack   109–110
Objetivos
  definindo   100–101
  estabelecendo   64–66
  não financeiros   95
O Homem que Mudou o Jogo
  (filme)   203–204
Old Spice Guy (o sujeito da
  propaganda do Old Spice)   210
Orçamento   31–32

P

Palavra-chave   164
Parceiros   132–134, 296–297
Pepsi   17
Personalidade
  equilibrando a promoção da marca e
    a   69–70
  revelando   67–68

Pessoas   298–299
Planejando o envolvimento do
  evangelista   90–92
Política de mídias sociais   129–149
  a importância da   129–132
  a importância legal de uma   135
  compartilhando   148–149
  elementos a serem incluídos
    na   144–145
  encontrando um meio termo para
    a   135–137
  envolvimento da equipe jurídica no
    desenvolvimento da   122
  escrevendo a   138–143
  exigências regulatórias   143–144
  guia de uso da   145–148
  informando a equipe de
    desenvolvimento sobre
    a política de mídias
    sociais   134–135
  ofensas que justificam a demissão
    na   138–140
  parceiros no desenvolvimento de
    uma   132–134
  transgressão reduzida na   141
  violações disciplinares na   140
Políticas, como um tópico de
  discussão *on-line*   141
Pontos de mídia, empresas
  como   10–12
Posicionamento de marca,
  interações casuais e   6
Posse da presença da marca   69–70
Posse das mídias sociais   33–53
  estabelecendo a   23
  pelo departamento de recursos
    humanos   40–41

e o desenvolvimento da política de
mídias sociais 132
Redes, envolvimento ativo
nas 59-64
Relacionamentos
com o departamento jurídico 117,
118, 123-128
com os consultores 29
desenvolvido por meio de programas
locais 216-219
entre o evangelista e o executivo
patrocinador 28-30
solidificação do relacionamento
off-line 215
Relações Públicas (RP)
experiência do evangelista
em 79-80
propriedade das mídias sociais pelo
departamento de 35-36
Religião, como tópico de discussão
on-line 141
Resistência às mídias
sociais 70-71
Respeito 147
Resultados dos mecanismos de
busca 275-282
Retorno sobre o investimento
(ROI) 93-94
aumentando o 113-114
como o sucesso se parece 100-101
estabelecendo a base para
o 102-104
geração de receita 93-95
medindo o 97-100, 104-114
Reuss, Mark 199
Reynolds, Todd 41
Roosevelt, Theodore 292

S

Safe Kids USA 213
Scott, David Meerman 162
SeaWorld (San Antonio) 215
Serviço de atendimento ao
consumidor
como tópicos de discussão
on-line 141
crises geradas pelo 237-242
propriedade das mídias sociais
pelo 38-39
Shankman, Peter 109, 188
Sheen, Charlie 109
Site, mensagens por meio das
mídias sociais *versus* 12
Situações de crise 225-265
brain freeze (choque
organizacional) 256-264
campanhas em 242-251
catastróficas. *ver também* a crise
envolvendo a falência da GM
erros em 251-256
geradas pelo indivíduo 232-237
geradas pelo serviço de atendimento
ao consumidor 237-242
oportunidades para brilhar
em 226-227
se preparando para 227-231
Slogans 82
SOBCon 184
Social Fresh 184
Social media ROI (Olivier
Blanchard), (O ROI das Mídias
Sociais) 95
Sorte no Amor (filme de 1988) (*Bull
Durham*) 19-20

pelo *marketing* 35–36
pelos departamentos de
   Relações Públicas ou
   Comunicações 35–36
pelo serviço de atendimento ao
   consumidor 38–39
pelo setor de Tecnologia
   da Informação ou
   Desenvolvimento de
   Redes 42–44
uma condição ideal para ter
   a 44–53
Precedente legal 121–122
Presença de marca
   e a personalidade do evangelista 57
   propriedade da 69–70
Price Chopper 234–237
Profissionalismo 68, 82–83
Programa de imersão e dispersão
   (GM) 168
Programa de mídias sociais
   compromissos financeiros
      do 86–88
   construindo um 72–75
   design do 64
   orçamento 31–32
   sucesso do 112–113
Programa Educacional 151–172
   conduzindo o treinamento 163–165
   difusão do 165–170
   diversidade do público no 151–152
   nível avançado (já
      graduados) 161–163
   nível básico (não
      graduados) 153–157
   revisando e atualizando 170–172
   segundo nível do 157–161

Programas locais 209–212
   da GM 210–211
   da Harley-Davidson 214
   do SeaWorld (San Antonio) 215
   princípios básicos dos 220–223
   relacionamentos desenvolvidos por
      meio de 216–219
Promoções, direcionamentos legais
   para 122–123
Público-alvo
   dentro da empresa 56
   e autoproteção por parte da
      corporação 117–120
   em eventos de mídias
      sociais 184–190
   envolvimento ativo com 59–64
   escolha do conteúdo pelo 11–12
   fora da empresa 57
   indo de encontro às necessidades e
      expectativas do 298
   interação com o 13–14
   para eventos locais 218–221
Puner, David 14, 21, 60

Q

Qualidade dos produtos e/ou
   serviços 5–6, 9

R

Rainforest Action Network
   (RAN) 244–251
Rashid-Merem, Renee 271
Recursos Humanos
   a propriedade das mídias sociais pelo
      departamento de 40–42

South by Southwest   184
Southwest Airlines   17, 55, 111
Sportsnet, Rogers   41
Starbucks   17, 110
Stratten, Scott   94
SXSW   210–211

T

Tecnologia   2, 42–44
Tempo de resposta   240
Tempo e recursos da empresa
   uso não autorizado do/dos   140
Thirty - 30 Rock (série de TV)   77
Tomada de decisão   66
Transparência   16–17, 148
Twitter
   conta falsa da BP   228–229
   contagem de seguidores
      no   105–108
   desavença envolvendo a
      Nikon   191–192
   hashtags no   155
   número de usuários   37
   prevenindo o aparecimento de contas
      falsas no   229–230
   Tuitando para impulsionar
      programas   212
   uso bem-sucedido do   113–114
Type-A Mom   184

U

UAW (Sindicato dos Trabalhadores
   de Empresas Automotiva)   117

Um Tira no Jardim da Infância (o
   filme)   173
United Airlines   38
UnMarketing Stop Marketing.
   Start engaging (Scott Stratten)
   (*UnMarketing – Pare de Fazer*
   Marketing e Comece a Promover o
   Engajamento)   94
USO (United Service
   Organization)   213

V

Vencer, condições ideais
   para   44–53
Visão de mídias sociais   23–25
Visão do negócio   64–67
Voce Communications   289

W

Weist, Zena   14, 16, 21, 34, 69,
   111, 116, 127, 153–154
Winfrey, Oprah   217
Wing, Mike   6, 133
Winn-Dixie   213

Y

YouTube   107

Z

Zappos   39
Zoetica   96

DVS Editora Ltda
www.dvseditora.com.br